パリの歴史的建造物保全

江口 久美

中央公論美術出版

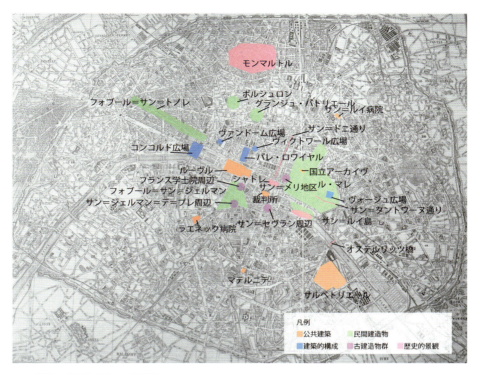

口絵1 「古きパリ」の分布図
図版出典：Gautier, J. Logerot, Auguste. *Plan de Paris actuel*, Paris: Maison Logerot, 1898 に筆者加筆

口絵2 ボニエとポエトが必要不可欠と判断したパリの街路改変（赤：拡幅予定、青：開設予定）
図版出典：Texier, Simon. *Paris contemporain*, Paris: Parigramme, 2005, p.42.

口絵3　ウジェーヌ・アジェによる視点場（●）の分布（点線は正確な位置が不明な視点場の範囲。凡例は表3参照）
出典：, *Plan de Paris* , Bibliothèque historique de la ville de Paris, 1923 に筆者加筆

パリの歴史的建造物保全

［本書は、独立行政法人日本学術振興会平成二十六年度科学研究費補助金（研究成果公開促進費）の交付を受けた出版である。］

はじめに

歴史的建造物という用語に関して

　近年、文化財保護の観点から、モニュメントや記念物という用語が用いられる機会が多くなっている。フランス語にもモニュメントに対応するmonumentという語が存在しているが、日仏の文化財保護に関する法制度には相違があるため、モニュメントの訳語は記念物と同義ではない[1]。

　本書では、フランス語のmonument historiqueに、「歴史的建造物」という訳語を当てている。なお、下記はmonumentの日仏の法による規定を説明したものであり、monumentの概念の解釈について論じたものではない。

　まず、フランスの法体系におけるmonument historiqueの規定に関して触れたい。Monument historiqueは、1913年12月31日施行の「Monument historiqueに関する法」[2]により規定されている[3]。同法第1章 建造物[4]第1条において、「歴史的または芸術的視点から、保全する事が公共的価値を示している建造物は、以下の条項により規定される区別に従って、芸術担当大臣の管理により、全体または部分がmonument historiqueとして指定される。」[5]とされている。なお、指定に値する建造物には「巨石monuments、先史時代の遺跡または地層を含む敷地、(中略)指定が必要とされる建造物」が該当することが明記されている。なお、第2章では動産が規定されているが、ピエール・メルランら(2009)[6]の見解では、monument historiqueのmonumentは建造物を指していることは疑いがない。

　日本においては、monument historiqueに、「歴史的記念物」という訳語が充てられることがあるが、日本の法規定においては記念物は建造物には対応していない[7]（図1）。現在適用されている1950年施行の文化財保護法の規定における記念物には、史跡・名勝・天然記念物がある。史跡は遺跡に対応しており、貝塚などを対象としている。名勝は名勝地に対応しており、庭園などを対象とし、天然記念物は動物・植物・地質鉱物に分類されている。これらの用語法は、1919年に施行された史蹟名勝天然紀念物保存法を継承しているためである。同法では都城阯などを対象とした史蹟と、公園・庭園などを対象とした名勝及び動物・植物・地質鉱物に分類される天然紀念物に分類していた。

　他方、建造物は文化財保護法の有形文化財に分類される。有形文化財は、1929年に施行された国宝保存法による国宝の規定を拡大したものである。同法は、1897年に施行された古社寺保存法を継承していた。同法では、古社寺の動産を国宝、古社寺の不動産を特

別保護建造物として規定しており、建造物は特別保護建造物に含まれる。国宝保存法では、二者が国宝として統合されており、対象が社寺所有物に加えて、国・公共団体・個人所有物にまで及んでいた。

平成26年12月

江口　久美

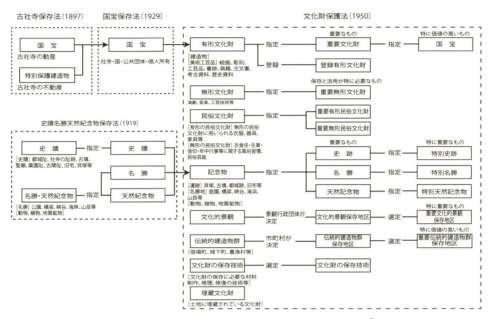

図1　日本における歴史的建造物に関する法規定の系統図[8]

注

1. 概念解釈についてはChoay, Françoise. *L'allégorie du patrimoine*, Paris; Edition du seuil, 1992, pp.130-134やアロイス・リーグル（2007）『現代の記念物崇拝：その特質と起源』尾関幸訳 中央公論美術出版 pp.3-26.を参照されたい。
2. Loi sur les monuments historiques promulguée le 31 décembre 1913
3. La République de la France. *Loi sur les monuments historiques promulguée le 31 décembre 1913*, Paris ; Impr. nationale, 1914
4. Des immeubles
5. 本書資料編参照
6. Merlin, Pierre., Choay, Françoise. *Dictionnaire de l'urbanisme et de l'aménagement*, Paris; Presses Universitaires de France, 2009, pp.560-563
7. 西村幸夫（2004）『都市保全計画：歴史・文化・自然を活かしたまちづくり』東京大学出版会 pp.69-75, pp.253-264.
8. 西村幸夫　前掲注7（文化庁（2000）『我が国の文化財保護施策の概要』文化庁 p.9.に一部加筆）に筆者加筆

目　次

はじめに

第1章　本書の枠組み

1-1　研究の背景と目的 …………………………………………………… 11
　(1) 研究の背景　*11*
　(2) 視点と目的　*15*
1-2　既往研究の整理 ……………………………………………………… 16
　(1) 歴史的建造物及び景観保全制度に関する研究　*16*
　(2) 古きパリ委員会（CVP）に関する研究　*17*
1-3　研究の対象と方法 …………………………………………………… 17
1-4　研究の構成 …………………………………………………………… 18

第2章　19世紀の歴史的建造物の出現と都市風景へのまなざし

2-1　フランス革命後のナショナル・アイデンティティの形成と
　　　19世紀における歴史的建造物保全の出現 ……………………… 29
　(1) フランス革命による建造物の破壊　*29*
　(2) 19世紀初頭のモニュメントの破壊に対するヴィクトル・ユゴーの批判　*30*
　(3) 七月王政期におけるナショナル・アイデンティティの形成と
　　　歴史的建造物制度の出現　*33*
　(4) 歴史的建造物の概念及び保全制度の成立　*33*
2-2　オスマニズムによる「パースペクティブ」な視点の出現と伝播…36
　(1) オスマニズム以前のパリの都市整備事業　*36*
　(2) 19世紀中葉のオスマンの都市大改造に関する理念と
　　　「パースペクティブ」な視点　*38*

（3）ポスト・オスマン期の「パースペクティブ」な都市改造の伝播と批判　42
　2-3　ポスト・オスマン期のヨーロッパにおける
　　　「ピトレスク」な視点への回帰 …………………………………………46
　　　（1）「ピトレスク」という語の定義　46
　　　（2）カミロ・ジッテによる中世的な芸術原理　47
　　　（3）シャルル・ビュルスによる既存の要素を生かした個性的なプラン　49
　　　（4）田園都市における「ピクチャレスク」な視点　52
　第2章のまとめ …………………………………………………………………57

第3章　19世紀のパリにおける歴史的建造物保全と風景観

　3-1　オスマン期にかけての歴史的建造物制度の課題と
　　　セーヌ県による都市史研究 ……………………………………………65
　　　（1）1840年の歴史的建造物リストの課題　65
　　　（2）1849年のラザール兄弟によるセーヌ県の都市史研究　65
　　　（3）第二帝政期のオスマンによる都市史研究　66
　　　（4）都市史研究の反映されなかったオスマンによるシテ島の整備　68
　　　（5）民間組織の歴史的建造物保全意識の高まり　70
　3-2　歴史的建造物保全をめぐる組織 ……………………………………71
　　　（1）組織相互の関係性　71
　　　（2）セーヌ県に所属するパリ碑文登録委員会（CIP）　71
　3-3　1884年のパリ・モニュメント愛好協会（SAMP）…………………75
　　　（1）パリ・モニュメント愛好協会（SAMP）による
　　　　　パリの記念碑的な相貌の監視　75
　　　（2）市会議員アルフレッド・ラムルーの出自と風景観　77
　　　（3）建築家シャルル・ノルマンの出自と風景観　82
　第3章のまとめ …………………………………………………………………83

第4章　古きパリ委員会（CVP）の設立と都市的視点の萌芽

　4-1　1897年の古きパリ委員会（CVP）の設立と
　　　「ピトレスク」という視点 ………………………………………………89

(1) 古きパリ委員会（CVP）の活動目的と位置づけ　89
　　(2)「ピトレスク」と「古きパリ」　92
　　(3)「古きパリ」の保全を行うためのメンバー及小委員会の構成　95
　　(4) 1899年から発行された議事録　96
　4-2　歴史的建造物の点的保全制度による「古きパリ」の保全 ………99
　　(1) 海外・他都市における歴史的建造物の保全に関する調査　99
　　(2) 1913年法による歴史的建造物の枠組みと都市的視点欠如の問題点　103
　　(3) 歴史的建造物指定による「古きパリ」の保全の推進　104
　4-3　20世紀初頭におけるCVPの初動期の活動 …………………………117
　　(1) 19世紀末のサンス館保全におけるシルエットとしての価値　117
　　(2) 20世紀初頭の歴史的建造物周辺の広告物の氾濫とCVPの活動　118
　4-4　他都市へのCVP設立の影響：古きリヨン委員会・
　　　　古きナント委員会・古きブリュッセル委員会 ……………………122
　第4章のまとめ ………………………………………………………………123

第5章　考古学的・芸術的目録（CAA）の作成と
　　　　　歴史的環境保全への展開

　5-1　1916年の古きパリ委員会（CVP）の考古学的・芸術的目録（CAA）
　　　　作成と景勝地 ……………………………………………………………129
　　(1) 考古学的・芸術的目録（CAA）の保全に対する役割と
　　　　1906年の景勝地法の活用の検討　129
　　(2) 考古学的・芸術的目録（CAA）によるオスマニズムの評価と保全対象　130
　　(3) 考古学的・芸術的目録（CAA）の構成　130
　5-2　考古学的・芸術的目録（CAA）を成立させた
　　　　建築家ルイ・ボニエ ……………………………………………………132
　　(1) パリ市建築家としての経歴　132
　　(2) ボニエの建築家としての理念　132
　5-3　考古学的・芸術的目録（CAA）に見られる
　　　　都市的視点（ピトレスクな眺め）……………………………………138
　　(1) 考古学的・芸術的目録（CAA）に採録された建造物及び建造物群　138
　　(2) 考古学的・芸術的目録（CAA）に採録された建造物に対する
　　　　都市的視点　140

（3）考古学的・芸術的目録（CAA）の都市的視点と「ピトレスク」な視点　*155*
　　（4）ルイ・ボニエによる用語「ピトレスク」の使用　*156*
　5-4　ウジェーヌ・アジェの写真によるピトレスクの概念 …………………*166*
　　（1）ウジェーヌ・アジェの経歴　*166*
　　（2）ソルボンヌ地区におけるピトレスクの概念　*167*
　5-5　古きパリ委員会（CVP）による広場の面的な保全と
　　　　都市的視点（一体的計画性） ……………………………………………*177*
　　（1）17世紀のヴォージュ広場の成り立ち　*177*
　　（2）古きパリ委員会（CVP）のヴォージュ広場に対する都市的視点　*179*
　　（3）ヴォージュ広場の歴史的建造物制度による面的な保全　*182*
　5-6　ル・タン紙にみられる古きパリ委員会（CVP）への社会の関心…*184*
　第5章のまとめ ……………………………………………………………………*189*

第6章　1920年代以降の国の保全制度への反映と展開

　6-1　1927年の国の歴史的建造物補助目録（ISMH）への影響 …………*197*
　　（1）1921年の歴史的建造物補助目録（ISMH）への
　　　　都市的視点（都市形成史）の反映　*197*
　　（2）1926年の上院における古きパリ委員会（CVP）メンバーの演説　*198*
　　（3）1927年の歴史的建造物補助目録（ISMH）制度について　*200*
　　（4）考古学的・芸術的目録（CAA）から歴史的建造物補助目録（ISMH）への
　　　　反映　*201*
　6-2　1929年のパリ記念碑的眺望委員会（CPM） ………………………*201*
　　（1）1919年法の下での都市景勝地保全を目指した活動　*201*
　　（2）1933年の都市景勝地の決定に関するレポートへの影響　*206*
　　（3）景勝地に関する1930年法への反映　*210*
　　（4）ル・タン紙にみられるパリ記念碑的眺望委員会（CPM）への
　　　　社会の関心　*211*
　6-3　1943年以降の面的保全制度の展開 …………………………………*212*
　　（1）1943年の歴史的建造物周囲の500m規制　*212*
　　（2）1962年法による保全地区（SS）　*213*
　　（3）1983年法による建築的・都市的・文化財保護区域（ZPPAU）　*213*

第6章のまとめ ……………………………………………………………*215*

結　論
　1　各章で得られた知見の要点 ……………………………………………*219*
　2　総合的考察 ………………………………………………………………*224*

資料編 ……………………………………………………………………………*227*

謝　辞 ……………………………………………………………………………*273*

索　引 ……………………………………………………………………………*277*

基本的用語原語対応表

日本語	原語
アレテ	Arrêté
オスマン化	Haussmannisation
オルドナンス	Ordonnance
相貌	Physionomie
街区	Îlot
記念碑的	Monumental
空間整備・持続的開発プロジェクト	Projet d'aménagement et de développement durable
景観	Paysage, vue
景勝地	Site
建築	Architecture
建造物	Bâtiment, édifice
建築線	Alignement
建築的・都市的・文化財保護区域制度	Zone de protection du patrimoine architectural et urbain
建築的・都市的・景観的文化財保護区域制度	Zone de protection du patrimoine architectural, urbain et paysager
公共教育芸術省	Ministère de l'Instruction publique et des arts
考古学的・芸術的目録	Casier archéologique et artistique
構成	Ordonnance
敷地	Domain, site
指定された	Classé
市歴史局	Service historique de la Ville
全体の景	Ensemble
地域都市計画	Plan Local d'Urbanisme
地役権	Servitude
眺望	Perspective
デクレ	Décret
登録歴史的建造物	Monument historique inscrit
都市景観	Paysage urbain
都市景勝地	Site urbain
都市連帯・再生法	Loi relative à la solidarité et au renouvellements urbains
土地占有計画	Plan d'occupation des sols
パースペクティブ	Perspective
パリ記念碑的眺望委員会	Commission des perspectives monumentales
パリ碑文登録委員会	Comité des inscription parisiens
パリ市保護遺産	Protection ville de Paris
パリ・モニュメント愛好協会	Société des amis des monuments parisiens
ピクチャレスク	Picturesque（英語）
ピトレスク	Pittoresque
風景	Paysage
古きパリ委員会	Commission du vieux Paris
保全地区	Secteur sauvegarde
保全・活用プラン	Plan de sauvegarde et de mise en valeur
民用建造物評議会	Conseil des bâtiment civils
モニュメント	Monument
モニュメント委員会	Commission des monuments
歴史的建造物	Monument historique
歴史的建造物局	Direction des monuments historiques
歴史的建造物審議会	Commission des monuments historiques
歴史的建造物総監	Inspecteur général des monuments historiques
歴史的建造物補助目録	Inventaire supplémentaire des monuments historiques
様相	Aspect

第1章　本書の枠組み

1-1　研究の背景と目的

(1) 研究の背景

日本の抱える問題と歴史性の恢復

　都市にとって歴史性の恢復とは、どのような意味があるのだろうか。現代の日本は、この問題への回答を迫られている。

　現在日本は、人口減少、都市縮小の時代を迎えている。木造家屋密集地域、高層ビル街、昔ながらの商店街、門前町、閑静な住宅街、駅前商業地域、オフィス街等の、既存の市街地の特色や歴史的文脈を生かした都市づくりが重要性を帯び、模索されている。大きな都市再開発の最後の波であった、2002年の都市再生特別措置法では、こうした特色は重視されなかったものである。

　地域の風景を保存・育成する流れは、2004年の景観法に結実し、さらに2008年に、地域における歴史的風致の維持及び向上に関する法律（以下、「歴史まちづくり法」）が施行された。同法は、「歴史的風致を維持・向上させ、後世に継承すること」を目的としている。歴史的風致とは、「地域におけるその固有の歴史及び伝統を反映した人々の活動とその活動が行われる歴史上の価値の高い建造物及びその周辺の市街地が一体となって形成してきた良好な市街地の環境」と定義されている。

　歴史的風致を維持し向上させるため、市町村は主務大臣に対して歴史的風致維持向上計画を提案できる。第12条によれば、この計画は重点区域と一体となって歴史的風致を形成している歴史的風致形成建造物を含む。ところで、歴史的風致は単純に凍結的な形で保全すればよいものではなく、そこに居住している人々の生活の現代的必要性に応えていくことも必要である。また、近年の開発に対する歴史的評価の基準も明らかではない。「歴史まちづくり法」は2008年に施行されたが、運用法も依然として検討途上にある。

　重要なことは、日本においても歴史的な価値を有する建造物と周辺に広がる面的な環境

から歴史的特徴を発見し、生活の現代的な必要に応えながら地域の魅力を維持し育てていく手法が「歴史まちづくり法」によって模索され始めたことである[1]。

つまり、スクラップ・アンド・ビルド型の均質な近代的都市空間の問題が明らかになって、住民や自治体が、自身の拠りどころとなる場所の記憶を都市に見出しそれを保持しようとする新しい実践を試みようとしているのである[2]。

さて、こうした歴史的環境保全の仕組みを、近代以降先駆的に深化させてきたのがフランスである。1830年に歴史的建造物総監[3]が指名され、1887年法を基礎とした1913年法により、歴史的建造物[4]の保全が制度化された[5]。1943年には歴史的建造物周囲半径500mの規制を設けて以降、多様な面的な歴史的環境保全手法として展開している[6]。また、歴史的建造物補助目録[7]による登録歴史的建造物[8]制度は1927年から存在しており、歴史的環境保全に大きく貢献している。「補助目録」への記載は所有権者の同意を必要としないが、所有者が改変を行う際には通知の義務がある一方、維持費の補助もある。

2008年12月時点では、フランス全国で、43,180件の歴史的建造物が指定・登録されており、指定歴史的建造物は、14,367件である。パリでは、1,803件の歴史的建造物が指定・登録されており、指定歴史的建造物は428件である[9]。これらの指定歴史的建造物の周囲半径500mが、歴史的建造物と一体となった環境として、面的に保全されていることが重要である。

フランスの歴史的環境保全における歴史的建造物制度の展開

鳥海（2004）によれば、現在、フランスの国による歴史的環境保全制度には以下のものがある[10]。

① 前身である1887年の法律を基礎とした、1913年12月31日法による歴史的建造物制度
  （歴史的建造物の指定・保護及び1943年からの半径500mの規制。）
② 1930年12月31日法による景勝地（site）制度
  （歴史的建造物制度が、自然景勝地にまで拡大されたもの。）
③ 1962年8月4日法による保全地区制度
  （①②では対処しきれない、都市問題による歴史的環境の滅失には、保全地区（SS）[11]により対応する。特定の地区についての保全・活用プラン（PSMV）[12]が、1967年の土地占有計画（POS）[13]に、さらに2000年より地域都市計画（PLU）[14]に置き換わった。）
④ 1983年1月7日法による建築的・都市的・景観的文化財保護区域制度
  （現在の通称はZPPAUP[15]である。歴史的環境保護制度が地方に分権された、建物の外観中心の保存制度であり、1943年の半径500m規制の修正が可能である等、保全地区を補完する制度

の側面もある。）

　以上は、現在のフランスの歴史的環境保全に大きく寄与している法的枠組みであるが、この全てが①歴史的建造物から展開している。

　1962年のSS、1983年のZPPAUPを経て、近年では一般的法定都市計画による歴史的環境保全が進んでいる。2000年に都市連帯・再生（SRU）法[16]が施行され、基礎自治体の一般的法定都市計画である土地占有計画が置換されたPLU[17]が一般的法定都市計画となった。この制度に関連して、空間整備・持続的開発プロジェクト（PADD）[18]等により、従来の規制型／事業型都市計画の垣根が取り払われ、基礎自治体は住宅・社会政策や交通の整備計画を考慮に入れつつ、詳細かつ総合的な都市計画を策定する権限を得た。パリ市では、PLUにより保全すべき建物をパリ市保護遺産（PVP）[19]として指定する仕組みを独自に創設し、歴史的環境保全を行っている。

　以上のような制度の展開を概観してわかることは、歴史的建造物制度なくして、歴史的環境を豊かに保持している現在のフランスの都市は存在し得なかったことである。

19世紀末から20世紀初頭の時代背景と都市美

　フランスで歴史的建造物が法制化されたのは、ナポレオン3世による第二帝政（1852-1870）が終わった後の、第三共和政（1870-1940）の時代である。この時代は、パリ・コミューンの蜂起から始まり、ナチス・ドイツによるパリ占領まで続いた共和制期にあたるが、政治体制はきわめて不安定であった。それにもかかわらず、19世紀末にかけての産業革命を受けて、文化的成熟、世紀末の熱狂などが見られ、現在のいわゆるパリのイメージが形成された時期となった。その中には、19世紀末から第一次世界大戦までのベル・エポック、世紀末に花開いたアール・ヌーヴォー、1900年に開催された第5回万国博覧会等の華やかなイメージが含まれた。

　都市工学的視点から言えば、フランス第二帝政は、セーヌ県知事、ジョルジュ＝ウジェーヌ・オスマン[20]のパリ大改造に代表される時代であった。ショエ（1983）によれば、オスマンは、1853年に県知事に着任した後、それまで一体性を持たなかったパリを、作動性を持った全体へと変換することを目的として、教会から押収した地所を、将来の開発に適した道路網を企画することで分割した。さらには、魅力的なモニュメントを中心とする、パースペクティブを備えた、放射状街路の形態システムを創造したのである[21]。

　しかし、急進的で時には強制的なこうした改変は、批判を巻き起こすことになった[22]。後の歴史家ラヴダン（2002）も、こうした改変には「ヴァンダリズム（蛮行）[23]」と形容する一面があったことを認めている[24]。オスマン型の都市開発は、その後、ヨーロッパの多くの都市を席巻することとなった。

田中（2008）によれば、広幅員街路開設のオスマン化が行われた後、都市美・機能性・歴史性を一体的に実現した、ブリュッセル市長のシャルル・ビュルス[25]の都市保全の方法が登場する[26]。こうした反動から、パリの歴史的建造物保全の歩みが始まるのである。

1890年から1930年代のパリでは、オスマンによるパリ大改造のあとを受けて、交通問題や住宅の衛生問題を主眼としたパリの近代化がなし崩し的かつ急速に展開した。こうした状況は、本当の意味でのパリにおける歴史的環境保全の礎を築くために、歴史的建造物制度について思考を巡らそうとしていた有識者たちの危機感をつのらせた。

有識者協会の活動と古きパリ委員会（CVP）

いま一度、歴史をさかのぼってみよう。ギルモー（2007）[27]によれば、19世紀における歴史的建造物に関する国家レベルの政策は、①歴史的建造物リストの作成が世界初であったことによる体制整備の不十分さ、②歴史的建造物の概念への視野の狭さ、等の理由により、必ずしも高い水準にあるとは言いがたかった。このことは、1840年の公式リストにはパリの歴史的建造物が1件も掲載されていないことからも分かる。加えて、国と市の確執も指摘されている。このような状況下で、19世紀末から20世紀初頭の激動の時代を経て、いかにパリ市は歴史的環境保全を実現したのであろうか。

オスマン期からポスト・オスマン期[28]のパリにおいて、彼らは地域における実践的な活動を通じて、歴史的建造物の指定及び保全体制を成熟させていった。それ以前の制度の不備を補ったのが、有識者により構成された協会（以下、有識者協会）であった。19世紀中葉に考古学や歴史に関する協会が多数創設された。主なものとしては、1865年にパリ考古学歴史学会[29]が設立された後、1874年にパリ及びイル＝ド＝フランス歴史考古学学会[30]、1884年にパリ・モニュメント愛好協会（SAMP）[31]が設立されている[32]。彼らは、破壊の危機に瀕した歴史的な価値を有する建造物の記録及び保護のために活動していく中で、都市風景を市民の視点から再発見し、ピトレスクという概念で捉えるようになった。

彼らの活動は、パリ市の考古学に関する諮問機関、古きパリ委員会（CVP）[33]の創設の契機となった。なぜなら、SAMPで活動しながらも民間組織の限界を感じていたメンバーがCVPを設立したからである。1897年に創設されたCVPは、悉皆調査をもとに歴史的建造物の記録や保全を進めていくための諮問組織であり、現在も活動を続けている。こうした悉皆調査の伝統は、現在のパリ市都市計画アトリエ（APUR）に受け継がれている。また、活動当初から、歴史的建造物制度を補完することを強く意識し、市における過剰な開発に対して法的効力を持たない忠告役及び開発の防波堤としての役割を果たすべく、開発に対して保守的な態度を貫いている。CVPは[34]、1916年にパリにおいて保全すべき歴史的建造物を登録した考古学的・芸術的目録（CAA）[35]を作成しており、歴史的建造物登録制度に少なからぬ影響を与えていたと考えられる。

また、CVPは前述の保守的な態度をとりながらも、新しい歴史を創る立場である開発者側と対話を重ね、双方が歩み寄れる地点の検討を図った。こうすることで、CVPは現代的な要請に応えつつ、その時代に評価された歴史的風致を保有した現代のパリを創りあげることに寄与してきたのである。

（2）視点と目的

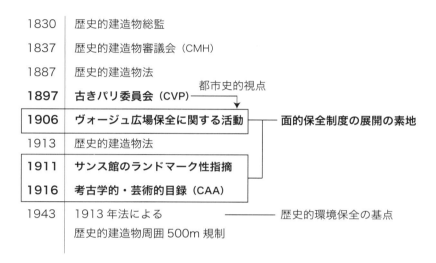

図1-1 歴史的環境保全の素地

1913年から第二次世界大戦前のフランスにおける歴史的建造物保全制度は、オスマニズム以降近代化の進展するフランス各地の都市において、1930年12月31日法による景勝地保全制度が存在する前には、建造物単体を対象とした唯一の歴史的環境保全制度であった。また、同法による制度は、当初は自然景勝地を対象としており、都市部への適用は困難であった。歴史的建造物制度を基礎として、以後、1943年の周囲半径500m規制制度、保全地区制度（SS、1962年）、建築的・都市的・文化財保護区域（ZPPAU、1983年）が施行されることにより、点的な保全に留まらない面的な歴史的環境保全制度がフランスに整備される礎となった。こうした歴史的環境保全制度の体系は、現在のフランスの主要な観光資源となっている豊かな都市景観の維持に大きく貢献している（図1-1）。

古きパリ委員会（CVP）はパリ・モニュメント愛好協会（SAMP）から継承された都市を見る視点を活かして調査を行い、1916年に考古学的・芸術的目録（CAA）を作成した。こうしたCVPの活動は、建造物を周辺環境との関係から評価する都市的視点を歴史的建造物保全に導入し、その後の面的保全制度の展開を築くきっかけとなったと考えられる。本

書ではこうした経過を、丹念に明らかにしていきたい。

また、2008年に「歴史まちづくり法」が施行された日本では、人々の生活への現代的な要請に応えながら歴史的風致の保全が模索されている。こうした状況下にある我が国においても、開発者側と保全側が対話し、双方が歩み寄りながら歴史的風致を創出していくCVPの活動は、団体の寄与の事例として参考になろう。

1-2　既往研究の整理

(1) 歴史的建造物及び景観保全制度に関する研究

法的な枠組みや歴史的建造物審議会の活動に関しては、膨大な研究の蓄積がある。フランスでは、古きパリ委員会（CVP）メンバーのレオン（1934）が、19世紀から20世紀における歴史的建造物審議会（CMH）の歴史を通じた組織、管理方法、法律の展開を明らかにし、1880年から1905年の予算不足による危機の時期、1906年から1914年の再建期、1914年から1934年の第一次世界大戦及び戦後の時代区分に分け、その展開を明示し、歴史的建造物指定の展開に関しても述べている[36]。その後には、フランスにおける歴史的建造物保護展開の経緯に関する概要もまとめている[37]。ベルセ（1979）は、1837年から1848年にかけてのCMHの設立、構成、役割等、初期の活動を明らかにしている[38]。その後、第2代歴史的建造物総監プロスペル・メリメ[39]が初代総監ルドヴィク・ヴィテ[40]に宛てた書簡から、歴史的建造物概念の誕生の経緯を明示し[41]、メリメが修復建築家ウジェーヌ＝エマニュエル・ヴィオレ＝ル＝デュク[42]に宛てた書簡も編集している[43]。オーデュック（2008）は、19世紀末のCMHの組織、及び1905年以降の再編成の経緯について触れながら、フランス革命以後の歴史的建造物概念の出現と概念の展開を整理している[44]。

日本においては、飯田（1966）がフランスの文化財保護政策としての歴史的建造物制度を紹介している[45]。西村（2004）の一連の研究は、歴史的建造物を巡る、CMHや歴史的建造物総監、歴史的建造物法制度の経緯を明らかにしている[46]。松政（2005）は、パリ都市建築の歴史的・文化的構成手法と沈殿・蘇生プロセスに関連した都市保全制度における歴史的建造物制度の展開と役割について述べている[47]。また、羽生（1982）は、ヴィオレ＝ル＝デュクに関する一連の研究においてCMHとの関連を示している[48]。

フランスの景観保全制度[49]については、和田（2007）が景観保全制度の成立過程とパリ及びディジョンにおける実践例[50]を紹介している。野原（2006）はオスマンによるパリ大改造以降の都市空間戦略における景観保全制度のあり方について示している[51]が、景観保

全制度と歴史的建造物制度の関係については言及していない。また、パリの19世紀の市街地形成についての既往研究[52]も存在するものの、歴史的建造物制度の果たした役割への言及はされていない。

（2）古きパリ委員会（CVP）に関する研究

古きパリ委員会（CVP）に関する研究は、フランス国内外を通じてあまり進展していない。フランスにおいては、CVP内部においても、CVP自身が実務機関であるために現在でも包括的な研究はあまり行われていない。代表的なものとして、戦後から40年余り事務局長を務めていたフルリー（1980）により、CVPの起源と役割に関する概要が簡単にまとめられている[53]。また組織外では、ギルモー（2007）が、CVPのパリの考古学的・芸術的目録（CAA）の設立に関して[54]、ドゥシェンヌ（2004）がCVPの遺産の保全に関して[55]、バッシェ（2009）が歴史的建造物審議会（CMH）との関係に触れながら、セーヌ県におけるCVPの遺産政策についてまとめている[56]。ラヴダン（2002）は、パリの都市計画史において、歴史的地区保存のためにCVPが設置されたことに言及し、1962年法による保全地区による、1973年の地区のリストアップの際に、CVPがセーヌ県知事に諮問されていることを紹介している[57]。

日本における先行研究として、田中ら（2009）はCVP設立以後の活動を概観するとともに現在の歴史的住環境保全手法を明らかにしている[58]。また、荒又（2006）は、CVPによるパリの遺跡研究、及び1941年のル・マレ地区の調査に言及している[59]。2003年5月に行われた日仏都市会議では、「パリ市の文化遺産政策における「古きパリ委員会」の役割」についてフランソワ・ロワイエ氏が講演している[60]。

以上の概観によって分かることは、1943年の500m規制以前における歴史的建造物制度の面的展開の素地として、CVPの取り組みを捉えた研究は存在しないことである。

1-3　研究の対象と方法

本書では、1897年の設立から第二次大戦勃発により活動が縮小される1930年代までを、古きパリ委員会（CVP）の活動の黎明期と位置づけ、この間のCVPによる歴史的建造物保全活動の内容を解明し、歴史的環境保全への展開を明らかにする。

一次資料としては、CVP図書館[61]に保管されている、CVP議事録[62]、CVPの考古学的・

芸術的目録（CAA）、及びフランス国立図書館、パリ市歴史図書館、サント＝ジュヌヴィエーヴ図書館、パリ・アーカイヴ[63]、建築・遺産メディアテーク[64]、建築・遺産シテ・アーカイヴセンター、東京大学附属総合図書館[65]、パリ第12大学都市計画研究所図書館及びフランスの古書店で収集した官報[66]、パリ市会議事録、新聞記事、雑誌記事、関連資料、図面を用いる。

1-4　研究の構成

　本章で研究の枠組みを明らかにした後、第2章及び第3章で歴史的建造物をめぐるCVPの運動史的展開を論じ、第4章で運動史から制度史への展開に言及する。その後、第5章及び第6章では制度史的展開を扱う。

<u>第2章　19世紀の歴史的建造物の出現と都市風景へのまなざし</u>
　18世紀のフランス革命以降の社会背景と歴史的建造物の出現の経緯及びオスマニズムによる「パースペクティブ」な視点の出現と、ポスト・オスマン期のヨーロッパにおける「ピトレスク」な視点への回帰を明らかにする。すなわち、革命後のナショナル・アイデンティティ形成と歴史的建造物保全運動の出現、19世紀のオスマンのパリの「パースペクティブ」を意識した都市整備事業と、それに対するカミロ・ジッテやシャルル・ビュルスによる「ピトレスク」な視点の実現経緯を明らかにした。必要に応じて、ユゴー[67]やオスマン[68]の著作を参照した。

<u>第3章　19世紀のパリにおける歴史的建造物保全と風景観[69]</u>
　19世紀のパリにおける歴史的環境保全と「ピトレスク」な視点の出現について明らかにする。まず、オスマン期にかけての歴史的建造物制度の課題とセーヌ県による都市史研究を明らかにする。その後、モニュメント保全を巡る組織が果たした役割を明らかにし、1884年のパリ・モニュメント愛好協会（SAMP）が有した「ピトレスク」な視点の対象を明らかにする。主に、SAMPの議事録[70]やパリ碑文登録委員会（CIP）の議事録[71]等を用いる。

<u>第4章　古きパリ委員会（CVP）の設立と都市的視点の萌芽</u>
　第3章を踏まえて、古きパリ委員会（CVP）の「ピトレスク」な視点から都市的視点（ランドマーク性）の萌芽について明らかにする。1897年のCVPの成立と「ピトレスク」な視点、歴史的建造物の点的保全制度による「古きパリ」の保全とCVPへの都市的視点の萌芽を

明らかにし、他都市へのCVPの影響として、古きリヨン委員会等を参照する。資料としては、CVP議事録及び関連文献を用いた。議事録はパリにおけるCVPのアーカイブに残されている、30余年分に関して精読した。

<u>第5章　考古学的・芸術的目録（CAA）の作成と歴史的環境保全への展開</u>

　第4章を踏まえて、古きパリ委員会（CVP）の考古学的・芸術的目録（CAA）における都市的視点（ピトレスクな眺め及び都市計画史の評価）の出現と、面的歴史的環境保全への展開について明らかにする。すなわち、1916年のCVPへのCAAの成立と景勝地制度の関連性、CAAから読み取れるCVPの都市的視点（ピトレスクな眺め）、CVPの都市的視点（一体的計画性）によるヴォージュ広場の面的な保全について明らかにする。資料として、CVP議事録や市会議事録[72]等を用いる。

<u>第6章　1920年代以降の国の保全制度への反映と展開</u>

　第4章及び第5章を踏まえて、古きパリ委員会（CVP）の都市的視点の国の保全制度への反映と展開について明らかにする。すなわち、1927年の国の歴史的建造物補助目録（ISMH）への影響、1929年の国のパリ記念碑的眺望委員会（CPM）への影響、1943年の歴史的建造物周囲半径500m規制以降の面的保全制度の展開について明らかにする。資料として、CVP議事録やCPM議事録[73]等を用いる。

<u>終章</u>
　終章において、結論を明らかにする。

　研究の構成は、下記の通りである。図1-2は、国、CVP、パリ、海外都市の全体年表であり、章立ての分布を明示している。図1-3から図1-5は、パリとフランスの法律の年表上にCVPの活動を明示したものである。

図1-2 研究の構成と年表

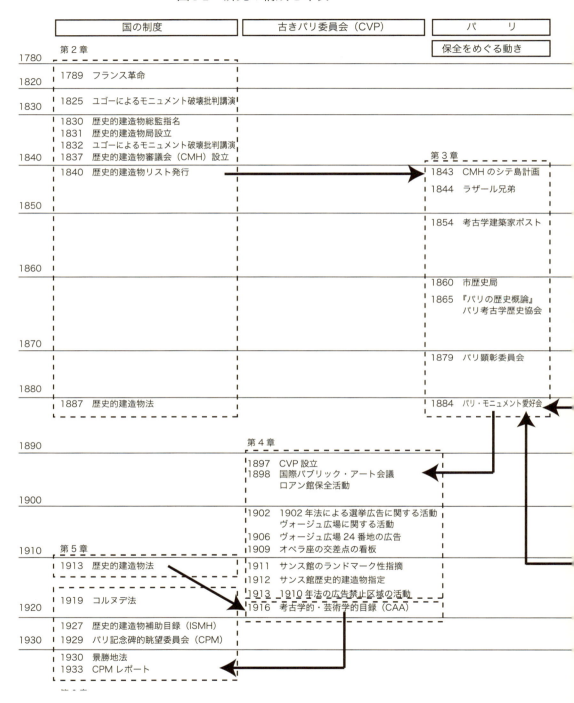

第1章　本書の枠組み

パリ		オスマン化が起きた都市	
開発と都市計画をめぐる動き	開　発	反　発	

第2章
1840	シャメアヌの計画		
1841	県行政局の計画		
1842	鉄道6本の敷設		
1843	メナディエの計画		
1852	街路に関するデクレ	1852	ルーアン
1853	オスマン県知事指名	1853	リヨン
1855	リヴォリ通り	1856	アヴィニョン
1858	セバストポル大通り	1859	リール
	パレ大通り（シテ島）		
	ブーローニュの森		
1860	サン＝ミシェル大通り	1862	マルセイユ
	ヴァンセンヌの森	1862	ベルリン
1861	モンソー公園	1864	ブカレスト
1862	オペラ座前広場	1866	ナント
1867	ビュット＝ショーモン公園	1867	ブリュッセル
1868	レオミュール通り	1868	トゥールーズ
		1869	ジェノヴァ
1870	オスマン県知事辞職	1877	モンペリエ
1875	オペラ座		
1877	オペラ通り		
1878	モンスーリ公園		

第2章
		1880	ケルン	1881	ビュルス市長就任
		1882	ローマ	1889	ジッテ『芸術的原理に基づく都市計画』
		1885	ナポリ		
		1885	トリノ		
		1889	ウィーン		
1898	レオミュール通り			1893	ビュルス『都市美』
	ファサードコンクール			1898	古きリヨン委員会
					古きナント委員会
				1899	ビュルス市長退任
1909	ウジェーヌ・エナール			1902	ジッテ　フランス語版出版
	「パリ改造についての研究」			1903	古きブリュッセル委員会
				1907	アンウィンのハムステッド開発
				1909	アンウィン『実践の都市計画』

| 1911 | パリ市拡大委員会 |
| 1913 | 『パリの歴史研究』 |

| 1925 | ヴォワザン計画 |

| 1934 | プロスト計画 |

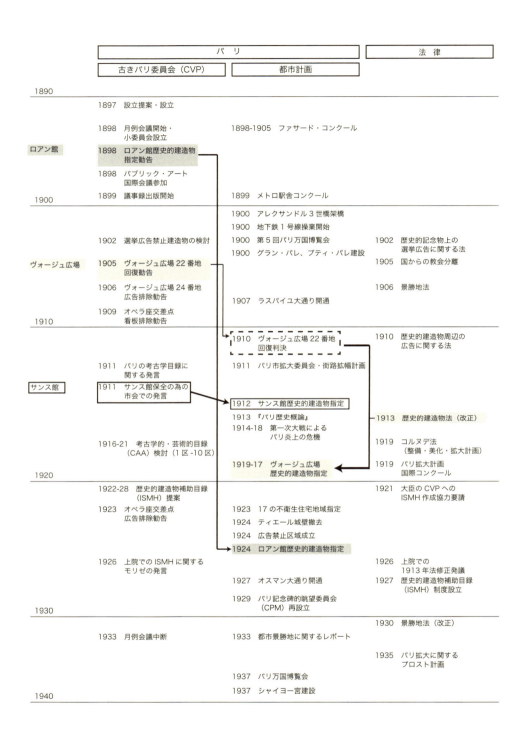

図1-3　CVP年表1

第1章　本書の枠組み

	パ　リ		法　律
	古きパリ委員会（CVP）	都市計画	

1890

　　　　　1897　設立提案・設立

　　　　　1898　月例会議開始・　　　　1898-1905　ファサード・コンクール
　　　　　　　　小委員会設立
　　　　　1898　ロアン館歴史的建造物
　　　　　　　　指定勧告
　　　　　1898　パブリック・アート
　　　　　　　　国際会議参加

1900　　　1899　議事録出版開始　　　　1899　メトロ駅舎コンクール

　　　　　　　　　　　　　　　　　　　1900　アレクサンドル3世橋架橋
　　　　　　　　　　　　　　　　　　　1900　地下鉄1号線操業開始
広告排除　1902　選挙広告禁止建造物の検討　1900　第5回パリ万国博覧会　　1902　歴史的建造物上の
　　　　　　　　　　　　　　　　　　　1900　グラン・パレ、プティ・パレ建設　　　選挙広告に関する法
　　　　　1905　ヴォージュ広場22番地　　　　　　　　　　　　　　　　　　1905　国からの教会分離
　　　　　　　　回復勧告
　　　　　1906　ヴォージュ広場24番地　　　　　　　　　　　　　　　　　　1906　景勝地法
　　　　　　　　広告排除勧告　　　　　1907　ラスパイユ大通り開通
　　　　　1909　オペラ座交差点
1910　　　　　　看板排除勧告

　　　　　　　　　　　　　　　　　　　1910　ヴォージュ広場22番地　　　　1910　歴史的建造物周辺の
　　　　　　　　　　　　　　　　　　　　　　回復判決　　　　　　　　　　　　　　広告に関する法
　　　　　1911　パリの考古学目録に　　1911　パリ市拡大委員会・街路拡幅計画
　　　　　　　　関する発言

　　　　　　　　　　　　　　　　　　　1912　サンス館歴史的建造物指定
　　　　　　　　　　　　　　　　　　　1913　『パリ歴史概論』　　　　　　1913　歴史的建造物法（改正）
　　　　　　　　　　　　　　　　　　　1914-18　第一次大戦による
　　　　　1916-21　考古学的・芸術的目録　　　　パリ炎上の危機　　　　　　1919　コルヌデ法
　　　　　　　　（CAA）検討（1区-10区）　　　　　　　　　　　　　　　　　　　　（整備・美化・拡大計画）
　　　　　　　　　　　　　　　　　　　1919-17　ヴォージュ広場　　　　　　1919　パリ拡大計画
1920　　　　　　　　　　　　　　　　　　　　　　歴史的建造物指定　　　　　　　　国際コンクール

　　　　　1922-28　歴史的建造物補助目録　　　　　　　　　　　　　　　　　1921　大臣のCVPへの
　　　　　　　　（ISMH）提案　　　　　　　　　　　　　　　　　　　　　　　　　　ISMH作成協力要請
　　　　　1923　オペラ座交差点　　　　1923　17の不衛生住宅地域指定
　　　　　　　　広告排除勧告　　　　　1924　ティエール城壁撤去
　　　　　　　　　　　　　　　　　　　1924　広告禁止区域成立
　　　　　　　　　　　　　　　　　　　1924　ロアン館歴史的建造物指定
　　　　　1926　上院でのISMHに関する　　　　　　　　　　　　　　　　　　1926　上院での
　　　　　　　　モリゼの発言　　　　　　　　　　　　　　　　　　　　　　　　　　1913年法修正発議
　　　　　　　　　　　　　　　　　　　1927　オスマン大通り開通　　　　　1927　歴史的建造物補助目録
　　　　　　　　　　　　　　　　　　　1929　パリ記念碑的眺望委員会　　　　　　（ISMH）制度設立
1930　　　　　　　　　　　　　　　　　　　　　（CPM）再設立

　　　　　　　　　　　　　　　　　　　　　　　　　　　　　　　　　　　　1930　景勝地法（改正）
　　　　　1933　月例会議中断　　　　　1933　都市景勝地に関するレポート
　　　　　　　　　　　　　　　　　　　　　　　　　　　　　　　　　　　　1935　パリ拡大に関する
　　　　　　　　　　　　　　　　　　　　　　　　　　　　　　　　　　　　　　　プロスト計画
　　　　　　　　　　　　　　　　　　　1937　パリ万国博覧会
　　　　　　　　　　　　　　　　　　　1937　シャイヨー宮建設
1940

図1-4　CVP年表2

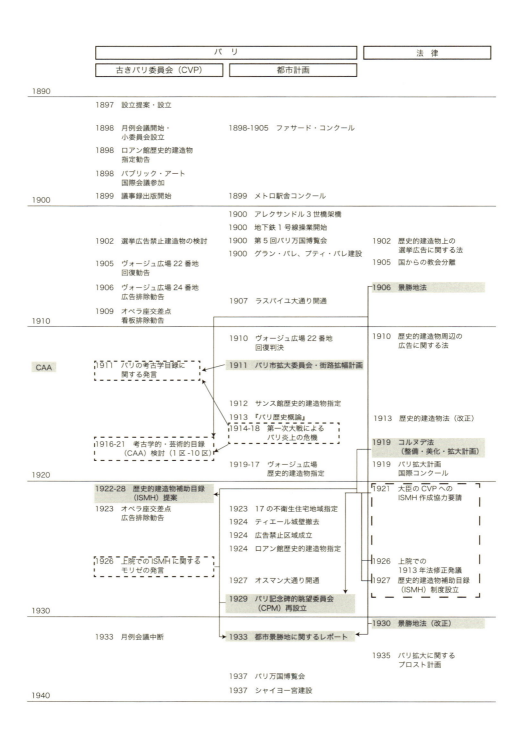

図1-5 CVP年表3

注

1 国土交通省、2008年5月23日公布、"地域における歴史的風致の維持・向上に関する法律"
2 Choay, Françoise. *L'allégorie du patrimoine*, Paris; Edition du seuil, 1992, pp.130-134では、都市の近代化後に都市の歴史遺産が調査の対象となり、保護されたことが示されている。これは、アロイス・リーグル（2007）『現代の記念物崇拝：その特質と起源』尾関幸訳 中央公論美術出版 pp.3-26.におけるモニュメントの歴史的価値の問題を基礎として論じられている。
3 Inspecteur général des monuments historiques
4 monument historiqueに「歴史的建造物」の訳語を充てるのは、西村幸夫（2004）『都市保全計画：歴史・文化・自然を活かしたまちづくり』東京大学出版会 pp.481-482による。
5 ナショナル・アイデンティティから展開した、特異な場所のモニュメント性を有する。
6 前掲注3同所参照 西村幸夫（2004）
7 Inventaire supplémentaire des monuments historiques
8 Monument historique inscrit
9 Ministère de la Culture et de la communication. *Patrimoine et architecture*, Paris: Ministère de la Culture et de la communication, 2010, pp.47-48によれば、歴史的建造物全体の約67パーセントに当たる28,813件が登録歴史的建造物である。パリにおいては、そのうち約76パーセントにも及ぶ1,375件が登録歴史的建造物である。日本において、建造物に関する登録文化財制度は1996年から施行されている。この制度は、日本においてはその簡易さから、登録数が飛躍的に伸びている。
10 鳥海基樹（2004）『オーダーメイドの街づくり：パリの保全的刷新型「界隈プラン」』学芸出版社 pp.18-30.
11 Secteur sauvegarde
12 Plan de sauvegarde et de mise en valeur
13 Plan d'occupation des sols. 1967年の土地基本法（Loi d'orientation foncière、通称LOF）により創設された基礎自治体レベルの都市計画である。1983年以降、基礎自治体が全権を掌握できるようになり、さらに1993年の景観法（Loi « paysage »）により、景観保全を土地利用計画や建設物の配置計画と関連づけて扱えるようになった。
14 Plan local d'urbanisme
15 Zone de protection du patrimoine architectural et urbain、通称ZPPAUである。1993年に建築的・都市的・景観的文化財保護区域制度（Zone de protection du patrimoine architectural, urbain et paysager、通称ZPPAUP）と改称された。
16 Loi relative à la solidarité et au renouvellements urbains
17 PLUは2000年12月13日施行の都市連帯・再生法から発効した。この法は基礎自治体に対して、必ずPOSをPLUに置換しなければならない義務を負わせる。当初2001年4月までに検討の猶予が与えられ、この後の未整備は違法となった。しかし、PLU策定の遅れが出て2007年当時でもまだ策定していない自治体がある問題が、Cassin, Isabelle. *Le PLU*, Paris: Le Moniteur Editions, 2007, pp.9-11で指摘されていた。
18 Projet d'aménagement et de développement durable
19 Protection ville de Paris

20　Georges Eugène Haussmann : 1809-1891
21　フランソワーズ・ショエ（1983）『近代都市：19世紀のプランニング』彦坂裕訳 井上書院 pp.30-35.
22　第2章2-2（3）参照
23　多くの古い記念碑が取り壊されたが、破壊のすべてが不可欠であったわけではない。
24　ピエール・ラヴダン（2002）『パリ都市計画の歴史』土居義岳訳 中央公論美術出版 p.339.
25　Charles Buls
26　田中暁子（2008）『ポスト・オスマン期のブリュッセルにおけるシャルル・ビュルスの都市美理念とその実践に関する研究』東京大学学位論文
27　Guilmeau, Stéphanie. *La commission du Vieux Paris et Le Casier archéologique et artistique*, Mémoire de l'Université Paris IV Sorbonne, 2007, pp.42-44.
28　松本裕（2006）「「ポスト・オスマン期」のパリ都市空間形成」鈴木博之、石山修武、伊藤毅、山岸常人編『都市文化の成熟』東京大学出版会 pp.315-366によれば、ポスト・オスマン期は第二帝政が崩壊しオスマンが失脚する1870年以降、ベル・エポック期さらには20世紀前半（第一次世界大戦前後）におけるモダニズムの萌芽期へと至る時期とされている。
29　Société parisienne d'archéologie et d'histoire
30　Société de l'histoire de Paris et de l'Île-de-France
31　Société des amis des monuments parisiens
32　*Ibid.*, pp.17-19.
33　Commission du vieux Paris
34　CVPは現在、改変及び取り壊し申請に関する建築確認を主な業務としている。
35　Casier archéologique et artistique
36　Léon, Paul. "Les principes de la conservation des monuments historiques" *Congrès archéologique de France. 96ème session tenue à Nancy et Verdun en 1933*, Paris: A. Picard, 1934, pp.17-52.
37　Id., *Les protection des monuments en France*, Paris: la documentation française illustrée, 1952.
38　Bercé, Françoise. *Les premier travaux de la Commission des travaux historiques 1837-1848*, Paris: A. et J. Picard, 1979.
39　Prosper Mérimée : 1803-1870
40　Ludovic Vitet : 1802-1873
41　Id., *La naissance des Monuments historiques*, Joué-lès-Tours: LA SIMARRE, 1998.
42　Eugène-Emanuel Viollet-le-Duc : 1814-1879
43　Id., *La correspondance Mérimée-Viollet-le-Duc*, Joué-lès-Tours: LA SIMARRE, 2001.
44　Auduc, Arlette. *Quand les monuments construisaient la nation*, Paris: Comité d'histoire du Ministère de la Culture, 2008.
45　飯田喜四郎（1966）「フランスの文化財保護」『月刊文化財昭和41年4月号』第一法規 pp.36-42.
46　西村幸夫 前掲注5 pp.480-492.
47　松政貞治（2005）『パリ都市建築の意味・歴史性：建築の記号論、テクスト論から現象学的都市建築論へ』中央公論美術出版 pp.522-533.
48　羽生修二（1982）「歴史的記念物委員会とヴィオレ・ル・デュク」『日本建築学会大会学術講演会梗概集（東北）』計画系57 日本建築学会 pp.2565-2566.
49　ZPPAUPに関するものである。

50 和田幸信（2007）『フランスの景観を読む：保有と規制の現代都市計画』鹿島出版会
51 野原卓（2006）「パリ市における都市空間戦略の変容過程に関する研究」『計画行政』29（3）日本計画行政学会 pp.49-57.
52 鈴木隆（2005）『パリの中庭型家屋と都市空間：19世紀の市街地形成』中央公論美術出版
53 Fleury, Michel. "Les origines et le rôle de la Commission du Vieux Paris(1898-1980)" *La Commission du Vieux Paris et la Patrimoine de la ville(1898-1980)*, Alençon: Impr. Alençonnaise, 1980, pp.9-11.
54 Guilmeau, Stéphanie. *op.cit.*
55 Duchesne, Bénedicté. *La commission du Vieux Paris 1887-1913 Rechercher et Protéger les vestiges du Paris ancien*, Mémoire de l'Université Paris I Panthéon-Sorbonne, 2004.
56 Bassières, Laurence. *L'invention d'une politique patrimoniale pour Paris et le département de la Seine: quand la Commission du Vieux pairs Réalisait le premier inventaire architectural, 1898-1936*, Mémoire de l'École Nationale Supérieure d'Architecture de Versailles et L'Université Versailles-Saint-Quentin en Yvelines, 2009.
57 ピエール・ラヴダン（2002）『パリ都市計画の歴史』土居義岳訳 中央公論美術出版 pp.442-446.
58 田中暁子・江口久美・楊惠亘（2009）「古きパリ委員会による歴史的住環境保全手法に関する研究」『住宅総合研究財団研究論文集No.36』住宅総合研究財団 pp.107-118.
59 荒又美陽（2006）「第3章 街区に本来の姿を取り戻す」森村敏己編集代表『視覚表象と集合的記憶：歴史・現在・戦争』旬報社 pp.81-107.
60 フランソワ・ロワイエ（François Loyer）氏は、CVPの元事務局長である。日仏都市会議2003は三宅理一、アンドレ・シガノス、澤井安勇（2003）『文化資源とガバナンス』鹿島出版会にまとめられている（フランソワ・ロワイエ「パリ市の文化遺産政策における「古きパリ委員会」の役割」、同書所収、pp.21-31.）。
61 Bibliothèque de la Commission du vieux Paris
62 Procès-Verbaux de la Commission du vieux Paris
63 Archive de Paris
64 La médiathèque de l'Architecture et du Patrimoine
65 戦前のCVPの議事録が存在する。2014年現在、不在資料となっているようである。
66 Journal Officiel de la République Française
67 Hugo, Victor. *Guerre aux démolisseurs !*, Montpellier, Archange Minotaure, 2003.
68 Haussmann, Georges Eugène. *Histoire général de Paris*, Paris: Imprimerie Nationale, 1866.
69 風景観は当時の言葉に対する翻訳ではなく、「パリのモニュメントの相貌（Physionomie monumental parisien 第3章を参照）」を保存しようとする当時の動向を本書では「風景観」と捉えている。
70 Société des amis des monuments parisiens, *Bulletin de la Société des amis des monuments parisiens*, Paris: D. Dumoulin, 1884.
71 , Ville de Paris. Service des beaux-arts et travaux historiques. *Comité des inscriptions parisiens... Etat alphabétique des inscriptions placées depuis l'institution du comité*, Paris: Impr. nouvelle, 1883.
72 パリ・アーカイヴ所蔵
73 建築・遺産シテ・アーカイヴ所蔵

第2章　19世紀の歴史的建造物の出現と都市風景へのまなざし

2–1　フランス革命後のナショナル・アイデンティティの形成と19世紀における歴史的建造物保全の出現

（1）フランス革命による建造物の破壊

　1789年7月14日のフランス革命は、アンシャン・レジーム[1]を解体し、フランスの都市に新たな局面をもたらした。新しい共和政国家は、貧窮した財政を再建するため、有力者たちの財産を没収した。1789年11月2日の政令（デクレ）[2]によって、教会所有物の国有化が行われ、同年12月19及び21日のデクレでは、一部を除いた聖職者及び王位継承者の財産売却が規定された。1790年5月14日には、国有財産売却に関する条項がデクレにより規定された。続く1792年3月30日のデクレでは、1789年7月1日以降にフランスを去った亡命貴族の財産の没収に関するデクレが施行され、同年7月27日のデクレでは、亡命貴族の財産の売却に関して規定した。

　国有財産の売却を通じた膨大な遺産の民有化は、フランスの風景を一変させた（図2-1）。都市を構成する建造物は、経済的意味を獲得し利益を生じうる功利的な建造物に改変されるか、取り壊されるようになったのである[3]。この傾向は、特に宗教的建造物の大規模な取り壊しを招いた。そのため、19世紀の初頭には、フランス全土に廃墟が絶えず存在するようになっていた。

　シャトーブリアン（1802）は、『キリスト教の特質』の序章において、革命末期のフランスを以下のように描写している。

我々が取り壊した教会や修道院の廃墟が至る所で見られる[4]。

　しかし、皮肉なことに、この過去の物理的な喪失の感覚が、歴史的建造物の概念を誕生させることになったのである。

図2-1　サン＝ジェルマン＝デ＝プレ聖母教会の取り壊し
図版出典：DAGOTY, Gautier. *Démolition de Saint-Germain-des-près. Chapelle de la Vierge*, 1802.

　1790年、政府によってモニュメント委員会[5]が設立された。同委員会は、多くが旧アカデミーのメンバーであった歴史家、有識者、考古学者等により構成されていた。活動目的は、市民の教育に利用できるモニュメントと作品の保護であった。精力的に活動を行ったが、多くのモニュメント保全には至らなかった。しかし、同委員会により歴史的モニュメントの概念が初めて生み出されたのである。
　それまでは、個人資産である建造物は、所有者にとって思うままに改変・取り壊しを行えるという、ただ1つの利用価値しか持たなかった。しかし、同委員会の設立後、歴史的または芸術的価値という公的価値の名義のもとに、それらを保全できるようになった[6]。

(2) 19世紀初頭のモニュメントの破壊に対するヴィクトル・ユゴーの批判

　前述のような破壊に対して、フランスの文化を守ろうとするロマン主義の文人たちが立ち上がった。その代表が、文豪として知られるヴィクトル・ユゴー[7]であった[8]。
　1825年の講演『破壊者との戦争！』において、ユゴーは、以下のように建造物の外観の公共性を擁護しながら、破壊に対し辛辣な批判を繰り広げている。

　　我々が国に注意を促しているこの無秩序にようやく終止符を打つときがきた。革命の蛮行者、金儲け主義の投機者、とりわけ古典的な修復者により貧しくさせられたと

はいえ、フランスはまだ豊かなモニュメントを有している。国の顔に重傷を負わせる槌を止めねばならない。それには、ひとつの法で十分である。所有物の権利がいかにあろうとも、名誉に無関心な卑しい投機者に、歴史的・記念碑的建造物の破壊を委ねてはいけない。彼らは惨めな人々であり、自分たちが野蛮人であることすら理解できないほど愚かである！　建造物には2つのものがある。用と美である。用は所有者に属し、美は皆に属する。したがって、それは破壊する権利を上回る。

　モニュメントに対する活発な監視が行なわれねばならない。他の部分とは別に首都を代表する建造物を我々はわずかな犠牲で救った。(中略)

　そして、称賛すべき後悔が我々を占領するほどの、我々がもはや創造することのかなわない驚くべき建造物を再建したい。これらの世紀の天才はもはや存在しない。工業が芸術に入れ替わったからである。

　まだ本一冊分ほど述べたいことがあるが、この覚書をここで締めくくろう。(中略)古代ローマ人が常に *Hoc conseo, et delendam esse Carthaginem*（カルタゴ滅ぶべし）[9]と言ったように、この覚書の著者である私は常に、「私はフランスを破壊してはならないと考える」と繰り返そう。[10]

　第一共和政は、1830年7月29日の七月革命により崩壊し、ルイ・フィリップを国王とした立憲君主制の七月王政が築かれた。これは、アンシャン・レジームと、革命のフランスとの和解であった。七月王政は、1848年2月24日の二月革命により崩壊し、その後第二共和政は1852年まで続いた。

　七月革命後も、モニュメント破壊の手は休まることがなかった。ユゴーは1832年、再び講演を行い、民主主義による破壊の助長に警鐘をならしている。

　　修復について何回も告発してきたが、古きフランスの破壊が今までない更なる熱狂と蛮行を伴い続いていることを指摘しなければならない。七月革命から、民主主義と共に、無知と野蛮さが氾濫している。多くの場所で、地域の権力・行政の影響・共同体の財産管理が、書き方を知らない貴族の手を離れて、読み方を知らない農民の手に渡った。ここで我々は穴に落ちた。これらの勇敢な者たちがたどたどしく読めるようになるまで、彼らが統治するのだ。これは、マルリーによれば機械的に正常であり、我々が「中央集権」と呼ぶものの生産物である、行政の誤りは、市長から副知事、副知事から知事、知事から大臣の昇格により常に起る。ただ拡大するだけである。(中略)

　　我々はモニュメントの破壊を、失敗しないよう深い確信を持って告発する。フランスを何らかの点において芸術家と骨董屋の路線から脱線させた者の良心に、我々は訴えかける。毎日、フランスの古い記憶は石と共に消えている。毎日、我々は伝統的な、

尊重すべき本に書かれた文字を消去しているようなものだ。そして、じきに、これらの全ての廃墟が消えた時、トロイ人が神に述べたように、*Fuit Ilium, et ingens Gloria !* (イーリウム（トロイ）の都も大いなる栄光も過去のことである）と叫ぶしかできなくなる。[11]

ユゴーは、統治能力のない中央集権的な政府が、十分に価値を考慮せずにモニュメントの破壊を行っていることを非難した上で、個人の所有物に対して一般的価値、国家的価値を認める[12]ことで、保全を実行することのできる法の整備を唱えている。

　　コミューンを保護下に置き、建造物を破壊から守れ。
　　それは破壊に固執する個人や所有者に関してである。法が建造物を破壊から守る。彼らの所有物が国家から評価され、補助金が支払われ、現状が保たれるべきだ。（中略）
　　これは、歴史的建造物の一般的利益、国益の問題だ。毎日、一般的利益が声をあげるとき、法は個人の利益に対する金切り声を止めさせる。個人の所有物はいつの時代も社会的共同体の意味において、修正されており、現在も未だにそうである。広場をつくるための畑、養護施設をつくるための家屋をあなたは無理やり売却させられる。あなたはモニュメントを売却することになる。
　　繰り返すが、1つの法があれば、十分である。ここで、あらゆる場所から反対の声が聞こえる。——下院は時間があるのか？——こんなにたわいもないことのための法なのに！
　　こんなにたわいもないことのために！
　　どうして、どうすればいいのか分からない44,000もの法を有しているのか！　せいぜいその中には良いものは10しか無い。毎年、下院が熱気に満ちているときにおびただしい数を産み卵にもなるが、実現可能なものは2、3しかない。我々は、万事に関し、万事のための、万事に対する、万事を目的とした法をつくっている。グルネル通りの片側から反対側のある省庁へ紙箱を運ぶのにも法をつくる。そして、モニュメントのための法、芸術のための法、フランスの国民性のための法、記憶のための法、教会のための法、人知の最も偉大な生産物のための法、わが祖先の傑作のための法、歴史のための法、破壊した取り返しのつかないことのための法、将来最も国が聖なるものとなるのための法、過去のための法、正当で良好で素晴らしく、健康で実用的で必要不可欠で緊急なこの法のためには時間がない。よってこれをつくらない。[13]

（3）七月王政期におけるナショナル・アイデンティティの形成と歴史的建造物制度の出現

　世論による批判を受け、七月王政の期間中に、未だ理論化されてはいなかったものの、歴史的建造物の定義づけと、その保全が実践されるようになった。この時代、考古学は国の新しいアイデンティティの形成のための装置となった。モニュメントは知識源であり、過去に合理的な説明をつけられるものとして認識されていたからである。

　1843年にアラゴ（Arago）が下院で行った演説では、以下のように述べられている[14]。

> モニュメントには祖先の用途の情報を与えねばならない。それにより学生への芸術的・美的教育が可能となる。

　七月王政の開始時から、過去の再生と国の歴史の保護のため、全国の県知事は、古モニュメント保全のため、議会の予算を獲得し、各県に1つないし2つの、有識者協会である考古学学会を設置し始めた[15]。これらは、主にブルジョワ階級の青年により構成されていた。

　そのため、1830年に、内務大臣フランソワ・ピエール・ギヨーム・ギゾー[16]が、内務省に歴史的建造物を司る歴史的建造物総監[17]のポストを設けた。各県の考古学学会は新しい体制のプログラムに結びつき、中央集権化されて情報交換を行うようになった。情報の内容は、調査、フランスのモニュメントの状態に関する情報、権力により妨害されることもある組織的または個人的なボランティアの使命といったものであった。

　この後、政府は歴史を記述するための科学組織である歴史的建造物審議会（CMH）[18]を1837年に設立し、歴史的建造物総監はCMHの総監となった。国による保全制度の枠組みを次節でみておこう（表2-1）。

（4）歴史的建造物の概念及び保全制度の成立

歴史的建造物保全制度整備に関する経緯

　1830年に歴史的建造物総監として、ロマン主義作家である、ルドヴィク・ヴィテ[19]が任命された。ヴィテは、1830年11月から視察旅行を行い、ノール＝パ＝ド＝カレ、エネ、オワズ県と訪問し、1831年に公式レポートの形で報告書を出版した。同報告書で、彼は危機に瀕したモニュメントだけでなく、図書館、アーカイヴ、博物館にも触れていた。

　1831年には、内務省に歴史的建造物局[20]が創設され、1834年に2代目歴史的建造物総監

表2-1 歴史的建造物制度の成立と背景

年	背景	歴史的建造物制度
1789	フランス革命、教会所有物の国有化、聖職者及び王位継承者の財産売却	
1790	国有財産売却	
1792	亡命貴族の財産没収及び売却	
1825	ユゴーによるモニュメント破壊の批判講演	
1830		歴史的建造物総監創設
1831		歴史的建造物局創設
1832	ユゴーによるモニュメント破壊の批判講演	
1837		歴史的建造物審議会（CMH）
1840		歴史的建造物リスト発行
1852	県知事による市の建築線計画承認に関するデクレ、パリの街路に関するデクレ＝ロワ	
1887		歴史的建造物法公布

として、『カルメン』の作者として知られ、小説家で歴史家兼考古学者であるプロスペル・メリメが任命された。

メリメは、前任者ヴィテを引き継ぎ、フランス中をまわり、文学的な行政向け報告書を出版した。また、1835年に『南仏視察報告』、1836年に『フランス西部視察報告』、1838年に『オーヴェルニュ視察報告』、1840年には『コルシカ視察報告』を出版した。

1837年、内務省に歴史的建造物審議会（CMH）が創設され、歴史的建造物のリスト化が開始された。委員長は、公共モニュメント局長[21]及び民用建造物議会議長[22]を兼任するジャン・ヴァトゥー[23]が務めた[24]。1841年には、メリメの通達により歴史的建造物の現状変更等にCMHの承諾が必要となった。

CMHの所属は、その後内務省から変更され、1853年には公共教育芸術省建築局[25]に歴史的建造物の保存の権限が一本化された。1887年には現在の歴史的建造物法の前身となる歴史的建造物保存法が施行され、局がリスト作成を行うようになった。

また、1907年、修復建築家を歴史的建造物主任建築家[26]として制度化する条例が公布された。歴史的建造物主任建築家は、建造物の保護、歴史的建造物の保全及び評価のための提案及び意見をCMHに提出する[27]。

1837年設立の歴史的建造物審議会（CMH）の構成と活動

歴史的建造物審議会（CMH）は1837年に設立された。背景として、モニュメントの保全の政策を合法化するために科学的権力機関と予算が必要だった事情がある。モンタリヴェ[28]が1837年に内務大臣となった際に、内務省に国の予算の県議会への分配を担当する委員会を設立した。これがCMHであった。CMHは、オルレアン公の図書館[29]を担当するヴァトゥーに委託されていた内務省歴史的建造物局に附属することとなった[30]。

CMHの最初の委員長のヴァトゥーは、内務省の公共モニュメント管理及び王室歴史局

担当だった。また、ルプレヴォ、ヴィテといった考古学者、著名な先導者テイロー[31]、『古きフランスのピトレスクでロマンティックな旅』のノディエール[32]、建築家オーギュスト・キャリスティー[33]及びフェリックス・デュバン[34]、ボナパルトの家系のモンテスキュー伯爵により構成されていた。その後、アカデミックな活動で著名な議員であった、ドニ[35]及びゴルベリー[36]、芸術局長のシャルル・ルノルマン[37]が追加された。

当初、CMHは、歴史的建造物総監のポストを補完する目的を有していた。さらに、科学的組織としての役割を果たすため、価値があると判断した古モニュメントに国の助成を再配分することを目的としていた。しかし、実際のCMHは、内務省内ではほとんど県議会の小委員会程度に活動を制限されていた。さらに、行政の予算管理のみを行っていた。なぜなら、歴史的建造物局は、民用建造物評議会（CBM）[38]の監視下にあったからである。CBMは、旧王室建造物総監[39]の職権を継承した組織であり、大きな権力を有していた。CMHが真に古モニュメントに関わるには、CBMによる制限の枠を越えねばならなかった。しかし、1840年1月から分離が明確化された。なぜなら、CMHは内務省に留まった一方、CBMは公共工事省附属となったためである。

また、メリメは県議会から独立した活動をCMHが展開する必要性を説いた。1837年にメリメとヴィテは、下院の予算を獲得するため、特別な価値があり緊急の作業を必要とする建造物のリストを作成するよう要請する通達を各県知事に送付した。その結果、重要なオルドナンス[40]により、提案されるか指定された建造物の中から、特別な価値があり緊急の作業を必要とする建造物をCMHが選択することが決定された。それは歴史的建造物のリスト化という、CMHの果たす役割の基礎となったのである。

1887年法による歴史的建造物の点的保全の概念と法的拘束力

第二帝政下では多様な都市計画決定権が生まれ、建築線計画に関する権利がまず発生した。これに関連して、1852年3月25日のデクレによって、建築線計画の承認権が内務大臣から県知事へ委譲された。続くパリの街路に関する1852年3月26日のデクレ＝ロワ[41]によって、沿道住民に美的価値または衛生的な義務を課すことが可能になった。後述するオスマン県知事は、この法制度を使用してパリ改造を進めた[42]が、都市史軽視の傾向によって1870年代にかけてパリの古モニュメントの破壊が進行した。1880年代にはパリのオスマン化は終息をみせ、いままで法制化されていなかった歴史的建造物に関する法が、1887年に施行された。

1887年法によれば、歴史的建造物は、第1条により「歴史的または芸術的視点から、国家的価値[43]をもつ建造物の全体または一部」として規定された[44]。

歴史的建造物審議会（CMH）によりリストに掲載された建造物及び建造物の一部は、公共教育芸術大臣のアレテ[45]により、指定された[46]歴史的建造物となった。公的な建造物の

指定については、第2条により2つのケースが存在した。第一は、職権において大臣の同意があった場合、第二に所有者の組織が与えられた権限で、所有者の組織の同意と大臣の一致した意見があった場合であった[47]。

個人所有の建造物の指定に関しては、指定の所有者の同意が得られない場合、第3条による指定はできなかった。しかし、公益のための収用に関する1841年法による訴訟によって、強制収用[48]が可能となった。

指定歴史的建造物の改変について、第4条により省の許可が必要となった。また、建造物を傷める道路拡幅等も不可能であった。さらに、指定歴史的建造物は大臣の監視があれば、公的有用性の理由による収用が可能となった。

個人の権利に大きく踏み込み、公的な価値に基づく、個人所有の建造物の保全を可能にした指定制度だが、第7条の予算配分による指定解除の危険性があった。第7条によれば、国が個人所有の建造物に予算を与えないとき、もし指定に関する法の発布から1年内に発表されるなら、請求に続く6ヶ月のあいだ指定解除を要求できるとされている。

2-2　オスマニズムによる「パースペクティブ」な視点の出現と伝播

（1）オスマニズム以前のパリの都市整備事業

七月王政期の都市計画事業は緊急性を帯び、街路、鉄道といった課題への対応が求められながら早い速度で進められていた。この時期に、パリ市内に右岸89本、左岸23本、総数112本の街路が開設されている[49]。特に1842年の、リール、ル・アーヴル、ナント、ボルドー、マルセイユ、ストラスブールからパリに至る6本の線路の敷設によって中心部の人口は飛躍的に増大し、不良家屋の劣悪な居住環境が問題視されるようになった。また1840年頃顕在化した、都市の重心が北西へと移動すること、いわゆる「パリの移動」問題への調査と対応も必要とされた。

そのような中で行政は、数年に渡って首都のいくつかの地区を浄化し公共事業計画を立てるため、綿密な調査に取り組んでいた。これらの計画の一例には1841年の県行政局によるものがある。この計画は、交通状態の調査を基礎とした幹線道路事業に関する指導スキームとなっている。続いて、建築家イポリト・メナディエ[50]が、1843年に『ピトレスクでモニュメンタルな観点からのパリ、すなわち芸術的かつ公益的な事業に関する総合的な全体計画の要素』を発表した。彼は、県行政局の計画と同様、交通問題を解決し、同時に居住問題にも対応する幹線道路計画を複数提案している。また、眺望にも配慮していた[51]。

第2章　19世紀の歴史的建造物の出現と都市風景へのまなざし

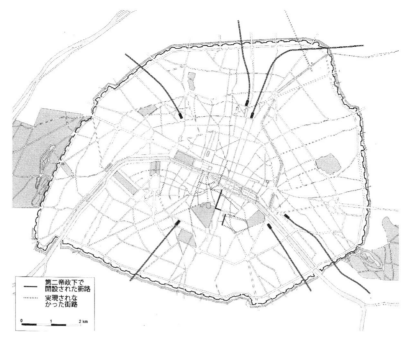

図2-2　シャブロル＝シャメアヌ委員会による街路開設計画（1840）
図版出典：Pinon, Pierre. *Atlas du Paris haussmannien*, Paris: le Grand livre du mois, 2003, p.25.

　これらの街路計画は、左岸ではリュテスの植民ローマ計画[52]を、右岸では土地不動産構造の計画[53]を継承し、パリの歴史的街路ネットワークに、大胆に直行する新しい動脈を整備するものであった。そのためには、歴史的なネットワークを修正または補完する街路によって、フォブール[54]をつなぐ対角線状の交通網を生み出すか、新しい市の交差点である駅を動かす必要があった。

　パリ市内部の公式委員会によるこの時期の計画を概観してみたい。まず、1840年に、左岸の有力者によって設立され、シャブロル＝シャメアヌ[55]が代表を務めた公式委員会によって決定された計画がある。それは、主に既存の街路の延長によりセーヌの両岸を滑らかにつなぎ、現在の7区と5区間の交通循環を改善することを目的としていた（図2-2）。

　続いて、県の事務局主任であったシャントロ[56]は、街路網のための「整備全体計画」を1841から1842年にかけ発表した。それはまず、パリの市壁に到達する街路を延長し、中心に向かって集まるフォブールの街路[57]を補完するため、東から西へ両岸を貫通する、交通循環のための大規模の街路を設置することであった（図2-3）[58]。

　このため、計画を策定するうえで過去のモニュメントに関する情報が必要となってきていた。実際、行政は現在と過去を同じ流れにつなげるあらゆる試みに大きな関心を抱いていた。それは、未実行の規則を活用し、緊急性を帯びた美化計画を簡易に実現するために有用な情報を発見するということであった。

37

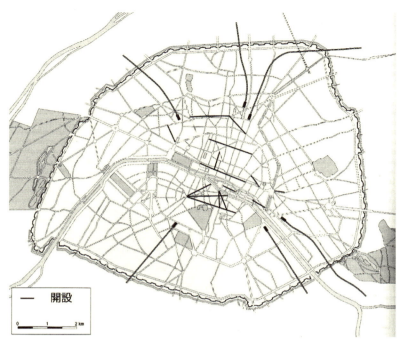

図2-3　シャントロによりパリ市に提案された街路開設計画（1841-1842）
図版出典：*Ibid.*, p.26.

（2）19世紀中葉のオスマンの都市大改造に関する理念と「パースペクティブ」な視点

　1848年2月25日、二月革命により、フランスは共和派による臨時政府の樹立が宣言され、第二共和政が始まった。ルイ＝ナポレオン・ボナパルト（ナポレオン3世）[59]が大統領として選任された。1852年12月2日、彼は帝位に就き、第二帝政が開始された。
　ナポレオン3世は寛大な人物であり、貧しい人々を惨めな生活から救い出すことを望んでいた[60]。他方、ロンドンでの亡命暮らしで「スラム」撲滅のために大街路が開設される現場を目撃しており、こうした手法によってパリの蘇生を望んでいた。そのため、皇帝は実現を希望する道路を緊急度ごとに色分けした地図を自ら作成していた。
　1852年3月26日に、パリの街路に関するデクレ＝ロワが布告された。1853年、オスマンがセーヌ県知事に任命されると皇帝は前述の地図を手渡し、街路開設委員会とともにパリ大改造を進めていくように要請した。こうして、1870年まで続くオスマンによるパリ改造が始まった[61]。
　オスマンのパリ改造の目的は、経済活動により百万都市に成長した大中世都市であるパリが、①機能性・合理性を獲得すること、②道路の整序に美意識を取り入れること、③都

第2章　19世紀の歴史的建造物の出現と都市風景へのまなざし

図2-4　オスマンにより実現された主要街路
図版出典：Haussmann. *Mémoires du Baron Haussmann*, Paris: Éd. du Seuil, 2000 に筆者加筆.

市改造を1つのプロジェクト事業とする「都市の構造化」を行うことであった[62]。

　この3つの目的を同時に解決する大プロジェクトは交通、衛生、通気、美化、治安改善、戦略、人口分散等の多様な側面を含んでいた。このなかで最も重視されたのは、街路整備による交通循環の改善であった。オスマンの街路計画の特徴は、パリ市を十字形[63]に大きく分断する幹線道路[64]を開設した上で、セーヌ川に沿ったグリッド上の街区を創設し、それを都心部から新街区に延びる斜交路によってつなぎ、外側の環状道路へと接続させた点である[65]（図2-4）。

　美観面に関しては、対称性・直線を兼ね備えた広幅員街路とそのパースペクティブ上へのモニュメントの配置というルネサンス＝バロック式の整列美が重視された（図2-5）。それまでのヴェルサイユ等の計画と異なっていた点は、既に2000年の歴史が蓄積されているパリにおいて、それを都市再開発として実現しなければならなかった点であった[66]。鳥海（2005）によれば、オスマンは、古典主義期までの場当たり的な都市の美化を美のシステムとして階層性を持ちつつ体系化し、まさに都市を「整序化[67]」していったのであった。

　こうした大改造には、後述する批判も存在した。しかし、オスマンはパリ改造を進めていくに当たって批判に反論しつつ、自らの改造の理念の正当性とパースペクティブ（眺望または眺望性）の内容に関して、以下のように主張している。彼は、「懐古主義者達が古い版画等でのみ知られている古きパリを賞賛し、深い軽蔑でもって、オスマン男爵がそれを

39

図2-5　モニュメントとしてのオペラ座と19世紀末のオペラ通りのパースペクティブ
図版出典：Pinon, Pierre. *Atlas du Paris haussmannien*, Paris: le Grand livre du mois, 2003, p.111.

失礼な方法で「かき回している」と呻くことが流行している」と述べた上で、

> 中心の狭く、曲がりくねった道は、とりわけ通行できず、汚く臭く不健康であり、いかなる心配も不要だ。
> 我々の街路開設、我々の「いわゆる美化」は、新旧の地区に空間、空気、光、緑地、花、一言で言えば、不衛生さを取りのぞくもの全てを支給し、全員が美しさを喜んでいる。あらゆる場合において、それは彼ら懐古主義者たちのものではない。

と述べている。さらにオスマンは、「図書館の奥の人々（懐古主義者達）は、少なくとも価値に値する（中略）古モニュメント、芸術的な好奇心をかきたてられる建造物が解き放たれ、可能な限りの美しいパースペクティブを与えられていることを、全く目の当たりにしていないように見受けられる」と反論している[68]（図2-5）。

すなわち、「パースペクティブ」の用語は、周囲に光や空間を与えてモニュメントを建て詰まった市街地から解放するために都市の全体計画の中で用いられている。

また、大改造の目的の背景には、オスマンの「戦略」も存在した。1848年の二月革命の後、1851年のクーデターにより政権を奪取した、ナポレオン3世による第二帝政政府は、常に新たなクーデターへの脅威を感じていた。広幅員街路はバリケードの建設を阻止し、

第2章　19世紀の歴史的建造物の出現と都市風景へのまなざし

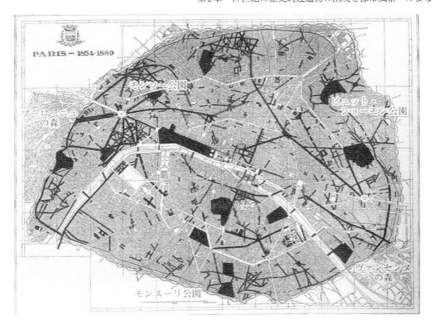

図2-6　パリ改造計画において1854年から1889年までに整備された公園と広幅員街路
図版出典：石川幹子（2001）『都市と緑地』岩波書店 p.37.

また幹線道路によって、騒動を軍隊により速やかに鎮圧することが可能となる。この「戦略」は、パリの公共事業に対する国の出資根拠として議会でも報告されている。また、オスマン自身も「戦略的」という形容詞を用いて、この計画を説明していた[69]。

また、アルファン（1867-1873）によれば、オスマンの計画において街路整備事業と並び重要な事業であったのが、公園整備事業（図2-6）であった。これはナポレオン3世がロンドンの公園を熟知しており、1851年のロンドン万国博覧会成功に影響を受けて、パリにハイド・パークを超える公園を設置するという希望を持っていたためである。

1854年、オスマンはエコール・ポリテクニーク出身の土木技師、アドルフ・アルファン[70]をパリ市に招聘した。彼は行政でパリのプロムナード計画を担当することとなった。彼は、1858年にかけてブーローニュの森の改良工事を成功させた後、同年ヴァンセンヌの森（図2-7）の改良工事に着手している。これらは、ピクチャレスクなイギリス風景式庭園[71]の様式に基づいて整備が行われた。

アルファンは1860年に、パリ市西部地区の住宅地に位置するオルレアン公爵の庭園を買収し、住宅用地と共にモンソー公園（8.2ha）を整備した。また、1864年から1867年にかけて、ゴミ捨て場となっていた土地に山岳景観を有するビュット＝ショーモン公園（24.7ha）を整備した[72]（表2-2）。

このようにパリの大改造計画は、パリに一体的に光・水・緑を与えることを目的としていた。

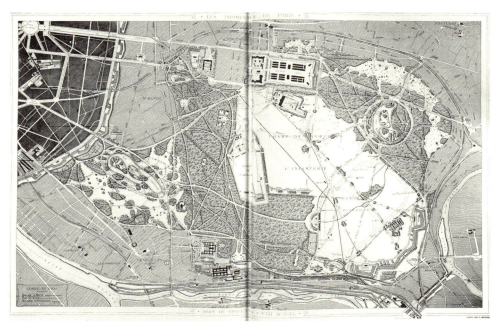

図2-7　ヴァンセンヌの森
図版出典：Alphand, Adolphe. *Les promenades de Paris*, Paris: Connaissance et mémoires, 2002.

表2-2　主要公園設置年表

年	名　　称
1858	ブーローニュの森
1860	ヴァンセンヌの森
1861	モンソー公園
1867	ビュット＝ショーモン公園
1978	モンスーリ公園

(3) ポスト・オスマン期の「パースペクティブ」な都市改造の伝播と批判

　田中（2008）によれば、パリの大改造から影響を受けたため、1853年にはフランスの国内都市において、1875年からはベルギー、オーストリア、イタリア、ハンガリーにおいて、オスマン化[73]の影響が見られるようになった[74]。ここのオスマン化は、開発に伴う地帯収用やパリのオスマン化された街路沿道に見られたオスマン型の賃貸住宅といった側面を省かれ、単純に直線道路整備をさす言葉として使用されている。オスマンの直線道路整備は、パースペクティブとモニュメントという美観面への意識以上に、交通や衛生といっ

42

た機能的な理由が大きく携わっていた。ここでは、田中の整理とピノン (2003)[75] の解釈を元に、オスマンの「パースペクティブ」な視点の伝播について検討し、概観してみたい。

以下は、オスマン化による「パースペクティブ」な都市改造への反映についての整理である（表2-3）。

フランス国内ではリヨンにおいて、1847年に工事が着手されたサントラル通りでオスマン化が起こっている。この工事自体は1853年のオスマンの市制の開始よりも早期であるが、一旦中断された後、1851年から1854年まで続けられた。その間にオスマンの影響が見られたためである。

オスマン化は大別すると、フランス国内では駅と広場や港を結ぶ広幅員直線街路の旧市街地への整備（図2-8）、国外では市域全体の交通循環の骨格を形成する広幅員街路と広場等の結節点の整備という形で現れたとされている。

しかし、オスマンの理念に従った急進的な都市改造（図2-9、2-10）には、その街路開設・拡幅に伴う歴史的遺産の破壊活動の強烈さから批判が相次いだ。作家兼写真家であるマクシム・デュ・カン[76]は以下のように述べている。

> 今から20年前、二月革命時に我々が知っていた状態にパリを回復できる魔法の杖の一振りが欲しい。その一振りは名誉の叫びになり、パリ市民と同様に虚栄心の強い人々が、このような掃き溜めのなかで生活できることは全く理解できなくなるだろう。[77]

風通しの良い「パースペクティブ」を持つ、オスマン化された都市は、アメリカの未来都市を想起させるとして1860年には以下のように批判され、人々の美への関心はピトレスクな中世的景観へと移っていった。

> 私はパリに何が起こっているのか、全く理解できない。曲がりくねることのない容赦ない直線状の、パースペクティブに冒険のない新しい大通りには、もはやバルザック[78]の世界は感じられない。むしろ、未来のアメリカのバビロンを彷彿とさせる。[79]

こうした破壊への反発から、リヨンにおいても古きパリ委員会（CVP）の影響を受け、古きリヨン委員会[80]が1898年に設立された。

表2-3 欧州の旧市街におけるオスマン化の概要

国 名	都市名	名 称	工事の開始年*	対 象
フランス	アヴィニョン	レピュブリック通り	1856	駅と市庁舎広場
	マルセイユ	レピュブリック通り (旧アンペリアル通り)	1862	古い港とジョリエット停泊地
	ナント	ストラスブール通り (旧アンペラトリス通り)	1866	レンヌにつながる道路の延長
	モンペリエ	フォック通り (旧アンペリアル通り)	1877	ペイロウ遊歩道の軸を延長
	リヨン	ガスパラン通り (旧サントラル通り)	1847	ジャコバン広場とベルクール広場
		レピュブリック通り (旧アンペリアル通り)	1853	コメディ広場(市庁舎裏)とベルクール広場
		エドゥアール=エリオット通り (旧アンペラトリス通り)	1856	テロー広場(市庁舎横)とベルクール広場
	リール	ナショナル通り (旧アンペリアル通り)	1859	グラン・プラスと新市街
		フォドエルブ通り		駅とテアトル広場
	ルーアン	レピュブリック通り (旧アンペリアル通り)	1852	石橋を起点とする南北方向の街路
		ジャンヌ・ダルク通り (旧アンペラトリス通り)	1860	環状道路の駅付近とセンヌ河岸(南北)
		ジャン・ルカニュエ通り (旧市庁舎通り)	1860	市庁舎とコショワーズ広場(東西)
	トゥールーズ	アルザス・ロレーヌ通り	1868	駅前大通りであるバイヤール通りにつながる(南北)
		メス通り		新しい橋を起点とする東西方向の街路
ドイツ	ベルリン	ベルリン市街の骨格 (ホーブレヒト計画)	1862*	旧市街と新市街、広場同士
	ケルン	ケルン市街の骨格	1880*	体系的街路網と広場、教会
オーストリア	ウィーン	ウィーン市街の骨格	1889*	リングシュトラーセ(環状道路)と沿道の公共建築
ベルギー	ブリュッセル	中央大通り	1867	北駅とミディ駅
		ノートル=ダム=オ=ネイジュ地区	1874	面的な改造
ルーマニア	ブカレスト	新大通り	1864	公共施設間
イタリア	ナポリ	コルソ・ウンベルト1	1885	駅、トレド通り、中心地区
	トリノ	ディアゴナル通り	1885	サン=トマソ地区を対角線上に横断する
	ジェノヴァ	アッサロッティ通り	1869	既存の通りの延長
		9月20日通り	1885	既存のジウリア通りの拡幅と既存の都市組織の再構築
	ローマ	ローマ都市基本計画	1882*	郊外拡張及び旧市街の改造

*計画が決定された年度である。
出典:田中暁子(2008),『ポスト・オスマン期のブリュッセルにおけるシャルル・ビュルスの都市美理念とその実践に関する研究』,東京大学学位論文,p.21にPinon(2003)を基に筆者加筆

第2章　19世紀の歴史的建造物の出現と都市風景へのまなざし

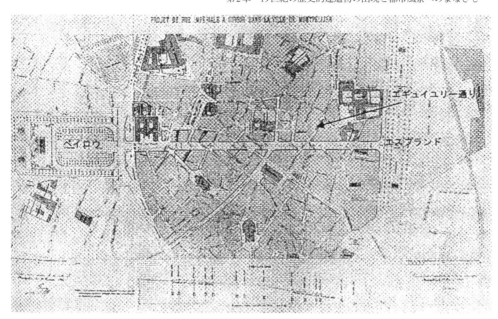

図2-8　モンペリエにおけるオスマン化
出典：田中暁子（2008）『ポスト・オスマン期のブリュッセルにおけるシャルル・ビュルスの都市美理念とその実践に関する研究』東京大学学位論文 p.23.

図2-9　オペラ通りの開設に伴う取り壊し（オペラ通りのサン＝トーギュスタン交差点。図2-5の写真と対応している）（1862）
図版出典：Marville, Charles. *Avenue de l'Opéra du carrefour Saint-Augustin*, 1862.

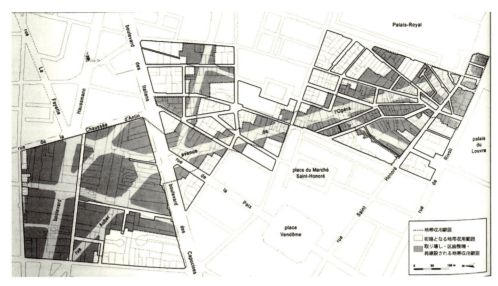

図2-10 オペラ座建設及びオペラ通り開設のための地帯収用地
図版出典：Pinon, Pierre. *op.cit.*, p.146.

2-3 ポスト・オスマン期のヨーロッパにおける「ピトレスク」な視点への回帰

(1)「ピトレスク」という語の定義

　フランス語の「ピトレスク[81]」とは、今日では「注意を引き、絵に描きたいような固有の様相による魅力を有する」という意味の形容詞である[82]。
　元々は、絵画に関するイタリア語、pittorescoから導入された用語である。これにより、ピトレスクはロマン主義の時代から「絵画に関して、直線、光と影の乱暴な対照から生じたもの」という意味を持っていた[83]。
　ヴェルフリン（1888）によれば、「ピトレスクな様式」は、動き、塊、光と影、不明確さ、ゆがみ、不規則性、不均斉性の性質を有し、それは、ルネッサンスの古典的な建築に対する「バロック建築の本質的な特徴」であった。しかし、これらの特徴は、バロックの時代には形状の不変の特徴として対照的に表れた。それは、不規則性に対する規則性、曲線に対する直線、ピトレスクさに対する幾何学性であった。
　英語でピトレスクに相当する語は、ピクチャレスク[84]である。初めて英語に登場した時期は1705年であり、「絵画の要素または品質をもつこと、絵画に適していること、(眺望、

風景等の）見え方が素晴らしいまたは感動的であること、景色が良いこと」を意味した[85]。現在ではその意味は弱まり、時には蔑視的または皮肉的に「未開発または古風で良いこと、魅力的なこと、古風で趣があること、素朴な姿であること」を意味する。そのため、日本の建築学においては古典主義的な建築美の理想に対して、田園、民家、異国趣味、非対称などを尊重した美として捉えられていた[86]。

英仏でこの語は同時代に普及したが、メルラン（2009）らによれば、現在のピトレスク及びピクチャレスクの語はどちらがより起源となっていたかは未だに明らかになっていない。

（2）カミロ・ジッテによる中世的な芸術原理

「ピトレスク」に注目する考えを、オーストリアの都市計画家、カミロ・ジッテ[87]はもっていた。ジッテは、オスマニズムの当時の「幾何学的な近代のシステム」（長方形、放射状、三角形のシステム）と呼ばれるものに反発し[88]、対照的なピトレスクさを求めていた。彼は、当時のシステムに都市空間におけるピトレスクさと解釈されるいかなる美的な価値も見いださなかった。

ジッテは、1889年にウィーンで出版された『芸術的原理に基づく都市計画』[89]において、古代、中世、ルネッサンスの多くの広場の形状について詳細な分析を行い、芸術的な一定の規則を明らかにした。ジッテは以下のように述べている。

> 必要なことは現代において美しいもの、よいものをつくることができるのだという確信を育て、よいものを信じ、熱意をもつことである。したがって、歴史的な観点も批評的な観点も前景におし出すことなく、古い都市と新しい都市を芸術・技術的な立場からだけ分析し、構成のモチーフを明確にし、古きものの中に調和と魅力を、新しきものの中に混乱と退屈さを見出し、できるところでは現代の箱のような住宅方式から私たちを解放する出口を発見し、過去の美しいものが残っていればこれを救い出し、古い手本の理想に近づけようとするべきなのである[90]。

ところで、ドイツ語でピトレスクに相当する語は、malerisch（マーレリッシュ）である。「（描くため）画家が枠で囲うこと、または正確に測量すること」を語源としている。「（あるものが）画家に絵を描かせるだけの性質または構成を有していること」を意味し[91]、「絵画的な」とも訳される[92]。

ジッテはmalerischを頻繁に用いており、ドイツ語の原典（*Der Städtebau nach seinen künstlerischen Grundsätzen*）を用いて、ジッテの述べた「malerisch」が指す対象について分析

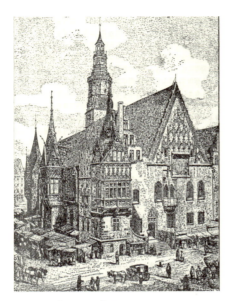

図2-11 ブレスラウ広場
図版出典：Sitte, Camillo.（1983）『広場の造形』大石敏雄訳 鹿島出版会 p. 27.

してみたい[93]（表2-4）。ジッテは、malerischなモチーフ、計画、街角、構式、細部、景観は古い都市計画に現れるものであり、それらには自然さによって見る者の興味を呼び覚まし、効果を強める不規則性があると述べている。また、その不規則性について、一つ一つのモチーフが充分な明快さをもって肉付けされていることで調和のとれた印象を与えるため、それぞれの建物が、非常に自由な構想でモチーフが多様に貫入しあっていながらも全体の均衡を確保できるとジッテは述べている[94]。また、ジッテの見解によれば、独創性による魅惑もmalerischの性質に含まれる。ジッテは、malerischな魅力がみられるのは市庁舎と噴水で構成された市場・広場の華麗な観景であり、ブレスラウ[95]の市庁舎について、「市庁舎広場とともにその要素を巧みに結合することによって、絵のような魅力をつくり出している」と示している（図2-11）。また、古きニュールンベルクやその他の都市の街角、ニュールンベルクのフェンボハウス、ハイロブロンの市庁舎、ゲルリッツの醸造場、ニュールンベルクのペーターゼンハウスの街角についてもmalerischな景観であり、アマルフィはmalerischな構式を有しているとしている。

しかし、規則的なブロックや区画によりこの美しさは破壊されるとされている。また、現代都市に対する必要性のためには、malerischな美しさが優先されてはならず、安易な模倣にも意味は無い。また、絵画的な美しさと実際の必要との間には、内面的対立が自然的な与件として存在すると、ジッテは述べている。しかし、だからこそ劇場のもつ絵のように美しい壮麗さが都市に実現されうるとジッテは説いている。それは、優れた効果のあるモチーフの豊かな使用や入り口まわりのランプ、ファサードの割り振り、折れ曲がった道、さらには道幅の違いや建物の高さの相違、外部階段、回廊、張出し窓、破風などのような多様な手段を用いれば実現されうるとされる。

そこで、ジッテは、当時の都市計画の単調さに反対するため、ピトレスクさを発現する既存の都市組織をもとにして主に広場への芸術的規則の適用を望んでおり[96]、ウィーンの広場の改変計画を提案した。（図2-12）。

ジッテによる1889年の『芸術的原理に基づく都市計画』の影響は、まずドイツ及びオーストリアに及んだ。ジッテの熱狂的な信奉者であるヨーゼフ・シュテュッベン[97]は、

1890年に『ハントブッフ（Handbuch）』を出版し、ジッテのフォーティヴ教会設置のための計画を掲載した[98]。1890年代には他にカール・ヘンリッヒ[99]、テオドール・フィッシャー[100]といった追随者が現れた。ヘンリッヒはデッサウ（1890）やミュンヘン（1893）の拡大計画で数々の受賞をしたが、後にジッテ派の特徴であるロマン主義、ピトレスク、中世的といった性質を強調しすぎたとして批判された。なお、ジッテの影響を受けていることを、コリンズら（1965）はSittesqueという形容詞で表現している。

ジッテの著作は1902年にフランス語版が出版されたが、当時のパリはオスマンによる大改造後、ヨーロッパの都市計画を先導する存在であり、1870年代の普仏戦争後ドイツとの仲が険悪であったため、フランスに直接大きな影響を与えることはなかった。イギリスでは1945年に英語版が出版されるが、それ以前から後述の都市計画家レイモンド・アンウィンがジッテの影響を大きく受けていた。

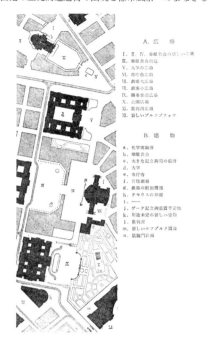

図2-12 ジッテによるウィーン全体改変計画
図版出典：Sitte, Camillo.（1983）『広場の造形』大石敏雄訳 鹿島出版会 p. 179.

（3）シャルル・ビュルスによる既存の要素を生かした個性的なプラン

ベルギーの首都ブリュッセルでは、1865年に即位したレオポルド2世と1863年にブリュッセル市長に就任したアンスパックの指揮のもと、大規模な都市改造が行われた。その際、オスマンのパリ改造を模倣した、スクラップ・アンド・ビルド型の都市整備が行われた。そこで、歴史ある町並みが消失し、町の個性の喪失が問題視された。

田中（2008）によれば、シャルル・ビュルスは1881年から1899年までブリュッセル市長をつとめ、前述の問題への反省から、独自の方法での解決に努めた。袋小路を地道に解消する等、小さな改善の積み重ねで既存の都市組織を可能な限り保護しながら、歴史的遺産の保存を行った（図2-13）。

ビュルスは1893年刊行の著作『都市美論』[101]において、古い都市と通りは、芸術的感覚を持つすべての人々を惹き付ける独特の魅力を持っているが、現在の都市改造は、平行や直角の道路で数学的・人工的に無味乾燥につくられていると批判している[102]。また、この魅力について、「芸術的な効果ではなく、少しずつ道路に沿って自然に建設された住

表2-4 『芸術的原理に基づく都市計画』におけるmalerischの使用状況
（大石（1983）による訳文のうち原文でmalerischとなっている箇所が太字）

番号	頁	行	日本語版頁	大石（1983）による日本語訳
1	18	3	24	そうした（市庁舎と噴水で構成された市場広場の華麗な観景）数ある例の中から、特にどれということもなく１つ選んでみよう。それはブレスラウの市庁舎で、市庁舎広場とともにその要素を巧みに結合することによって、**絵のような**魅力をつくり出している。
2	18	7	24	それというのも現代の目的や必要に対して、昔の都市のいわゆる**ピトレスクな**美しさのくだらぬ模倣をすすめることが、この研究のめざすところではないからである。とりわけ、この分野では「必要は鉄をも砕く」という諺に値打ちがあるからだ。
3	18	12	24	健康衛生やその他の理由で欠くことのできなくなった変化は、たとえそのために**ピトレスクな**モチーフが棄て去られることになろうとも、実現されなければならない。
4	18	15	24	しかし、だからといって、そのことは古い都市計画の**ピトレスクな**モチーフを深く研究し、それと平行して現代の状況をみきわめ、どこまで適用できるか研究することを妨げるものではない。
5	58	25	65	私たちはだれでもそれぞれの経験から、これらの不規則な広場が不快とみえるどころか、より自然さというものに近づくことによって私たちの興味を呼びさまし、まさしくその自然さによってそのイメージのもつ**ピトレスクな**効果を強めていることを知っている。
6	61	29	69	中世の城については、その**絵画的**、建築的効果をつくり出す上で、厳格な左右対称や幾何学的で非の打ちどころのない規則性はほとんど関係がないことはすでに述べたし、一つ一つのモチーフが充分な明快さをもって肉付けされているために、あらゆる不規則な点があるにもかかわらず、なおかつ調和のとれた印象を与えていることも指摘しておいた。それぞれの建物は、非常に自由な構想で、モチーフが多様に貫入しあっていながらも、全体としての均衡を確保するいわば秤のおもりをもっている。
7	116	7	124	また**見た目に美しい**計画によってえられる成果にしたところが、現代生活に適合していなければ、確実でも持続的でもないだろう。
8	118	22	126	そうした美しさ（規則的なブロックや区画により破壊される芸術美）こそ、「**ピトレスク**」という言葉でいわれているものなのだ。
9	118	24	126	規則的かつ幾何学的な区画化を系統的に推し進めていったら、古きニュールンベルクやその他の都市で、その独創性によって私たちを魅惑する**絵のように美しい**街角という街角のうち、残るものはなくなってしまうだろう。ニュールンベルクのフェンボハウスやハイロブロンの市庁舎、ゲルリッツの醸造場、果てはニュールンベルクのペーターゼンハウスの街角の観景のように美しいものはどうなってしまうだろうか？ 残念ながらそうしたものは、絶えずとりこわされて年々少なくなってゆきつつある。
10	120	22	128	例えば、アマルフィのもっている**ピトレスクな**構式は、まさしく室内と外部のモチーフのすばらしい融合によっているのである。そのためときには、はたして自分が家の中にいるのか、それとも道にいるのか、また建物の一階にいるのか二階にいるのかと不思議に思えてくるほど、これらあらゆるモチーフの構成を頭に入れるのがむずかしいのである。
11	120	36	128	このように空想的な舞台情景と無味乾燥な現実の対比から、一方では**絵のように美しい**ものの特異性と他方では実際的要求が、非常に生々しく浮かび上がってくる。
12	121	4	128	現代の建物ブロックは、芸術的効果だけが基準となる舞台には適していない。しかし、ひるがえって劇場のもつ**絵のように美しい**壮麗さを現実にもち込んで

12	121	4	128	くる可能性を考えてみても悪くはないはずだ。
13	121	10	128	もちろん、優れた効果のあるモチーフを豊かにもっていることが望ましいし、入り口まわりのランプ、ファサードの割り振り、折れ曲がった道、さらには道幅の違い、建物の高さの相違、外部階段、開廊、張出し窓、破風などのような多様な手段と、舞台効果上**効果の著しいもの**をすべて適用しても、現代の都市にとって別に災難にはなるまい。
14	121	18	128	特に注目すべきは、古くしかも未完のものや廃墟があることが魅力となっているひときわ**絵画的に美しい**細部がたくさん集っている場合のように、理想を現実に移しかえることがまったく不可能なものがあることである。
15	122	8	129	**絵画的な美しさ**と実際上の必要との間にある内面的対立は取り除くことができない。それは、自然の与件としてあるし、これからもあるだろう。
16	123	12	130	新しい都市に共同体の栄誉を表現するという機能だけをもった大がかりで、またできるだけ**ピトレスクな**景観をつくろうとする場合を仮定してみよう。もちろん、私たちの真直な道路に沿って建物の線をそろえただけでは話にならるまい。昔の芸術家と同じ効果を上げるためには、かれらの用いたのと同じ色（曲線、歪んだ道の角、不規則な形）がパレットの上になければならないだろう（しかしこれらは人工的にはつくりだせない）。
17	123	32	131	このような（製図板の上で合理的に設計するだけで、堂々と家を築き上げることがない）状態を変えることはもちろんできない相談で、古い都市の美しさの源となっていた**絵のような美しさ**の大部分が、現代の都市ではとり返しのつかないまで失われてしまったのだと達観するほかないのである。
18	124	12	131	新しい建設方法や健康衛生上の必要、交通上の必要を考慮するあまり、無数の**ピトレスクな**美しさを断念し、問題の芸術的解決を諦め、あたかも田舎道や機械製作でもあるかのように純然たる技術的解決で満足するようにしてはいけないのである。私たちの日常生活がいかに多忙だからといって、完璧な芸術作品が私たちのなかに呼びさます高尚な印象がよいなものだなどと考えるべきではない。
19	125	9	132	古い都市計画を分析して、そこから偉大な改革と改良の見通しがでてきたわけであるが、ここで一連の最近の、また極く最近の構想を例として引用してもよいだろう。これらは**ピトレスクな**美しさに対する束縛がどんなに多かろうとも、また実際的な必要に由来する障害があるにせよ、意義深く美しい作品を生み出しているのである。
20	153	6	157	（広場と建造物群の）結合の仕方はさまざまな場合によって、それぞれ異なったものとなるが、自由が認められればそれだけまた**ピトレスクな**まとめ方が期待できることになる。

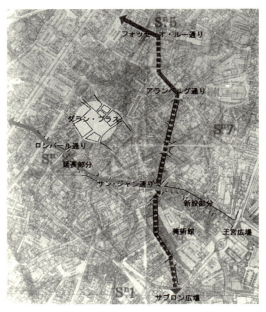

図2-13　グラン・プラスの迂回道路の提案
図版出典：田中暁子(2008)『ポスト・オスマン期のブリュッセルにおけるシャルル・ビュルスの都市美理念とその実践に関する研究』東京大学学位論文 p. 133.

宅による偶然の効果を持つこの無秩序の美によって、それらを気に入る」と述べている。また、「古い都市が新しい都市にかわると、私たちはそこにあったピトレスク（ピクチャレスク）な景色が失われ、現代的な建物が古い都市に匹敵しないことに気づく」[103]とも述べている。

『都市美論』において「pittoresque」の指している対象を分析したい[104]（表2-5）。ここでは田中（2008）における日本語訳を参照する。ビュルスは、品物の形態と用途が完全に調和したときがピトレスクであると述べている。また、ピトレスクは過去の痕跡と結びついており、単体で価値がない建造物でも、全体として首都のピトレスクな景色に貢献することは可能であり、多様性もピトレスクを生み出せるとしている。長い時間をかけ歴史的に形成された場所は、形態と用途が調和しているため、ピトレスクであり、コントラストの効果、壮大な印象を与える形の強調、周辺環境の条件への完全な適応、私たちの好奇心をそそり感動を呼び起こす意外な出来事からもピトレスクな美が生み出されると述べられている。ピトレスクを偏重してはならず、さらに、現代の必要性に合わせて都市に合理性は求めなくてはならないが、必要な場合のみ過去の痕跡は破壊してよいとビュルスは述べている。また、都市を改変する際には、歴史的記憶から着想を得、その不規則な輪郭を尊重すべきであるとしている。

（4）田園都市における「ピクチャレスク」な視点

19世紀、産業革命によってイギリス各地の都市には人口が集中しており、過密居住が都市問題となっていた。そこで、都市には大量の条例住宅地が生み出されていた。こうした画一化された大量生産へのアンチテーゼとして、ジョン・ラスキン[105]とウィリアム・モリス[106]によって、熟練した職人による工芸品と、それを生み出す社会環境としての中世の価値を見直そうという、アーツ・アンド・クラフツ運動（Arts and Crafts Movement）が起こった。モリスは、芸術と生産が一体化された、中世の手工業を理想と考え、「田舎に

第2章 19世紀の歴史的建造物の出現と都市風景へのまなざし

表2-5 『都市美論』におけるpittoresqueの使用状況
(田中(2008)による訳のうち絵画的とピクチャレスクが使用された部分が太字)

番号	日本語版頁	日本語訳
1	ii	まず、形態と用途が完全に調和したとき、芸術家が最も美しく**絵画的な**発想をできると意見を表明した。
2	ii	私たちは、考古学的価値を持つが不便な肘掛け椅子が欲しくないように、**ピクチャレスクな**美しさがあるが快適ではない都市は欲しくない。
3	iii	もしもこの要求された作品が合理的に実現されたとしたら、それは交通を容易にするためでも、**絵画的**もしくは壮大な印象を与えるためでもない。この計画の担当者達の大目標は土地販売に適した区画を実現することなのだ。
4	iii	しかし、筆者は Revue de Belgique に発表した装飾芸術の美に関する研究において、品物の形態と用途の完全な調和の中に最も美しく**ピクチャレスクな**創意を産業芸術家が見出すと主張したことを忘れないで欲しい。
5	iv	私たちは地域的・国家的特徴を街に残し、現代生活の要求から真に必要な場合のみ過去の痕跡を破壊し、私たちは**ピクチャレスクな**効果を得て、自治体の財政状態に留意し、住民の習慣や利益を出来る限り混乱させないようにする。
6	iv	**ピクチャレスク**を極端に追求するために、壮大でモニュメンタルな特徴を与えるための対照的な集合を街から追放しようとするのではない。
7	v	**ピクチャレスク**だけを愛好し、センヌ川の暗渠化と汚い水の流れに熱病を徐々に伝染させる劣悪なあばら屋を惜しむ非妥協的な過去の賛美者とは違うのだ。
8	vii	しかし、単体で考えるとほとんど価値がない建物でも、全体で考えれば首都の**ピクチャレスクな**景色に貢献しているという事実を私たちは忘れている。
9	vii	私たちの道路を**ピクチャレスクな**モチーフや、時代と古い風習を呼び起こすもので飾るこれらの過去の証拠を丁寧に守ろうではないか。
10	viii	しかし、この研究で明らかにする全体の視点が、これらの大通りを引く際に考慮されていたならば、さらに美しい、**ピクチャレスクな**効果が得られたであろう。
11	ix	特定の郊外のいくらかの市民が、彼らの建物の多様性によって、全体的に平凡な中に生き生きとした**ピクチャレスクな**リズムを生み出している。
12	xiv	ブリュッセルの人々は残念なことにしばしば土着の美に感動しなくなり、ブリュッセル出身の文筆家はブリュッセルの街の**ピクチャレスクな**側面を十分に指摘しなかった。
13	xiv	コントラストの効果、壮大な印象を与える形の強調、周辺環境の条件への完全な適応、私たちの好奇心をそそり感動を呼び起こす意外な出来事から**ピクチャレスクな**美が生じるならば、何世紀にもわたって歩いてきた先祖の痕跡を見出せるだろうこの長い曲がりくねった道路が、私たちの古都市に不可欠な幹線道路で、その都市の美の特色の1つである。
14	xiv	奨励金という餌によって、カーブ道路に切妻屋根の住宅を建てるように建築課を誘導したら、この道路を Cantersteen や Saint-Jean 通りから見たときの景色が**ピクチャレスク**になるだろうと想像できる。
15	xv	芸術家はこの詩的で合理的で愛国的なプログラムで Nassau 宮の**絵画的な**小塔のあった場所に美術館をつくるのだから、容易にやりとげるだろう。
16	xv	空想力があり、昔のオレンジ公の邸宅の変化に富んだ**絵画的な**シルエットに愛国心を掻き立てられる建築家にとって、これは何と素晴らしいテーマだろうか！
17	xv	それゆえ、私たちは建築家に言う：あなたは伝統的な形の幾つかを捨てることも、完全に新しい様式を作り出すことも出来ないのだから、公共建築を建設しなければいけないとき、ヴィニョール（Vignole）の本に目を通すのではなく、私たちの国家芸術の痕跡や、ブリュッセルが失った幾つかのモニュメントを手がかりにせよ；あなたが与えられた場所に残されている歴史的記憶から着想を得よ；丘の不規則な輪郭を尊重し、建物に**ピクチャレスクな**様相を与えるためにそれを利用せよ。

53

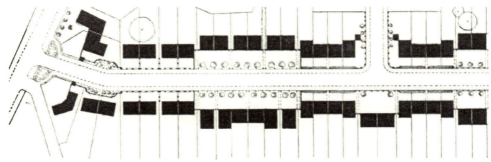

図2-14　ハムステッド田園郊外プランの一部及び家屋群
図版出典：Unwin, Raymond. *Town Planning in Practice*, London, T. Fisher Unwin, 1909, p.352.

あるヴァナキュラーな住宅の復興」を提唱した。モリスの運動は、18世紀後半からのイギリスのピクチャレスク美学と重なるものであった。ピクチャレスクは、モリスの運動を通して、工業化社会を批判するキーワードであった。

　また、イギリスにおけるピクチャレスクとは、クロード・ロラン[107]等の風景画が持つ、不規則性や過去への連想を有することであった。やがて、18世紀において、中国美術と自然の新しい概念の影響下で、フランス式の古典様式の幾何学庭園に対して、ピクチャレスクな庭園、または風景式庭園が生まれることとなる。

　こうした美は、郊外の田園都市においても実現された。レッチワース等の田園都市開発の推進者、レイモンド・アンウィン[108]の美について、バーネット（1986）は、「ヴァナキュラー建築を改良し、イギリス農村生活の美徳を復活させることに加えて、イギリス伝統のピクチャレスクなデザインを意識したもの」と述べている。ハムステッドもこうした田園都市のひとつで、1907年に開発された（図2-14）。そこではプランは整然とした近代的な形式がとられたが、家屋についてはピクチャレスクなデザインが意識された。また、西山（1982）によれば、アンウィンはジッテの信奉者であった[109]（図2-15）。

　アンウィンは、1909年に計画理念をまとめた『実践の都市計画（*Town Planning in Practice*）』を出版した。この原典において「picturesque」の指している対象について分析したい[110]（表2-6）。まずアンウィンは、近代以前のピクチャレスクな街路の根底には、個々の建造物の高い美の基準があると述べている。街路については、曲がりくねった線及び多

第2章　19世紀の歴史的建造物の出現と都市風景へのまなざし

図2-15　アンウィンによる不規則なY叉路のスケッチ
図版出典：Unwin, Raymond. *Town Planning in Practice*, London, T. Fisher Unwin, 1909, p.251.

様な街路の幅、そして不規則な角から貫入する街路を伴って計画された不規則な広場に起因してピクチャレスクな風景が生まれるとアンウィンは分析している。また、不規則な配置、不規則な広場の形状もピクチャレスクな結果を生み出すとしており、不規則な広場と街路の結節点はゴシックの街のプランによく見られるとしている。広場について重要な点は、広場はピクチャレスクな建造物群によって閉ざされる必要があり、広場はそれらに対して形状と規模が適合している必要があるとされている。そして、アンウィンはドイツ語圏の街のプランを多く分析している[111]。

こうした視点は明らかにジッテからの影響である。アンウィンは、「近代広場の計画について考える前に、ビュットシュテット（ドイツ）という美しい小さな街の計画を概観し、それと、現在見られるピクチャレスクな効果を生み出すためにすべてが慎重に計画されているとカミロ・ジッテに信じさせた、美しさの秘密から学ぼう[112]」と述べている。

さらにそれは、1945年のジッテの『芸術的原理に基づく都市計画』の英語版の出版よりも早い時期であった。

以上から、イギリスにおいて、ピクチャレスクさが工業化社会へのアンチテーゼとして、不規則性や過去への連想を促す田園美として、田園都市で実現されていたことが分かる[113]。

表 2-6 『実践の都市計画』におけるピクチャレスクの使用状況（原文で picturesque となっている箇所が太字）

番号	頁	日本語訳
1	12	間違いなく、(近代以前の街路の美しさの) 結果は個々の建造物における美の高い基準に、大幅に依拠している。実際、それらの建造物の多くは、かなり簡素で装飾がないが、過去において建設者を導いてきた広く普及した衝動または伝統があったように思われる。そしてその中の多くには、美の要素が含まれ、**ピクチャレスクな**街路の絵画が制作された。
2	52	不規則な形状の広場が整備されているのかを指摘することも興味深い。これらの広場において、主に、広場に対して開いているすべての街路からの眺望は、**ピクチャレスクな**建造物群によって閉ざされている。そしてまた、広場はある範囲にわたって、広場を見下ろす主要な建造物に対して、形状と規模を適合させてもいる。そのため、(ウィーン) 市庁舎は、その側面に大規模な空間を有する一方、聖ヤコブ教会はその端に比較的深い広場を有し、側面に幅が広く浅い広場を有している。
3	98	曲がりくねった線及び多様な街路の幅、そして不規則な角から貫入する街路を伴って計画された不規則な広場に起因する**ピクチャレスク**で美しい結果に感銘を受けたため、ドイツ人は現在、それらを再生し、同じ不規則な線にそって意識的に計画することを求めている。
4	104	もし、例えばツシェルニッツ (ドイツ) への計画が、グリューンシュタット (ドイツ) の計画に見られる緩やかに伸びる線と対比されるなら、これはフレンスブルグ (ドイツ) とも比較され、この変化は明らかになる。一方、クーフシュタイン (オーストリア) の計画は、おそらく近代のドイツ派の都市計画家たちが、古い都市から抽出して現在の計画提案に埋め込もうとしているものよりも良い。それは、**ピクチャレスクな**街路と閉じた都市軸を構成するために、とても慎重に形成されたビルディングラインという点においてである。
5	126	良い状態で残された記憶に説明を与えることによって、芸術家は、風景の絵画を制作するように**ピクチャレスクな**古い街路を設計するだろうということは、真実である。
6	138	したがって、計画において既存の不動産の境界を重視することによって、不規則主義者が**ピクチャレスク**で偶発的な分類と不規則な配置を歓迎しているとき、彼はおそらく深刻に、不規則性への愛情によって導かれるまま公共の快適性を損ない、彼の敷地のすべての理解可能な計画を破壊してしまう。
7	154	この囲い込み (城壁) は、城壁内で各建造物空間を注意深く小さなスケールで活用することにより、**ピクチャレスクな**効果を生み出している。
8	215	大聖堂を見渡しても、スクエアが隅きりされていることに気づく人はほとんどもしくは全くいない。これは、教会自身のより広角で**ピクチャレスクな**眺望を生み出す。しかし一方、大聖堂から眺めると、強く強調された水平の線とスクエアの規則的な形状が、プランの不規則性を強調するように思われる。それは、もし深刻な損傷がないなら、少なくとも建造物にとっていかなる長所も感じられない。
9	215	近代広場の計画について考える前に、ビュットシュテット (ドイツ) という美しい小さな街の計画を概観し、それと、現在見られる**ピクチャレスクな**効果を生み出すためにすべてが慎重に計画されているとカミロ・ジッテに信じさせた美しさの秘密から学ぼう。
10	215	もしより慎重にこの中央の空間 (ビュットシュテットの教会と市庁舎のある中央広場) をみてみると、実際に3つの広場の形状に建造物によって分割されていることを発見する。それは、実際不規則な形状をしているが、建造物の**ピクチャレスクな**眺望のためには、よくデザインされている。
11	249	最も多くの**ピクチャレスクな**結果が生まれる多くの小さな不規則な広場と街路の結節点は、古いゴシックの街のプランによく見られる。
12	249	一目見ると、3つの不規則な形状は何の目的も意味ももたないように見えるが、より注意深く検討すると、それらはきっちりと囲われた眺望を与え、建造物の**ピクチャレスクな**グループを不規則に成立させることを可能にしていることが分かる。
13	254	建造物の目的がこのような扱い (建造物の側面の階高上昇) を可能にしているところにおいて、ビルディングラインの思慮深い変化によって、直線街路において絵画を構築することが可能である。そこでは、消失する長いパースペクティブが、正面に見られる建造物の側面の比率によって大変大規模に代替される。この方法で、かなり**ピクチャレスクな**街路の効果が生まれるだろう。
14	259	このような (直線) 街路に対して、街路の終点に左右対称の建造物を合理的に配置することでいくらかの正確さを保障することは、一般に可能である。もしより不規則であれば**ピクチャレスクな**効果が目指されるのに、それは全体的に不満があり、建造物は適切な方法で形成されないだろう。
15	270	二本の主要街路が交わる、または交通の増加が要求するところでは、いくらかの距離にわたる街路の段階的な拡幅は適切な変化である。しかし、不規則な直線街路と不規則な多様な街路の幅によるゴシックの街の間違いなく美し
15	270	く**ピクチャレスクな**効果にもかかわらず、新しく設計された計画においてこのような変化は明確な正当性を必要とし、規則性から始まり、方法の不明確な種類において多様性を創出する目的のためにすぎないものは、わたしは、断念された方がよいと感じざるを得ない。

第2章　19世紀の歴史的建造物の出現と都市風景へのまなざし

16	317	しかしながら、急な街路において建設は困難であるが、これらの困難に起因する問題にもかかわらず大変美しく**ピクチャレスク**な効果が生まれる。間違いなく、急な敷地に建設する共通の方法がある。それは、屋根でステップまたはジャンプを繰り返して行うことによる。または、スクエアを床のラインにそって保全する代わりに、街路に平行になった屋根のスロープのラインによる。これは、建造物の設計が可能となることがあまり明らかでないもの関わらず、勾配から派生する特別な効果を目指すことを避けることに対して慎重になるほど、不満足なものだ。
17	346	不規則な屋根ラインの大規模なグループは、過度に**ピクチャレスク**になりすぎるだろう。しかし、これらのかなり多くのラインが規則的に秩序立てて整備されているところでは、もしこの秩序のある整備を破壊する必要があるなら、注意深く行われなければならない。さもなければ、無秩序さが生み出される。
18	368	ここは、街またはプランナーに影響を与えない限りは、建築の異なった様式を議論する場ではないが、その視点からは、2つの様式があり得るだろう。**ピクチャレスク**及び規則的または左右対称である。
19	368	敷地の建築の不規則性の**ピクチャレスク**なスタイルと整備における左右対称の欠乏は、なんの困難も与えない。
20	368	多くの古典的な建造物がうまく不規則な敷地に合わせて設計されているにもかかわらず、間違いなく建築のこのタイプにとって、規則的な構成がより適合している。**ピクチャレスク**な不規則性の生成を考慮せずまたは、他のものを考慮せずに設計されたこのような建造物群を建設しても、良好なグルーピングは、しばしば建築のより**ピクチャレスク**なタイプの同様の建造物と共に発生する。
21	393	その中庭と四方を囲む建造物は、空高くそびえるのに十分大きく、端において十分開放的であり、それを確実にする細部は小さい。そして、それを確実にするために、我々の街路の端にアーチ型の門を建設しないこと、または我々の小さなまたは裏の街路が建造物において十分に大きく開設しないことが必要である。そしてさらに、これらのアーチを禁止し、街路の**ピクチャレスク**な高架の中断のための条例が、しばしば有効である。
21	393	その中庭と四方を囲む建造物は、空高くそびえるのに十分大きく、端において十分開放的であり、それを確実にする細部は小さい。そして、それを確実にするために、我々の街路の端にアーチ型の門を建設しないこと、または我々の小さなまたは裏の街路が建造物において十分に大きく開設しないことが必要である。そして、さらに、これらのアーチを禁止し、街路の**ピクチャレスク**な高架の中断のための条例が、しばしば有効である。

第2章のまとめ

　1789年7月14日のフランス革命は、古い政治体制の解体とともに、フランスの都市に新たな局面をもたらした。新しい国家は、財政を再建するために有力者たちの財産を没収した。国有財産の売却を通じた膨大な遺産の民有化により、建造物に改変されるか取り壊されるようになったため、フランスの風景が一変した。1790年、憲法議会によって、モニュメント委員会が設立され、市民の教育に利用できるモニュメントと作品の保護を目的に活動を進めた。多くのモニュメント保全には至らなかったが、この委員会がモニュメントの概念を生んだ。そのため、18世紀終わりの革命時から19世紀のオスマニズムまで続く古モニュメント破壊の風潮があった。

　こうした風潮をヴィクトル・ユゴーは厳しく非難した。1825年の講演『破壊者との戦争！』において、ユゴーは建造物の外観の公共性を擁護しながら、破壊に対する辛辣な批判を繰り広げている。1830年の七月革命後もモニュメント破壊の手は休まることがなかったため、ユゴーは1832年に再び講演を行い、中央集権政府が十分に価値を考慮せずにモニュメントの破壊を行っていることを非難した上で、個人の所有物に対して一般的価値、

国家的価値を認めることで、保全を実行できる法の整備を唱えている。

　世論から批判を受けて、七月王政の期間中に歴史的建造物の定義と保全の実践が行われるようになった。すなわち、1830年に歴史的建造物総監のポストが創設され、1837年に歴史的建造物審議会（CMH）が創設され、建造物のリスト化が開始された。CMHの果たす役割の基礎は、オルドナンスにより、提案及び指定された建造物から、特別な価値を示しながら緊急の作業を必要としている建造物のリスト（指定歴史的建造物）を作成することであった。

　1887年、現在の通称歴史的建造物法の前身となる歴史的建造物保存法が施行され、CMHが所属する公共教育芸術省建築局がリスト作成を行うようになり、リストに掲載された建造物及び建造物の一部は、指定歴史的建造物となった。

　1853年、オスマンがナポレオン3世によりセーヌ県知事に任命されると、彼は、パリが①機能性・合理性を獲得すること、②道路の整序に美意識を取り入れること、③都市改造を1つのプロジェクト事業とする「都市の構造化」を行うことを目的としてパリ改造を進めていった。

　オスマンは、古典主義期までの場当たり的な都市の美化から、体系化的に都市を「整序化」していった。その際に形状として、モニュメントにパースペクティブを与える規則性、直線、幾何学性が重視された。また、アドルフ・アルファンは公園整備事業において、ピクチャレスクな風景を内包するイギリス風景式庭園の様式に基づいてパリのプロムナードを整備した。

　厳格な構成に疲弊したため、カミロ・ジッテは、パースペクティブを重視するオスマニズムへの揺り戻しとして、ピトレスクな不規則で非幾何学的な構成からなる都市を求めていた。ジッテの影響の下、欧州では中世的な不規則性を内包するピトレスクな都市景観が指向された。ベルギーでもシャルル・ビュルスによって、形状と用途の調和が実現されていた古典主義以前の中世の特徴を有するピトレスクな都市景観を目指して、小さな改善の積み重ねによる都市保全が行われた。

　イギリスでは、フランス幾何学式庭園からの反動で生まれた風景式庭園においてピクチャレスクの概念が生まれた。その後、工業化社会へのアンチテーゼとしてのピクチャレスクさが、不規則性や過去への連想を促す都市計画としてジッテに影響を受けたレイモンド・アンウィンにより田園都市で実現された（図2-16）。

第2章　19世紀の歴史的建造物の出現と都市風景へのまなざし

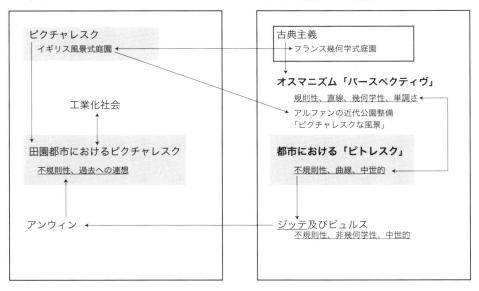

図2-16　ヨーロッパの都市美の潮流におけるピトレスク

注

1　新村出（1998）『広辞苑』第5版 岩波書店によれば、アンシャン・レジーム（Ancien Régime）とは、旧制度の意であり、1789年のフランス革命前の絶対君主政及びこれに対応する封建的社会体制である。

2　décret. レモン・ギリアン、ジャン・ヴァンサン（2012年）『フランス法律用語辞典』第3版 中村紘一・新倉修・今関源成訳 三省堂 p.140によれば、デクレとは、共和国大統領または首相によって署名された、一般的効力を有する、または個別的効力を有する執行的決定である。また、財団法人自治体国際化協会（2002）『仏和・和仏自治用語辞典』増補改訂版 財団法人自治体国際化協会 p.60によれば、大統領・首相が行う行政立法の行為形式を意味する。

3　取り壊された建造物の部材は、売却か再利用された。一例として、泉美知子（2013）『文化遺産としての中世：フランス第三共和政の知・制度・感性に見る過去の共存』三元社によれば、ジュシェージェ修道院の残骸はイギリスに売却された。

4　Auduc, Arlette. *Quand les monuments construisaient la nation*, Paris: Comité d'histoire du Ministère de la Culture, 2008, pp. 27-30.

5　Commission des monuments. 憲法議会により設立され、CMHとは別組織と考えられる。西村幸夫（2004）『都市保全計画：歴史・文化・自然を活かしたまちづくり』東京大学出版会 pp.480-481によれば、後に芸術委員会（Commission des Arts）と改称された。

6　Bercé, Françoise. *La naissance des Monuments historiques*, Joué-lès-Tours: LA SIMARRE, 1998, pp. 4-12.

7　Victor Hugo : 1802-1885

59

8 歴史的建造物行政の誕生については、前掲注3 泉美知子（2013）pp.172-208に詳しい。
9 紀元前3世紀から2世紀の共和政ローマとカルタゴ間のポニエ戦役において用いられた言い回しである。
10 Hugo, Victor. *Guerre aux démolisseurs !*, Montpellier: Archange Minotaure, 2003, pp. 18-20.
11 Ibid., pp. 23-25. マルリーは Marly。
12 後述するが、歴史的建造物に対して、法により、国家的価値（intérêt national）が認められるのは1887年、公共的価値（intérêt public）が認められるのは、1913年である。1830年代にユゴーは、モニュメント保全に対する先見の明を有していたことが読み取れる。
13 Hugo, Victor. *op.cit.*, pp. 47-50.
14 Auduc, Arlette. *op.cit.*, p.41.
15 Le comité des travaux historiques et scientifiques, Le comité des travaux historiques et scientifiques, *Les sociétés savantes*, フランス語、入手先（http://cths.fr/an/index.php）、（参照 2014-8-11）によれば、この時代の主な有識者協会として、1835年にアヴランシュ・モルタン・グランヴィル考古学学会（Société d'archéologie d'Avranches, Mortain et Granville）、1839年にシャラント＝マリティム考古学歴史学会（Société d'archéologie et d'histoire de la Charente-Maritime）が設立されている。
16 François Pierre Guillaume Guizot :1787-1874
17 Inspecteur général des monuments historiques
18 Commission des monuments historiques
19 彼は、反対派雑誌「ル・グローブ」の旧体制下の音楽評論家で、歴史劇の作者であった。ギゾー及び、その姪と結婚したド・キャジミール・ペリエール（de Casimir Périer）と親しかった。彼のノルマンの祖先は、ノルマン地方の活発なアカデミックな風土、とりわけ、地質学者、文献学者、考古学者、フランス歴史家であった、オーギュスト・ルプレヴォ（Auguste Leprévost :1787-1859）とコンタクトがあった。
20 Direction des monuments historiques
21 Directeur des monuments publics
22 Président du Conseil général des bâtiments civils
23 Jean Vatout :1791-1848
24 Auduc, Arlette. *op.cit.*, p.572.
25 Direction de l'Architecture, Ministère de l'Instruction Publique et des arts
26 Architecte en chef des monuments historiques
27 今日、歴史的建造物主任建築家は、国家試1験によって文化を担当する省に採用され、ある地区を割り当てられる。また、指定歴史的建造物の工事の前に調査報告書を作成する。さらに、国、公的所有者、または国の財政援助を受けている民間所有者が所有する指定歴史的建造物の修復工事を管理する
28 Montalivet
29 王宮に関する資料を多量に所蔵していた。
30 Bercé, Françoise. *loc.cit.*
31 Taylor
32 Nodier
33 Auguste Caristie
34 Félix Duban

35　Denis
36　Golbéry
37　Charles Lenormant. 彼はその後国立図書館の古銭保管人となった。
38　Conseil des bâtiments civils
39　Surintendance des Bâtiments du Roi
40　ordonnance. 中村紘一・新倉修・今関源成 前掲注2 p.299によれば、オルドナンスは、政府が法律の領域に属する事項について国会の許可を得て行う行為であり、国会による承認後は、法律としての価値を取得する。
41　décret-loi. 山口俊夫（2002）『フランス法辞典』東京大学出版会 p.145によれば、デクレ＝ロワとは政府のなす委任立法である。第三・第四共和政において、国会の委任により、目的と期間を限定し、かつ国会の追認を条件として法律の改廃をなし、法律と同一の効力ともつものとされたデクレである。
42　Auduc, Arlette. *op.cit.*, pp.177-181.
43　Intérêt national
44　西村幸夫 前掲注4.
45　arrêté. 中村鉱一・新倉修・今関源成 前掲注39 p.29によれば、アレテとは、1もしくは複数の大臣、または他の行政庁が発する一般的または個別的な効力範囲を持つ執行的決定である。
46　Classé
47　Auduc, Arlette. *op.cit.*, pp.177-204.
48　強制収容制度は、歴史的建造物周辺の修景にも適用することができた。
49　ピエール・ラヴダン（2002）『パリ都市計画の歴史』土居義岳訳 中央公論美術出版 p.287.
50　Hippolyte Meynadier
51　前傾注49 pp.300-311.
52　現サン＝ジャック通り等の基幹街路と公共施設を中心とした都市計画。
53　複数の地域を幹線道路で囲み、内部に静脈となる街路を有する計画。
54　市壁外の集落を指す。
55　Chabrol-Chaméane :1802-1889
56　Chantelot
57　モンマルトル通り、フォブール＝サン＝ドニ通り、フォブール＝サン＝マルタン通り、アルプ通り、サン＝ジャック通りまたはムフタール通りを指す。
58　Pinon, Pierre. *Atlas du Paris haussmannien*, Paris: le Grand livre du mois, 2003, p.24.
59　Louis Napoléon Bonaparte :1808-1873
60　Commission du vieux paris, *Commission des Embellissements de Paris: Rapport à l'empereur Napoléon III*, Paris: Rotonde de la Villette, 2000, pp. 6-7.
61　ピエール・ラヴダン 前掲注49 pp.312-343.
62　Lavedan, Pierre. *Histoire de l'urbanisme à Paris*, Paris: Le Hachette, 1975, pp.413-484及び松井道昭（1997）『第二帝政下のパリ都市改造』日本経済評論社 pp.148-156.
63　Grande Croisée de Parisと呼ばれる。
64　リヴォリ通り、セバストポル大通り、サン＝ミシェル大通りを指す。
65　田中暁子（2008）『ポスト・オスマン期のブリュッセルにおけるシャルル・ビュルスの都市美理念とその実践に関する研究』東京大学学位論文 p.18.

66　Lavedan, Pierre. *op.cit.*, pp.413-484及び松井道昭 前掲注62 pp.148-156.
67　この語は鳥海（2005）らによる解釈用語である（鳥海基樹（2005）「フランスの「都市の美化」」西村幸夫編『都市美：都市景観政策の源流とその展開』学芸出版社 pp.38-50.）。
68　Haussmann, Georges-Eugène. *Mémoires*, Paris: Éd. du Seuil, 2000, p.810及び田中暁子 前掲注65 pp.32-33.
69　ピエール・ラヴダン 前掲注49 pp.312-343.
70　Adolphe Alphand :1817-1891
71　Jardin paysager
72　Alphand, Adolphe. *Les promenades de Paris : histoire, description des embellissements, dépenses de création et d'entretien des Bois de Boulogne et de Vincennes, Champs-Elysées, parcs, squares, boulevards, places plantées, études sur l'art des jardins et arboretum*, Paris:Rotschild, 1867-1873. 石川幹子（2001）『都市と緑地：新しい都市環境の創造に向けて』岩波書店 pp.35-44.
73　Haussmannisation
74　田中暁子 前掲注65 pp.20-30.
75　Pinon, Pierre. *op.cit.*, pp.184-189.
76　Maxime du Camp :1822-1894
77　Haussmann, Georges-Eugène. *op.cit.*, pp.23-24.
78　オノレ・ド・バルザック（Honoré de Balzac :1799-1850）
79　Pinon, Pierre. *op.cit.*, p.178より。ゴンクール（Goncourt）による批判である。
80　Commission du vieux Lyon
81　Pittoresque
82　Rey, Alain. Rey-Debove, Josette. *Le nouveau petit robert de la langue française*, Paris: Le Robert, 2009.
83　Merlin, Pierre. Choay, Françoise. *Dictionnaire de l'urbanisme et de l'aménagement*, Paris: Presses universitaires de France, 2009, pp.635-636.
84　picturesqsue. ケネス・クラーク（1998）『風景画論』佐々木英也訳 岩崎美術社および中川理（2008）『風景学：風景と景観をめぐる歴史と現在』共立出版 pp.24-27によれば、ピクチャレスクは18世紀に聖職者・教育者のウィリアム・ギルピンによって広まった概念であり、サブライムとともに風景画の地位を高めた。彼によればピクチャレスクは、従来の「平滑」で「整然」とした「美」に対して、「粗さ」や「ごつごつしたこと」が条件となっており、自然環境の眺めが本来持つ不規則性、多様性、錯綜、荒削りなどの特性を新しい「美」として提示しようとした概念である。
85　Oxford University Press, *Oxford English Dictionary*, 入手先（http://www.oed.com/view/Entry/143510?rskey=HVficp&result=1&isAdvanced=false#）,（参照 2014-8-11）
86　彰国社編（1993）『建築大辞典』彰国社 p.1383.
87　Camillo Sitte :1843-1903
88　田中暁子 前掲注65 pp.35-42.
89　カミロ・ジッテ（1983）『広場の造形』大石敏雄訳 鹿島出版会 p.24, p.65, p.69, p.124, p.126, pp.128-132, p.157.
90　カミロ・ジッテ 前掲注89 p.10.
91　Akademie der Wissenschaften, Akademie der Wissenschaften, *Deutsches Wörterbuch von Jacob Grimm und Wilhelm Grimm*, 入手先（http://urts55.uni-trier.de:8080/Projekte/WBB2009/DWB//wbgui_

第2章 19世紀の歴史的建造物の出現と都市風景へのまなざし

py?mainmode=), (参照 2014-8-12).

92　在間進責任編集（1991）『アクセス独和辞典』三修社 p.842.

93　Sitte, Camillo. *Der Städtebau nach seinen künstlerischen Grundsätzen*, Basel, Birkhäuser, 2002, p.18, p.58, p.116, p.118, pp.120-125, p.153.

94　Sitte, Camillo. *op. cit.*, p. 61.

95　ポーランドのヴロツワフのドイツ語名である。

96　Merlin, Pierre. Choay, Françoise. *loc.cit.*

97　Josef Stübben :1845-1936

98　Collins, Geroge Rosenborough. Collins, Christiane Crasemann. *Camillo Sitte and the Birth of the Modern City Planning*, London: Phaidon Press, 1965, pp.91-117.

99　Karl Henrich :1842-1922

100　Theodor Fischer :1862-1938

101　*Esthétique des villes*

102　田中暁子（2005）「ベルギーの都市美運動」西村幸夫編『都市美：都市景観政策の源流とその展開』学芸出版社 pp.118-132.

103　田中暁子 前掲注65 p.102.

104　田中暁子 前掲注65 pp.ii-v, pp.vii-ix, pp.xiv-xv.

105　John Ruskin :1819-1900. 美術評論家である。

106　William Morris :1834-1896. マルクス主義の詩人でデザイナーである。

107　Claude Lorrain :1600？-1682. フランス古典主義の画家である。

108　Unwin, Raymond :1863-1940.

109　西山康雄（1982）「R. アンウィンの敷地計画の技法について」『日本建築学会論文報告集』第313号 日本建築学会 pp.96-104.

110　Unwin, Raymond. *Town Planning in Practice*, London : T. Fisher Unwin, 1911, p.12, p.52, p.98, p.104, p.126, p.138, p.154, p.215, p.249, p.254, p.259, p.270, p.317, p.346, p.368, p.393.

111　アンウィンはジッテが評価したブレスラウへのエルンスト・マイの計画について1922年にベルリンで講演した。

112　田中暁子、前掲注65、p. 215.

113　中井検裕（2005）「イギリス田園都市の都市美思想とアメニティ」西村幸夫編『都市美：都市景観政策の源流とその展開』学芸出版社 pp.96-117.

第3章　19世紀のパリにおける歴史的建造物保全と風景観

3-1　オスマン期にかけての歴史的建造物制度の課題と
セーヌ県による都市史研究

（1）1840年の歴史的建造物リストの課題

　国の歴史的建造物審議会（CMH）が、長期間土地に関わりながら歴史的考古学的調査を行っている活動的な地域主体の市や県と紛争状態にあることは珍しくなかった[1]。特に、フランス国内で他に例を見ないほど、国の圧力下にあったパリ市は、常に国の不当な干渉と敵対していた。タンボリーノによれば、CMHは迅速な近代化の必要に迫られた首都に起る全てを意図的に無視し、より成功の機会が大きい地方での活動に力をいれた[2]。

　またパリ行政側でも、市の運営からCMHを遠ざけていた。それを示す以下の事例がある。織物仲介人がルジャンドル館を1839年に購入し、取り壊そうとした。ディドロン[3]は、市の芸術委員会の名前で公共教育大臣への干渉を提案した。セーヌ県知事ランビュトー[4]の働きかけにより、メリメとテイロー[5]男爵によって反対運動が行われたが、取り壊しを禁止する最終決定は結局市会で行われた。これは取り壊しを中断する法的手段も財政的手段も国にはなかったためである。国の機関と地方自治体の機関の対立によって、市の内部にパリの遺産への認識が生まれた。結局、CMHは世論を受け、パリの歴史的建造物リスト担当の小委員会をCMH内に設置することを決定した。

　こうして作成された1840年の最初のリストには、1,034件の歴史的建造物が掲載された。しかし、この中にパリの建造物は含まれなかったのである[6]。

（2）1849年のラザール兄弟によるセーヌ県の都市史研究

　二月革命から2年後の1844年、フェリックス・ラザールと、ルイ・ラザールの兄弟[7]はセーヌ県庁に雇用され、建築線[8]工事及び「パリの街路」の開設担当部署に配属された。

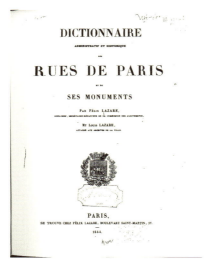

図3-1 『パリの街路及びモニュメントに関する行政歴史事典』(1844—1849)

彼らは、公道の段階的な改善計画をまとめた書籍が必要と感じていた。

過去において開封勅書[9]、帝国のデクレまたは王のオルドナンスにより開設された街路では、沿道の土地及び家屋所有者に地役権[10]が課され、この義務はこの公道沿いに土地を購入するか、そこに家屋の建設を望む人々に継承されていた。しかし、街路に大きな改変が行われていた当時においても、各街路にこうした歴史が十分に明らかでなく、拡幅や街路開設計画の度に街路の名称と所有物の番号から実行された改変の詳細な時代の調査を行い、街路計画に反映させるという手間が発生していた。

そこで、彼らは、「ある議員の「残念なことに殆ど知られていないパリに於ける所有物から歴史を構成する」表現を我々に伝え、舞台となる街路またはモニュメントの条項において最も興味深い歴史的事物を分類することで、これらを社会のあらゆる階級に有用で快適なものにする[11]」ことを目的とした『パリの街路及びモニュメントに関する行政歴史事典』を編纂した (図3-1)。内容は700頁に及び、パリの各街路及びモニュメントの歴史が説明されている。

(3) 第二帝政期のオスマンによる都市史研究

「ぶち壊し屋 (vandaliste)」の異名さえ与えられたオスマンは、都市の歴史を全く尊重しなかったのだろうか？ 計画にはほとんど反映されなかったが、実はオスマンはパリの都市史研究を行っていたのである。

パリの歴史へのオスマンの関心は、以下のように現れた。1854年、オスマンは「パリの発掘監視」を担当する考古学建築家ポストを創設した。1860年初頭、既存の組織と新組織を統合する形で、「市歴史局」[12]を設立した。その主な活動は、市の歴史と都市研究を行い、パリの歴史に関する出版を行うことであった。また、オスマンはジョルジュ・ポワソン[13]が代表を務め、市会議員と有識者で構成された行政歴史委員会に力を入れた。委員会は、都市領域のより大きな理解をめざし、地図作製法や地形学の研究を行った[14]。オスマンは、準備中の『12世紀から17世紀までのパリの考古学的地図』[15]の作成を支援するため、国の代理となった。

彼はまた、何世紀にもわたる「市の変化」を再構成する1865年の『パリの歴史概論』[16]

のため、一連の研究を提案した。こうして、行政と組織の一部が都市の古地図の研究に参加した。他の成果としては、『古きパリの歴史的地図』[17]が市のゾーン別に全ての考古学的情報を統合した。オスマンは『パリの歴史概論』において、歴史研究はかつて占領と亡命のためであったが、過去に対して現在と未来の準備の説明を求める主権者の執拗によって、今日では現政府の疲労を癒し、近代においてより高い表現でさらに輝く宣言になっているとして以下のように述べている。

 陛下
 我々の世紀、そしてそれは栄光のひとつとなるものであり、それは歴史研究に驚くべき推進力を与えました。（中略）
 悪臭の過去を経て、パリの専攻研究を行い、今日まだなされている複雑な研究について本を1冊、今一度出版しなければならないとは考えていませんでした。フランスの首都の歴史は、広大すぎるテーマであり、研究として成功するには荷が重すぎました。実際、宗教的・政治的事実とは無関係に、市の段階的構成、地形、行政、モニュメント、あらゆる性質の組織は、混乱無く一度に理解することは不可能なほど異なり、枝分かれしています。
 先の2世紀は、真に我々にパリの旧市街の古さや変遷、風習と伝統の傑作を与えました。しかし、その作品のうちいくつかは、現代の学識の水準にはもはやありません。我々は毎年それを更新するか、新しい試みにより補完を試みています。

このように、オスマンは輝かしい都市改造を正当化するために歴史研究を行うべきであるとナポレオン3世に訴えている。

また歴史局は、今日パリ市歴史図書館に保管されているシャルル・マルヴィル[18]の素晴らしい写真文庫を創設した。これらの写真はオスマン以前の時代から1860–70年代の新しい景観への市の変遷を網羅する大変重要な文書的価値を有していたが、この局の文庫は現在失われてしまっている[19]。

またこの時代、国の機能を地方自治体であるセーヌ県が代理し、干渉が制限された。ルジャンドル館のケースのような国への歴史的建造物の取り壊し禁止の要請は19世紀半ばに多く表れたが、ほとんどが失敗に終わった。そこで、建造物の保護にセーヌ県が乗り出すこととなった。1854年の建築家考古学者のポスト創設によって、セーヌ県は土地の発掘工事の全体管理を要求し、こうした新しい権力は集中化された。パリ市行政は特定の課に委ねた土地に関しては、大規模な工事を担当する建築家をCMHが派遣した際にも、彼らの干渉を拒否した。パリは、市の作業に関して国のどんな干渉も受け入れない自立的で機能的なシステムを導入した。

(4) 都市史研究の反映されなかったオスマンによるシテ島の整備

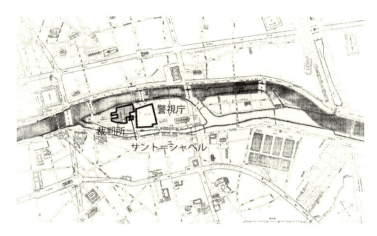

図3-2　シテ島プラン（ペレモンの整備計画が示されている）(1845)
図版出典：ピエール・ラヴダン（2002）『パリ都市計画の歴史』土居義岳訳 中央公論美術出版 p.388
に筆者加筆

　では、オスマンは歴史的な都市遺産をどの程度参照していたのだろうか？　その答えを探るために、パリの十字形の真ん中に位置する交通の要所でありながら、パリ建設以来の歴史を持ち、歴史的建造物審議会（CMH）によってもその価値が指摘されていたシテ島の街路計画について概観してみたい。
　オスマン以前、計画は建築家J. –N・ウヨ[20]によって1838年及び1840年に決定された。その後、1854年及び1860年のエティエンヌ＝テオドール・ドメイとルイ・デュクによる計画[21]が存在した。オスマンの介入の前の計画は、かつて国会議長館であったナザレス通りとジェルサレム通り沿い[22]に渡るナザレスのアーケードの配置を意識していた。アーチは、ジャン・グージョン作とされ、ルネッサンス建築の最も美しい建造物の1つ[23]と考えられていた。CMHはナザレスのアーケードのみではなく、裁判所のための全体計画にも興味を持っており、シテ島の都市遺産の取り壊しに危機感を抱いていた（図3-2）。
　そこでまず1840年に、CMHは当時の知事に取り壊しが決定された建造物について提案した。そこにはサン＝ジャン・ド・ジェルサレム門と、アーチの傑作が存在する警視庁の中庭の内部のファサードが含まれていた。
　その後、1843年、CMHはウヨの計画への非同意を大臣に伝えた。この反対の理由も大変重要であった。それはCMHが裁判所敷地内の優れた建造物と考えたサント＝シャペルを、計画が十分に切り離していないためであった。この計画においてサント＝シャペルは、「外観と保全に必要な光と空気」を奪われていた。そこで、CMHはさらに代替提案を考え

第3章　19世紀のパリにおける歴史的建造物保全と風景観

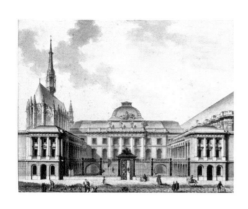

図3-3　19世紀の裁判所とサント＝シャペル
図版出典：, Vue du Palais de Justice :http://gallica.bnf.fr, Cote：IFN-7744610

図3-4　国立アーカイヴ所蔵のオスマンのプラン（1864）
図版出典：Tamborrino, Rosa. « Le plan d'Haussmann en 1864» *Genèses*, Volume 15, Numéro1, Paris:Belin, 1994, p .133 に筆者加筆

た。建築家の一人、オーギュスト・キャリスティーは、1843年に、CMHの会議においてその区域のための「全体計画」を発表した。それは、セーヌ河岸の2つの橋をつなぎ、裁判所のファサードに沿った通りに直交したノートル・ダムの軸を、裁判所まで延長する通りの開設の計画であった。

しかし、オスマンにより、全ての計画は第二帝政下で実行された「大改造」の一般的プログラムの一部分として実現した。結局これは、ティヴォリ通りとセバストポル大通りの開設に続いたパリの「大交差点」のための工事の一部となった。

CMHは、警視庁の取り壊し工事の始まった1856年に、再びナザレスのアーケードの歴史的重要性を訴えている。

シテ島はローマ人により建設された歴史上象徴的なパリの中心地区で、1858年、裁判所と警視庁の新整備に関する計画案図面と書類が、ナポレオン3世とオスマンにより編集・印刷された。しかし、計画は首都としての機能的な大計画に従っていた[24]。

オスマンは、『回想録』において次のように記している[25]。シテ島の真ん中を裁判所の前を走るパレ大通りで切開することによって、右岸のセバストポル大通りと左岸のサン＝ミシェル大通りを接続することについては述べているが、CMHが注意を払っていたサント＝シャペル等の都市遺産には最高の位置は与えず、裁判所に取り囲まれるような配置にした（図3-3、図3-4）。問題となっていたナザレスのアーケードは、かろうじて3区のカルナヴァレ館に移築されることとなった。

（5）民間組織の歴史的建造物保全意識の高まり

　パリ市行政には建造物を保護する意識があったものの、これを目的としたパリの有識者協会の出現は地方よりも遅れ、19世紀後半まで待たねばならなかった。それ以前は歴史的・考古学的な問題は、フランス歴史学会[26]（1833）や古物学会[27]、フランス考古学学会[28]といった国立の学会が担当していた。パリの最初の有識者学会は、1865年3月7日に設立されたパリ考古学歴史学会だった。学会が出版した報告書[29]で、設立者ルイ・ルゲ[30]は設立の条件について以下のように述べた。

> 　考古学者のみならず歴史家も引きつける興味深い多くの物品が、日々パリや周辺コミューンの地下から発見される。もし重要性により注意深く探求する収集家にとって完全にそれらが失われていないなら、それらはしばしば収集され、国の歴史を築くものとなる。しかし、我々は発見された物品を無視することがままある。（中略）どれだけのモニュメントが世間の注目も受けず破壊されたか。しかし、もし発見した人々が前もってこうした物品を好意的に受け入れることに納得し、議論できる場所を知っていたなら、これらは破壊を逃れたか、あるいは忘却を免れたか。
> 　これはこうした欠点と組織の欠如を未然に防ぐためである。その組織では、全ての特別な発見が注目され、必要に応じて記録または識別され、議論を引き起こすことができる。私が皆様を集めようと思ったのは、そのような理由からです。（中略）
> 　そして、我々の研究の質に勝るとも劣らない専門家たちの研究が行われる、多くの有識者会議が既にパリに存在するが、旧イル＝ド＝フランス地方のために我々は組織を創らねばならない。

　ルゲは、首都パリに考古学学会がなく、パリの遺産が保護されないことに憤慨していた。その憤慨は、民間のイニシアチブの不足に向けられたものであった。その後、最も影響力のあるパリ有識者学会である、パリ・モニュメント愛好協会（SAMP）が1884年に建築家シャルル・ノルマン[31]により設立された[32]。

3-2　歴史的建造物保全を巡る組織

(1) 組織相互の関係性

　歴史的建造物審議会（CMH）の1837年からの内務省での活動と並行して、ギゾーは公共教育省に、フランスの歴史の全ての未編集書類を出版することを目的とする芸術委員会を設立した。この委員会には、ユゴー、モンタランベール[33]、ヴィクトル・クーザン[34]、そしてヴィテ、メリメ、委員会の将来の事務局長となるグリーユ・ド・ボーズラン[35]が参加していた。

　前述の旧王国建造物総監の職権を継承した民用建造物評議会（CBM）との関係において、CMHは不安定な状態にあった。CBMのメンバーは、もっぱらローマのアカデミー・フランセーズの旧会員から採用された。CBMは、国立宮と革命後に国のモニュメントの性格を帯びたサン＝ドニ、サント＝シャペル、ノートル・ダムといった宗教的モニュメントについても権限を有していた。さらにCBMは、歴史的建造物総監が議会に発表した1830年から1838年の歴史的建造物に関する事項も検討した。同様にCMHと長期にわたってライバル関係にあるもう1つの組織は、教区建築物局[36]であった[37]。

　他方、こうした国の組織整備にもかかわらず、パリにおける歴史的建造物保全は不十分であったため、民間の組織が設立されていった。1865年にはパリ考古学歴史学会、1884年にはパリ・モニュメント愛好協会（SAMP）が民間から設立された。さらに、CMHの権限範囲の曖昧さと民間のイニシアチブの不十分さからパリの歴史的建造物を守るため、1879年にはパリ市[38]にパリ碑文登録委員会（CIP）[39]が設立された。やがてSAMPで得た経験をもとにして、セーヌ県に所属するパリ市の後ろ盾を伴った古きパリ委員会（CVP）が、1897年に設立されることとなる（図3-5）。

(2) セーヌ県に所属するパリ碑文登録委員会（CIP）

　パリ碑文登録委員会（CIP）は1879年、パリ工事局芸術・歴史工事課[40]に創設された。

　CIPが設立された際の1879年3月10日のアレテ第1条によれば、CIPはセーヌ県知事により設置された行政委員会である。その活動の目的は、パリ市の史実と人物の記憶を固定し保存するため、知事の指示に従い、市会に発表する可能性のある調査と研究を行うことである。

図3-5　19世紀末の歴史的建造物を巡る官民の主要組織

　第3条によれば、CIPは、市会または行政が調査を必要とするパリ市の歴史的問題を諮問する委員会である。また、第4条によれば委員会のメンバー以外に、セーヌ県知事、市会議長[41]、県事務局長[42]、パリ工事局長[43]、初等教育局長[44]、芸術部主任[45]は、委員会の会議及び作業に参加が可能となっていた。

　当時のセーヌ県知事である上院議員エロルド[46]は、以下のように主張している。

> 　パリ市の多くの公道、モニュメント、住居などが地域の記憶を呼び起こすことを考慮しながら。これは歴史的・芸術的・科学的視点または公共教育と市民的・愛国的感情の発展において保全し、永続させることが重要である。
> 　この目的を実行するため、パリの考古学に詳しい有能なメンバーにより特別な委員会を各所に設置することを検討する。同委員会はモニュメント・表示板、そしてパリ市の歴史に付随したイベントと人物の記憶を想起させる碑文や表示板を設置することが望ましいと考える。
> 　さらにこの委員会が、ある程度の規模の小委員会に分割されることが適当と考える。各小委員会は、特別な地区または研究のためのカテゴリーを担当し、異なった調査を行う。[47]

　CIPは、パリの建造物に設置する、歴史的事実を記した表示板の設置の検討を目的とした委員会であったが、それ以上にパリの歴史を調査・研究するという行政内の諮問機関としての役割がアレテの内容から読み取れる。

　アレテの第5条によりメンバーが指名された。表3-1はその一覧である[48]（表3-1）。
　フランス学士院のメンバーが多く見られる。また、議員は多くはないものの、図書館館

第3章　19世紀のパリにおける歴史的建造物保全と風景観

長や国立アーカイヴ古文書保管人といった司書の役職も持つものが多く見られる。その他には、建築家、教授、ジャーナリスト、弁護士、フランス古物学会メンバーといった肩書が見られる。歴史的建造物総監であるボスウィルワルドも参加している。

また、マルタン、ドリル、グレアール、ボスウィルワルド、クザン、ギュイッフレー、ロンニョン、マルーズは、後にCVPに参加している。

CIPは1881年から1891年にかけて、表示板に記載すべき歴史的事案を検討し、その事実を証明する資料を必要に応じて収集した。その成果は、1891年に出版された『パリの碑文登録集』（図3-6）からうかがい知ることができる。

CIPの設立後、10年間に採用が決定された事案のタイトルを整理した（表3-2）[49]。表を見ると、シャトーブリアン、ユゴー、ベルリオーズ、ヴォルテール、パスカル等、歴史上の重要人物に関する事案が多くを占めている。また、バスティーユ、サンス館等の歴史的に重要な場所、建造物も見られる。パリの城壁は重要視されており、通称フィリップ＝オーギュストと呼ばれる城壁については各門への表示板が採用されている。

事案の採用例として、ユゴーに関する表示板を紹介したい。ユゴーは、委員会が表示板設置の検討を行って

表3-1　CIP構成メンバー（1879年）

氏　名	所　属
アンリ・マルタン (Henry MARTIN)	上院議員、フランス学士院及び道徳・政治科学フランス学士院メンバー
レオポルド・ドリル (Léopold DELISLE)	顕彰・美文フランス学士院メンバー、国立図書館館長・事務局長
グレアール (Gréard)	道徳・政治科学フランス学士院メンバー、パリ・フランス学士院副学長
バリュ (Ballu)	芸術フランス学士院メンバー、市庁舎主任建築家
ガルニエ (Garnier)	芸術フランス学士院メンバー、オペラ及びコンセルヴァトワールの建築家
ジュール・キシュラ (Jules Quicherat)	古文書学校長
コシュリ (Cocheris)	公共教育総監
ボスウィルワルド (Boeswillwald)	歴史的建造物総監
ポール・ラクロワ (Paul Lacroix)	アルスナル図書館保管人
フランクラン (Franklin)	マザリヌ図書館保管人
アナトール・ド・モンテグロン (Anatole de Montaiglon)	古文書学校教授
ジュール・クザン (Jules Cousin)	パリ市図書館司書
アンリ・ボルディエ (Henri Brdier)	フランス古物学会メンバー
ジュール・ギュイッフレー (Jules Guiffrey)	国立アーカイヴ古文書保管人
オーギュスト・ロンニョン (Auguste Longnon)	国立アーカイヴ古文書保管人
シャルル・ニュイテ (Charles Nuitter)	オペラ古文書保管人
モンヴァル (Monval)	テアトル・フランセ古文書保管人
アドルフ・ジョアンヌ (Adolphe Joanne)	ジャーナリスト
エドガー・マルーズ (Edgar Mareuse)	ジャーナリスト
ルキャニュ (Lecanu)	パリ高等裁判所弁護士
オシュロー (Hochereau)	パリ古地図保管人
ティスラン (Tisserand)	パリ市歴史的出版物主要検査官
サン＝ジョアニー (Saint-Joanny)	セーヌ県アーカイヴ局主任
ヴァケール (Vacquer)	パリ市歴史的出版物局建築家―考古学者

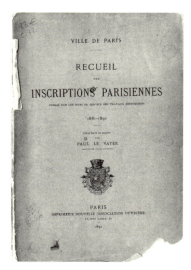

図3-6　パリの碑文登録集
図版出典：Comité des inscriptions parisiens, *Recueil des inscriptions parisiennes*, Paris: Impr. nouvelle, 1891.

表3-2　CIPにより1881年から1891年間に採用が決定された事案のタイトル一覧

名　称	名　称
オベール	ラ・フォンテーヌ
バルエ	ラキャナル
バスティーユ（ラ）	ラ・ブラス
ボーダン	レベ
ボーマルシェ	リトレ
ベランジェール	グラン・コックの家
ベルリオーズ	マルタン（アンリ）
ベリエール	マセ（ヴィクトル）
ブーゲンヴィル	ミシュレ―I
シャトーブリアン	ミシュレ―II
シャトレ	マナール
シェニエール（アンドレ）	ミネ
コリニー	ミラボー
コンドルセ	メユル
コンスタン（ベンジャマン）	モリエール―I
コルネイユ	モリエール―II
ダヴィド	マロー（エジェシップ）
デムーラン（キャミーユ）	ミュセ（アルフレッド・ド）
ディドロ	ブルジョワ・サロン
886のパリの12人の英雄	パルマンティエール
パリの城壁（16-17世紀）―コンフェランス門	パスカル
パリの城壁、通称フィリップ＝オーギュスト―ネスレ門	ブランス
―モンマルトル門	キネ
―サン＝ドニ門、通称画家の門	ラブレ
―サン＝ジャック門	ロッシーニ
―サン＝マルセル門	ルジェ・ド・リル
―サン＝ヴィクトール門	サント＝ブーヴ
―モン＝ド＝ピエテ門	（旧）乗馬部屋
サン＝ジェルマン大市場	スクリブ
サン＝ロラン大市場	（ド・）セヴィーニュ（夫人）―I
フォワ	（ド・）セヴィーニュ（夫人）―II
サンス館	タルマ
ソワソン館	ゲネゴー劇場
ユゴー（ヴィクトル）	王立音楽アカデミー劇場
アングレ	大司教宮劇場
ジャン・ド・モン	ヴィニー（アルフレッド・ド）
クロワ・ノワール球戯場	ヴォーキャンソン
メタイエール球戯場	ヴォルテール
ラ・ファイエット	

VICTOR HUGO
EST MORT
DANS CET HÔTEL
LE 22 MAI 1885

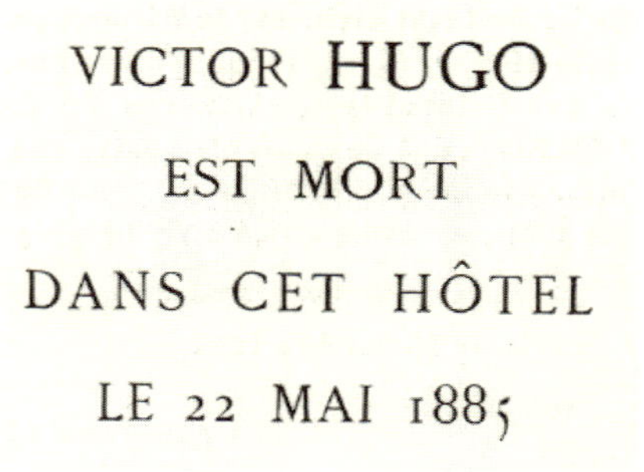

図3-7　ユゴーの表示板（ヴィクトル・ユゴーはこの邸宅で1885年5月22日に亡くなった）
図版出典：Comité des inscriptions parisiens, *Recueil des inscriptions parisiennes*, Paris: Impr. nouvelle, 1891, p.250.

図3-8　ユゴーの家
図版出典：Comité des inscriptions parisiens, *op.cit.*, p.251.

いる最中の1885年5月22日に83歳で亡くなっている。これを受けて、パリ碑文登録委員会の事務局長マルーズ、及び委員会メンバーであるモーリス・デュ・セヌール、さらに、パリ市芸術歴史主任検査官[50]のアルマン・ルノー[51]、パリ市歴史検査官[52]ポール・ル・ヴァイエル[53]は事実を調査し、「1885年5月22日、ヴィクトル・ユゴーはこの邸宅で亡くなった」(図3-7)という表示板を、パリ16区ヴィクトル・ユゴー通り124番地の家屋(図3-8)に掲示するという決定を下した。この決定は1889年7月12日の市会で議決され、1889年8月17日のセーヌ県知事のアレテにより、ファサードに表示板が設置されることが決定した。

以上から、CIPはセーヌ県の行政の歴史調査・研究に関わる諮問機関として位置づけられていたが、1901年のアソシアシオン法以前に、民間で独立した活動を行う組織を持ちたいという委員の思いが存在していた。しかし、委員のこうした思いとは裏腹に、パリ市と共同でこうした作業を行うのみで、やはり独立した活動を行えなかったことが分かった。

3-3　1884年のパリ・モニュメント愛好協会(SAMP)

(1) パリ・モニュメント愛好協会(SAMP)によるパリの記念碑的な相貌の監視

パリ・モニュメント愛好協会(SAMP)は1884年に創設された。市会議員でパリ碑文登録委員会(CIP)にも参加し、古きパリ委員会(CVP)の設立に大きな影響を与えたアルフレッド・ラムルー[54]、ルシアン・オージュ・ド・ラシュス[55]、愛好協会設立者であるシャルル・ノルマンといった人物が、CVPとSAMPを兼任していた。

規約第1条によれば、設立当時の目的は、「芸術品とパリの記念碑的な相貌を監視する」[56]ことである。メンバー構成についてSAMPは、総会で指名された60名のメンバーによる委員会により管理され、委員会は5年ごとに更新される。また、退任するメンバーはいつでも再任可能である。

また第6条によれば、事務局は委員会内のメンバーから指名される。SAMPの設立当初の事務局は、名誉代表として19世紀中葉のモニュメント保全運動の喚起に大きな役割を果たした作家のヴィクトル・ユゴー、事務局長の政府公認建築家ノルマン、代表のフランス学士院メンバーのアルベール・ルノワール[57]、副代表の元市会代表セルネッソン[58]、同じくマザリヌ図書館管理主任フランクラン[59]、同じく古文書学校教授で古文書学校教授のド・モンテグロン[60]、事務局長補佐の彫像師アルフレッド・ルノワール[61]、同じく画家のメナン[62]、同じくパリ碑文登録委員会事務局長のマルーズ[63]、古文書保管人の美術学校美術館及び図書館保管人ウジェーヌ・ミュンツ[64]、会計のエジプト考古学研究所特派員アル

図3-9 SAMP報告書（1885）
図版出典：Normand, Charles. *Bulletin de la Société des Amis des Monuments parisiens, constitué dans le but de veiller sur les monuments d'Art et sur la physionomie monumentale de Paris*, Paris: 1885.

トゥール・ローネ[65]により構成されていた[66]。

SAMP設立に関する注釈として、ノルマンは以下のように主張している。

> 長い間、我々は蛮行から脅威にさらされた作品の評価を高める活動を行ってきたが、我々がしてきた運動への反応に衝撃を受けてきた。（中略）
> 一方、フランスの一端で蛮行への嘆きしか聞こえない。ル・タン紙の記事で、クラルティー氏[67]がこれらの嘆きを繰り返している。そこで、我々は類まれな機能でもってこれらの惨状に抗する協会を設立するため、良い意志ある人々に要請し冒険を試みることを決定した。我々は、クラルティー氏に体系的に組織化された世論も構築するようにと提案した。彼は提案を受け入れ、2日後、SAMPがクラルティー、アルベール・ルノワール、ミュンツ、Aとシャルル・ノルマンにより結成された。（中略）ついに、1884年2月6日、40人の加入者がこのアイディアにより賛同した。[68]

SAMPはCMHと、1898年以降はCVPと併行・協力して活動を続けることになる。

SAMPは1885年から、総会においてパリの歴史的建造物に関する報告を進めており、その成果は毎年もしくは隔年で出版された『報告書』に記録された（図3-9）。

そこで、1885年の設立から4年後の1889年の報告書のタイトルを追い、どのような報告が行われたかについてみてみよう。

表3-3は、1885年から1889年にSAMPの総会行われた報告の一覧である[69]。

まず1885年には、テュイリュリー、サン＝ドニ門、パンテオン、サレ館、リュテスの円形劇場に関する活動報告が見られる。発掘の報告も行っている。

1886年から1887年にかけては、報告の数が大幅に増加している。テュイリュリー、サン＝ドニ門、パンテオン、サレ館、リュテスの円形劇場に関しては引き続き報告されている。また、その他の建造物に関しても、クリュニー館等、扱う数が大幅に増加した。発掘の報告も継続している。

「首都」という語が頻出しているが、これは、シャルル・ノルマンがSAMP内に設立し

た部会であり、正式名称は首都芸術委員会[70]である。この名称の通り、大都市の歴史的・芸術的相貌を保護することを目的として活動していた。この組織は、古物学会、市会、上院の鉄道委員会等に意見を発表している。

　他の部会としては、区担当セクションが設立されている。また、フランス全土を扱うモニュメント愛好協会の設立も報告されている。さらに、視察活動も開始しており、ヴァル＝ド＝グラス等を訪れている。相貌を損なう不快な広告に関しても議論が行われており、民用建造物局長ジュール・コントに接触している。また、国内ではルーアン・モニュメント愛好協会と、国外ではモニュメント保護のための英国協会と交流していることが分かる。

　1888年になると、首都芸術委員会の活動は見られなくなる。歴史的建造物に関する報告が散発的に行われているが、この年、目につく活動は墓地についての活動である。また、ラシヌの家屋といった、民有家屋についての報告も行われている。

　視察では、比較彫刻美術館の視察が行われている。モニュメント及び美術作品保護国際会議に出席し、国際的交流活動も引き続き深めていることが分かる。

　1889年で目立った活動は、1888年から継続している国際会議への出席である。前年度同様、モニュメント及び美術作品保護国際会議とともに、その公式会議であるモニュメント及び美術作品の保護のための第一回公式国際会議では、開会講演及び説明講演を行っている。

　また興味深い試みとして、四輪馬車によるパリの視察を行っている。これは、SAMPの活動で、古い都市要素である歴史的建造物保全の中で、都市の近代化、すなわち交通の合理性の獲得という視点の導入が模索されていたことを示している。

　法による歴史的建造物の規定についても、SAMPがどのように民間の組織として関係を構築していこうかと模索していたことが読み取れる。

　まず、1885年には（歴史的建造物）指定に関する指導について報告されている。1886–1887年には、CMHメンバーである、画家のラメール[71]により、歴史的建造物指定の際の書類モデルが紹介され、フランス学士院のルノワール[72]及びケステル[73]による注記が付け加えられている。また、1887年に施行された歴史的建造物法に関する詳細が報告されている。

（2）市会議員アルフレッド・ラムルーの出自と風景観

　CVPの設立者となるSAMPメンバーのアルフレッド・ラムルーは生粋のパリジャンで、パリの中心である1区に位置するレ・アル地区で生まれ、28年間市会議員を務めた（図3-10）。レ・アル地区は1850年から1860年にかけて大改造が行われ、リヴォリ通りの延長によって中世の古い家々や邸宅や市場が取り壊された地区だった。パリ・モニュメント愛好協会（SAMP）の報告書に掲載された住所によれば、リヴォリ通り150番地となっている

表3-3　1885年から1889年にSAMPの総会で行われた報告一覧

掲載刊	表　題
一八八五	組織委員会名義による第1回会議において読まれた協会の設立とレポートに関する註
	テュイリュリーの断片
	テュイリュリーに関して
	指定に関する指導
	サン＝ドニ門の修復のための委員会の運動
	パリ芸術学校での美術作品の発見
	パンテオンの断片の発見
	規約、規則、テュイリュリー、指定、船舶、サン＝ドニ門、出版、法律、サレ館、パンテオン各委員会の結果
一八八六―一八八七	リュテスの円形劇場視察と県の勧告
	1885年度の協会の活動録
	サレまたはジュイーネ館（旧エコール・サントラル）の歴史
	指定：書類モデル。CMHメンバー、画家のラメール氏、アカデミー・フランセーズのルノワール氏及びケステル氏による註。
	テュイリュリー
	パンテオンの切妻部
	マリー橋
	首都、アカデミー・フランセーズのシャルル・ガルニエによる書簡
	モニュメント保護のための英国協会
	県間の関係
	A. ロネ氏の註
	パリの相貌と古さとの関係における首都。SAMP代表によるレポート。
	公共工事大臣ベオー氏からSAMP代表に宛てられた書簡
	パリで取り壊しを待つ芸術的モニュメントのいくつかについての首都に関する歴史的註
	首都に関して。パリの蛮行
	古きルーヴルの発掘とダリュの階段の視察。会議。パリの風景画。国立アーカイヴと歴史的地区。
	年代記：首都と古物学会。―ルーアンへのモニュメント協会の設立。―雑記。―パリにおけるルネサンス時代の知られざる家屋。
	6月1日の視察
	市会での首都及びパリの相貌と記憶の保護
	上院の鉄道委員会での首都
	不快な広告
	クリュニー館の歴史の年代記に関する小論文
	オペラ図書館及び博物館
	県の会議：ルーアン・モニュメント愛好協会
	カルム・デショッセ
	ボーヴェ館
	サン＝ドニ門。建築家ブロンデルにより紹介されたその装飾。
	大オート・ザルプ館
	区セクションの設立。規則。
	パリの芸術的相貌：サン＝ラザール駅の新ファサード。協会代表シャルル・ガルニエから市会への書簡。
	協会の活動に関するレポート
	財政状況に関するレポート
	モニュメント愛好協会の設立
	サンス館。市会へのシャルル・ガルニエの書簡
	パリの相貌。行政のいくつかの規則に対して、近代の建造物を保護する必要性から。
	不快な広告。民用建造物長、ジュール・コントの書簡。最初の結果。
	協会の視察。ヴァル＝ド＝グラス：ラレー像に関する註。歴史的註。ヴァル＝ド＝グラス及びサン＝ゴバンのガラスに関する註。ヴァル＝ド＝グラス。
	カタコンベの視察。

第3章　19世紀のパリにおける歴史的建造物保全と風景観

一八八六―一八八七	サミュエル・ベルナール館
	サン＝ジュリアン＝ル＝ポーヴル教会に関する研究
	ヌフ橋及びサン＝トゥースタシュ教会のファサードに関しての、デュ・セルソー
	再印刷―オーモン館
	建造物保全法
	正面ファサードの説明：シーツ職人オフィスのファサード
一八八八	シンポジウム
	パリの劇場の部屋
	パリのクリュニー館の地下室
	サン＝ロッシュ教会の説教壇
	比較彫刻美術館視察
	トロカデロの描写
	コリオンのドミニコ会の建築家
	SAMPの協会及び会議のミーティングの議事録
	パリの墓所の無制限の保全を補償するためのレポート
	パリの橋に装飾するためのアイディア
	ヴィエイユ＝デュ＝タンプル通りの小塔
	ベルナダン修道会教会の遺跡の発見
	会議のメンバーの更新
	蛮行に対する訴え
	取り壊されたパリ
	パリの将来
	パリの墓地における、墓所の保全
	パリの墓地に埋葬された多様に描写された人物の放棄された墓所の状態
	モンマルトルのサン＝ピエール教会
	毀損された我々の家屋
	ラシヌ及びアドリアンヌ・ル・クヴルールの家屋（旧レンヌ館）
	未発表の装飾
	ラシヌの家屋
	近年の発掘：ベルナダン修道会
	1888年の祝宴
	モニュメント及美術作品保護国際会議
	取り壊されたパリ
	サン＝ブノワ
	パリの家屋
一八八九	パリ芸術学校の歴史的註
	下院外部の立像
	パリの将来
	協会の全体作業に関するレポート
	モニュメント及美術作品保護国際会議
	パリ考古学的・芸術的新ルートガイド
	四輪馬車での視察
	小麦市場の柱
	万博協会により組織された第一回公式国際会議議事録
	モニュメント及美術作品の保護のための第一回公式国際会議開会の講演
	モニュメント及美術作品の保護のための第一回公式国際会議の説明講演
	サン＝ポール教会のパッサージュとサン＝ポール教会
	我々が美化する市の進行中の醜悪化に関する考察
	ティユール通りの浅浮き彫り
	裁判所のローマ時代の遺物の発掘

図3-10　市会議員アルフレッド・ラムルー
図版出典：Fleury, Michel. Leproux, Guy-Michel. *Cent ans d'histoire de Paris*, Paris: Ville de Paris et la Commission du Vieux Paris, 1990, p.8.

図3-11　現在のリヴォリ通り150番地
図版出典：筆者撮影

（図3-11、3-12）。1865年に医学博士号、1866年に薬学博士号を取得した後、レ・アル地区で薬局を営んでいたが、1870年の普仏戦争に従軍した後帝政に反発し、1872年に市会議員となった。

　衛生的・統計的問題を懸念しながら、彼は市の歴史にも夢中になった。オスマンの無分別な破壊政策が継続されたため、彼は1884年の設立時からノルマンのSAMPに参加した。この組織の活動は貴重だったが、十分なものではなかった。それは正当化できない破壊や醜悪化の防止について行なうべき政策に関して、公的な組織からの援助がなかったためである[74]。

　ラムルーは、SAMPにおいて、回数はそれほど多くを確認できなかったものの、市会での活動を報告する形式で発表を行っていた。例えば、1885年は市会の予算委員会に参加し、歴史研究の予算を獲得していることが報告されている。これは、パリの2枚の古地図を拡大複製するプロジェクトであり、これによって大変有用な歴史的データと統計が明らかになると述べている[75]。

　1888年には、市会の家屋に関する小委員会に所属していたため、パリの家屋統計を報告している。それによれば、パリの家屋数は直近の60年で3倍となっており、空き家、人口密度の統計も取られている[76]。

　また1892年には、サン＝ドニとグルネル通り角の、いわゆる王妃の噴水の売却がラムルーから報告されている。これは噴水が市有であったため、第二小委員会の議題として検討されていたが、過去にも同様のケースが多数あり、違法ではないと結論づけられた[77]。

　1897年には、モンマルトルのサン＝ピエール教会保全についての意見を発表している。また、彼の都市への視点については1892年5月9日のエクレール紙の記事から窺い知る

第3章　19世紀のパリにおける歴史的建造物保全と風景観

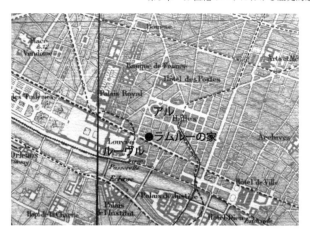

図3-12　ラムルーの家周辺（1887）
図版出典：Service géographique de l'armée, 1887に筆者加筆

図3-13　ノートル・ダム（シテ）島の端（1827）
図版出典：Hamilton,. *La pointe de l'Ile Notre-Dame*, 1827.

ことができる。これは公共工事省が、ラムルーを含む2名の市会議員のシテ島の視察を受け入れた際のレポートであった。それによれば、シテ島の生活は港に面して奥まっており集中しているが、「ピトレスク」である。鉄道によって舟運の重要性は失われたが、シテの景観（図3-13）をとるに足らないものと考えてはならないと彼は考えていた。そこで彼は、公的資金による河岸整備により、シテの「ピトレスク」な景観を保全しながらも、合理性を確保すべきであると結論づけている。

　こうした活動を進めていく上で、行政による後ろ盾の必要性を感じたラムルーは、1897年にパリ市の歴史的建造物の保全・記録を目的とした諮問機関である古きパリ委員会（CVP）の設立を市会で提案し、可決されたのである。

81

(3) 建築家シャルル・ノルマンの出自と風景観

パリ・モニュメント愛好協会（SAMP）創設者のシャルル・ノルマンは建築家であった。

彼は、SAMPの創設前には考古学的な研究を行っていた。まず、1877年から1879年の間の地理学的な展開に関する6ヶ月ごとのレポートとして、『半期ごとの地理学的雑誌』を出版している。その後、1882年から1887年にかけて『建築家百科事典』の抜粋として、フランス建築家会議についてのレポートを出版した[78]。

ノルマンはこうした作業を通じて、パリの歴史的建造物に取り壊しの危険が及んでピトレスクな景観が失われていることを認識し、ユゴーの主張に深く理解を示しながら、自身の意志をSAMPの活動で実現しようとした。

1884年、SAMP結成の際の講演において、彼は以下のように述べている。

> ヴィクトル・ユゴーは、失望とともにパリのモニュメントについて語っていた。パリのモニュメントは年々減少している。かけがえのない傑作が消失するのを目の当たりにして、人々は不満をもらす。それは、残された建造物への彼らの愛情を証言している。近代のパリに我々が見いだす、もはやピトレスクではなくなった現代都市の冷たい相貌を嘆いているのだ。

上記のような状況を踏まえ、ノルマンは民間団体がこのようなピトレスクな相貌の保護に取りくむべきであると述べている。

> 人道主義者・芸術家・政治家・有識者のグループは、これらの慰めや、ここで説明するには長過ぎる他の事実に衝撃を受けた。古きパリの相貌を保全し、現代の生産物によって記念碑的な相貌を保障し、美術品を保護するという民衆の感覚をフランスに創出する使命が我々に与えられた。[79]

なお、SAMPの活動から発展して、1887年にはノルマンは、モニュメント愛好協会[80]を設立した。この組織は、フランス及びフランスの植民地における「都市の新しい地区の相貌と、田舎のピトレスクな様相の保護の監視を行ない、フランスで消失し忘却された興味深いあらゆるものを記録する」ことを目的とし、モニュメントとしての価値を有する事物に関する記事が掲載された機関誌『モニュメント愛好協会』が毎年出版された。ノルマンは読者に組織の設立について、以下のように述べている。

第3章　19世紀のパリにおける歴史的建造物保全と風景観

　　我々の祖国を装飾する、美しく興味深い作品の保護する必要性はデモンストレーションをもはや必要としない。しかし、保護する方法の準備は緊急である。
　　これが今日、我々が雑誌を出版する目的である。
　　この雑誌は、建築的モニュメント・絵画・彫刻・我々の興味、そして歴史的記憶の保護のための全ての運動を紹介する。だからといって、我々は過去よりも現在のことを考えない訳ではない。我々は都市の新しい地区の相貌と地方のピトレスクな様相の保護の監視を行なう。
　　この雑誌を特徴づけるものは新しい物の様相への懸念であり、それが古くとも新しくとも、その全ての形状の下に、人工または自然の作品の美しさを保護したいという欲望である。（中略）
　　我々は、街路・広場・都市を良く考慮した装飾によって公共の美的感覚の発展を保証する手法を探求している。
　　この選集の目的は、フランスで消失したあらゆるものを記録することに他ならない。そうすることで忘却から多くの興味深いものを救い出すことができるだろう（中略）
　　我々が保護しようとしているものは、芸術的な宝物と景勝地[81]である。それは、まだ世界を魅了することができ、またしなければならない。だが一方で、功利的傾向と投機売買または開発の精神の誇張によって、極度に窒息の脅威にさらされているフランスの明白な特質でもある。[82]

このように、パリにおける歴史的建造物に関する問題、CMHの権限範囲の曖昧さ、そして民間のイニシアチブの不十分さからパリの歴史的建造物を守るため、SAMPで得た経験をもとにして、行政の後ろ盾を伴った古きパリ委員会（CVP）が1898年に設立されることとなったのである。

第3章のまとめ

1840年には、国の歴史的建造物審議会（CMH）によって公式リストが刊行されたが、1,034件の歴史的建造物の中に、パリの建造物は含まれなかった。なぜなら、モニュメントのための予算はまずは地方都市を対象としていたためであり、加えて国とセーヌ県の紛争も存在したためである。そこで、街路拡幅・開設計画の度にその敷地に関わる歴史的な経緯を調査する必要があった。1844年にセーヌ県庁に入庁したラザール兄弟により、セーヌ県の都市史研究が行われ、1849年には『パリの街路及びモニュメントに関する行政歴史事典』

が編纂された。1860年初頭、オスマンは既存の組織と新組織を統合する形で「市歴史局」を設立し、パリの都市史研究も進めた。しかし、研究は実際の都市計画にはほとんど反映されなかった。このことはシテ島整備の際、機能性を優先した道路開設が行われたことから読み取れる。

　国のCMHによる歴史的建造物制度の欠陥及びオスマンによる機能性と「パースペクティブ」優先の急激な都市再開発、パリ市による都市史研究の影響力の欠如によって、パリの歴史的環境は危機に瀕していた。そこで19世紀後半、パリの歴史的環境に関する多くの民間の団体が設立された。1865年には、パリ考古学歴史学会、1884年にはパリ・モニュメント愛好協会（SAMP）が民間から設立された。

　また、1879年には、セーヌ県にパリ碑文登録委員会（CIP）が設立された。CIPは、パリ工事局芸術・歴史工事課に創設されたパリの歴史を調査・研究するための行政内の諮問機関であった。しかし、公的な後ろ盾を持っていたため、オスマン式の開発を目指すセーヌ県から独立した活動を行える機関ではなかった。

　一方、民間のSAMPの設立当時の活動目的は、芸術品とパリの記念碑的な相貌を監視していくことであった。SAMPには、市会議員でパリ碑文登録委員会にも参加し、古きパリ委員会（CVP）の設立に大きな影響を与えたアルフレッド・ラムルー、ルシアン・オージュ・ド・ラシュス、愛好協会設立者であるシャルル・ノルマンといった人物が参加していた。しかし、公的な後ろ盾がなかったため、満足のいく活動ができなかった。SAMPはCMHと、1898年以降はCVPと併行・協力して活動を続ける。CVPは行政の諮問委員会であったが、民間からメンバーを指名し行政の建築課の開発圧力に対する保守派という立場をとったため、オスマン式開発を目指す行政から独立した活動を行えるようになる。

　パリの中心1区に位置するレ・アル地区で生まれた生粋のパリジャン、ラムルーは、レ・アル地区の急激な改変を目の当たりにして、オスマンの無分別な破壊政策の継続に疑問を覚えていた。ラムルーのシテ島開発への意見から、今後のパリのあり方として「ピトレスク」な景観を保全しながらも、合理性を確保すべきである」と考えていることが分かる。

　また、SAMP設立者であるシャルル・ノルマンは、考古学に関心を持った建築家であった。1884年にSAMPを設立した際には、ユゴーへの同意からオスマン式の都市開発による歴史的環境の破壊から生じる、「もはやピトレスクではなくなった現代都市の冷たい相貌」への憤りと、ピトレスクな景観の保全の必要性を主張している。また、1887年の、フランス全土を対象としたモニュメント愛好協会設立の際には、「我々の都市の新しい地区の相貌と、地方のピトレスクな様相の保護の監視を行なう」ことの必要性を訴えている。

　すなわち、上記の二人は、地域における活動から、パリの市民が感得する「ピトレスク」な都市風景への視点を見出していたと言える。

注

1 Guilmeau, Stéphanie. *La Commission du Vieux Paris et Le Casier archéologique et artistique*, Mémoire de l'Université Paris IV Sorbonne, 2007, pp.41-43.
2 Tamborrino, Rosa. « Structuration urbaine et conservation monumentale; Haussmann et le Paris du 19e siècle» *L'alchimie du patrimoine, Talence*, Éd. de la Maison des sciences de l'homme d'Aquitaine, 1996, pp.403-413.
3 Didron
4 Rambuteau
5 Taylor
6 他都市の古代と中世の建物だけが含まれ、全てが公共建造物だった。
7 Félix Lazare :1815-1894 と Louis Lazare :1811-1880 である。ピエール・ラヴダン（2002）『パリ都市計画の歴史』土居義岳訳 中央公論美術出版 p.33 によれば、パリ学及びパリ史の専門家である。
8 alignement. Merlin, Pierre. Choay, Françoise. *Dictionnaire de l'urbanisme et de l'aménagement*, Paris: Presses universitaires de France, 2009, p.39 によれば、建築線とは、公道と沿道の所有物を分割する線であり、規制の基準となるものである。
9 Lettre Patente. Rey, Alain. Rey-Debove, Josette. *Le nouveau petit robert de la langue française*, Paris: Le Robert, 2009 によれば、開封勅書とは、対象となる人物に、特別の計らいを与える開封した手紙の形式による王の決定である。
10 servitude. 山口俊夫（2002）『フランス法辞典』東京大学出版会 pp.549-552 によれば、地役権とはある不動産に対し、他の所有者に属する不動産の使用及び効用のために課せられる負担である。
11 Lazare, Félix., Lazare, Louis. *Dictionnaire administratif et historique des rues de Paris et de ses monuments*, Paris: F. Lazare, 1844-1849, pp.7-8.
12 Service historique de la Ville
13 Georges Poisson
14 Guilmeau, Stéphane. *op.cit.*, pp.19-20.
15 アルベール・ルノワール（Albert Lenoir）が実際 1835 年から作業した。
16 Histoire général de Paris
17 ラザール＝モーリス・ティスラン（Lazare-Maurice Tisserand）と、建築家アドルフ・ベルティ（Adolphe Berty）に委託された。
18 Charles Marville
19 Tamborrino, Rosa. *op.cit.*, pp.403-413.
20 Huyot
21 Etienne-Théodore Dommey と Louis Duc であり、ウヨにサインされた。
22 警視庁内部にあり、現在2つの道は現存しない。
23 アンリ2世時代または16世紀中盤にさかのぼる。
24 Tamborrino, Rosa. *loc.cit.*
25 Haussmann, Georges-Eugène. *Mémoires*, Paris: Éd. du Seuil, 2000, p.728.
26 Société de l'histoire de France

27　Société des antiquaires
28　Société française d'archéologie
29　Guilmeau, Stéphane. *op.cit.*, pp.18, Société parisienne d'archéologie et d'histoire, *Bulletin de la Société parisienne d'archéologie et d'histoire*, Tome 1, Paris: Demoulin, 1867, pp. 2-4.
30　Louis Leguay
31　Charles Normand :1858-1921
32　Guilmeau, Stéphane. *op.cit.*, pp.17-19.
33　Montalembert
34　Victor Cousin
35　Grille de Beuzelin
36　Bureau des édifices diocésains
37　Bercé, Françoise. *Les premiers travaux de la Commission des travaux historiques 1837-1848*, Paris: A. et J. Picard, 1979, pp.2-4.
38　Haussmann, Georges-Eugène. *op.cit.*、によれば、当時、基礎自治体としてのパリ市は存在しなかった。セーヌ県庁内に、パリ市行政を担当するパリ市事業管理部が存在した。
39　Comité des inscriptions parisiens
40　Direction des travaux de Paris, Service des beaux-arts et des travaux historiques
41　Président du Conseil municipal
42　Secrétaire général de la Préfecture
43　Directeur des Travaux de Paris
44　Directeur de l'Enseignement primaire
45　Chef de la division des Beaux-Arts
46　Herold
47　Comité des inscriptions parisiens, *Recueil des inscriptions parisiennes*, Paris: Impr. nouvelle, 1891, 頁無し
48　*Ibid.*, 頁無し
49　*Ibid.*, pp.323-325.
50　Inspecteur en chef des Beaux-Arts et des Travaux historique de la Ville de Paris
51　Armand Renaud
52　Inspecteur des Travaux historiques de la Ville de Paris
53　Paul Le Vayer
54　Alfred Lamouroux
55　Lucien Auge de Lassus
56　*Veiller sur les œuvres d'art et sur la physionomie monumentale de Paris*
57　Albert Lenoir
58　Cernesson
59　Franklin
60　de Montaiglon
61　Alfred Lenoir
62　Meignan
63　Mareuse

64　Eugène Muntz
65　Arthur Rhoné
66　Normand, Charles. *Bulletin de la Société des Amis des Monuments parisiens, constitué dans le but de veiller sur les monuments d'Art et sur la physionomie monumentale de Paris*, Paris: 1885, pp1-3.
67　Clartie
68　*Ibid.*, pp.8-9.
69　*Id., Bulletin de la Société des Amis des Monuments parisiens, constitué dans le but de veiller sur les monuments d'Art et sur la physionomie monumentale de Paris*, Paris: 1888, 頁無し
70　Commission artistique du métropolitain
71　Lamaire
72　Lenoir
73　Questel
74　Fleury, Michel. Leproux, Guy-Michel. *Cent ans d'histoire de Paris*, Paris: Ville de Paris et lz Commission du Vieux Paris, 1990, p.9.
75　Normand, Charles. *op.cit.*, 1885, p.28.
76　Normand, Charles. *op.cit.*, 1888, pp144-147.
77　*Ibid.*, 1888, pp37-38, p.52.
78　*Ibid.*, 1888, 頁無し
79　*Id., Note de Société des amis des monuments parisiens constituée dans le but de veiller sur les monuments d'art et la physionomie monumentale de Paris,* Paris: L.cerf, 1884, pp.1-8.
80　L'Amis des monuments
81　siteの訳語については西村幸夫及び鳥海基樹による一連の先行研究に基づいた。日本の当時の制度に照らし合わせれば、史蹟名勝天然紀念物保存法における名勝の勝地にあたるだろう。
82　Comité des monuments français, *L'Ami des Monuments*, 1888, pp.1-5.

第4章　古きパリ委員会（CVP）の設立と都市的視点の萌芽

4-1　1897年の古きパリ委員会（CVP）の設立と「ピトレスク」という視点

（1）古きパリ委員会（CVP）の活動目的と位置づけ

　1887年3月20日法は、歴史的建造物審議会（CMH）を再組織化し、所有者の権利を確認し、行政によるモニュメントへの干渉を制限した。
　パリ市市会議員で古きパリ委員会（CVP）の設立者であり、副代表を務めたアルフレッド・ラムルーは、1897年11月15日の市会における設立提案の際、その役割を次のように説明している。

　　　古きパリの遺跡の探索、それらの目録を作成、現状の確認、保全されるよう出来る限りの留意、保全が不可能な場合は残骸を収集、工事が行われる可能性のある発掘現場と衛生・交通・進化の観点から必要と判断されたパリの改造を見守り、オーセンティックなパリのイメージの記録を任務としている。

　ラムルーは、ヴィクトル・ユゴーが1833年に始めた歴史的建造物保全に向けた運動について触れた。その後、大通り開設のためにサン＝ジェルマン＝ローセロワ（図4-1）の破壊する計画や、1875年の市会の決議無しでのドーフィヌ広場からのドゥゼ将軍の像（図4-2）の撤去、考古学的に貴重で修復の必要があった、クローヴィス通りに面したフィリップ＝オーギュストの城壁[1]（図4-3）の破壊について訴えた。さらに、アルシヴ通り66番地の17世紀の邸宅アングラッド館について、市が鋳造物や何らかの記録を保全することなしに1897年7月に取り壊し、跡地にはデパートが建設されたことにも言及している。
　以上から、このような破壊に対し、歴史的建造物審議会（CMH）の役割の不十分さについて警鐘を鳴らしながら、市が事前に情報を把握し、次のように対処すべきであると主張

図4-1　サン＝ジェルマン＝ローセロワ（1837）
図版出典：BNF Gallica, Eglise Saint-Germain-l'Auxerrois : http://gallica.
bnf.fr/ark:/12148/btv1b7744029d.r=+saint+germain+l%27auxerrois.
langEN

図4-2　ドーフィヌ広場とドゼ噴水（19世紀）
図版出典：BNF Gallica, Vue de la place Dauphine et
de la Fontaine Desaix : http://gallica.bnf.fr/:/12148/
btv1b7744650w.r=place+dauphine.langEN

している。

　　　実際CMHと言われる委員会があるが、これはフランス全土を対象としなければならず、パリのモニュメントについて真剣に戦ったことはない。CMHが担ってきた彼らの取り壊しの歴史への役割は、私達に特異な使命を負わせる。もしパリ市がCVPを所有していたら、状況は同じではなかった。また、過去の遺産は少しずつその時々の状況により風化されるか、あるいは破壊者により野蛮にそして時折全く痕跡を残さずに破壊される。さらに私たちは、情報を発信する時間も無い場合には、その消滅さえ知らない。資料ですらも歴史から消えてしまう！　素晴らしい芸術が分散され、脅威にさらされる！　栄光の記憶が永遠に忘れ去られる！（中略）
　　　私たちはあなた方の注意をむやみに引いているわけではない。しかし、私たちは、公共建築の建設を担当する建築家が、工事の際に歴史的な発見を市の担当課に知らせる努力を怠る無遠慮な態度を警告しなければならないと考える。（中略）
　　　市が義務的に監視する手法がないまま、毎日古きパリの歴史的遺産が消えて行くことを考えると、この空白を埋めるべきと考えられる。[2]

　そこで市は、市会議員や古きパリの遺産調査を担当する技術者課長といったメンバーからなる委員会を創設し、必要不可欠と判断される開発と発掘を規則正しく監視し、正統な痕跡を記録すべきであり、そしてその委員会の作業報告は年次ごとに市会に提出される必要があるとラムルーは主張した。

第4章　古きパリ委員会（CVP）の設立と都市的視点の萌芽

図4-3　クローヴィス通りのフィリップ＝
オーギュストの城壁（1899）
図版出典：BNF Gallica,Le quartier Saint-Victor：
http://gallica.bnf.fr/ark:/12148/btv1b31000395/f14.
item.hl

図4-4　セーヌ県知事ジュスタン＝
ド＝セルヴ
図版出典：Fleury, Michel. Leproux, Guy-
Michel. op.cit., p.9.

以上から、CVPの設置は1897年12月18日のセーヌ県知事ジュスタン＝ド＝セルヴ[3]（図4-4）のアレテにより、正式に議決された。その後、CVPは1898年1月29日から活動を開始した[4]。

1898年の活動開始の際に、パリ・モニュメント愛好協会（SAMP）でセーヌ県知事ド＝セルヴが記念講演を行い、以下のように主張した[5]。

> パリは、フランスのように総合的なイメージであり、我々の人種を特徴づける全時代の品格を未完成ながらも備えている。そこには時折、世界的にみても特別な相貌において、洗練された芸術的感覚を持った鷹揚さと熱狂がある。
>
> 国の特徴としての街路、広場、モニュメントには相貌があり、この相貌が交互に我々の過去、優雅さ、美を創りだす。これらは、フランスの特質の装飾品となっている。
>
> これらなしでもパリは活発で生産的な大都市であることはできるが、それはもはやパリではない。そうなってしまったパリはもはや、規模と魅力により輝く古い血筋を引いた美しく高貴な夫人ではない。

そこで、彼は衛生面と美双方への懸念をパリで共存させるべきだと述べている。そのために、パリの特質の消失を防ぐ必要があると訴えている。しかし、SAMPには作業結果への保証が不足していたと述べている。

> パリの行政権力の傍らに、継続的な手段がないといけない。あなた方のアソシアシ

91

オンと全ての同様の組織が注意を喚起してきた遺産を監視するための特別な組織がそれに当たる。
　大変賢いため謙虚にしているが、それを考えたラムルー博士があなた方のなかにいることを嬉しく思う。

　その結果、活動を開始した最初の年からCVPはCMHの指定リストには掲載されないが歴史的価値を有した建造物の目録の作成に没頭した。後にヴォージュ広場で活躍するルシアン・ランボーは、「芸術的・歴史的特徴を示す」興味深い建造物リストを作成しながら、「この用語にどれだけの興味深いものを加えることが可能か」と考えていた。このように、歴史的建造物指定政策の空隙を埋めるため、CVPは首都の豊かな建築群の目録の作成に着手した[6]。

　また、パリ市では当時特別市制でありセーヌ県知事がパリ市長を兼ねていた。CVPはパリ市に設置された諮問機関であり、行政内部に設置されていたが、市会議員や行政の職員以外の外部の専門家やジャーナリストたちが指名されていた。そのため、行政から独立した意見を持つことができた。

　設立当初のCVPに、CMH等の国の組織との協働は見られなかった。しかし、CVPはSAMPでの活動を基礎とした組織であり、書簡や交流を通じて民間組織との情報の積極的なやり取りを行っていた。その中には、SAMPや市のパリ碑登録委員会、古きモンマルトル委員会といった民間組織との積極的な交流も含まれた。

(2)「ピトレスク」と「古きパリ」

　古きパリ委員会（CVP）の設立時の発言に関しての詳細は後述するが、パリ・モニュメント愛好協会（SAMP）において、ラムルーはCVP設立提案可決に際しての講演を以下のように行っている。

　私の好きな作家、モンテーニュをまた引用することを容赦願いたい。不朽の『エセー』において、彼は多くのことを述べて、我々の存在の全ての環境に対する助言や慰めを述べている。例えば、セーヌ県知事の素晴らしい講演に、モンテーニュの哲学についての言葉を適用できる。（中略）
　私は市会にあなた方（愛好協会会員）の要求を携えていくのみに留めた。そして、そこでは私の同僚が親切に受け入れてくれた。しかし、もし気高い精神を持つ行政官の一人、（ジュスタン＝）ド＝セルヴ氏に出会わなければ、我々はどうなっていただろうか。彼は喜んで我々の背中を押してくれただけでなく、比類のない啓蒙を与えてく

第4章　古きパリ委員会（CVP）の設立と都市的視点の萌芽

れた。

　ご存知のとおり、彼が我々の議論を機転を利かせていつも実用的な解決法に至るよう尽力し、行政当局に勧告を発信し、行政諸機関の情報源を利用可能にしてくれた。
（中略）
　ご存知のとおり、CVPの要望に実践的な容認を与えることが重要なのである。CVPは我々の組織と同様、この大都市にその歴史に関するオーセンティックな証拠とピトレスクな様相を保持したいと望んでおり、こうした環境が都市の栄光を高め、子供達のまわりに芸術的で趣味の良い雰囲気を維持するのだ。
　さらに、モニュメント愛好会会員の同僚の幾人もが委員会に参加していない。全員が候補であったと全ての同僚に言いたい。残念ながら、委員会は既に大変人数が多く、限定しなければならなかった。しかしながら、2つの異なった協会が同一の目的に向うことを希望する。「古きパリ」委員会の目的は、我々の愛すべき首都において、学識あるやり取りの成果をもたらし続けることである。[7]

　以上から、CVPはセーヌ県知事ド＝セルヴの強い後押しを受けて設立され、SAMPと同じく歴史、「ピトレスク」な様相[8]などを都市に残し、この2つの委員会の学術的議論の成果を首都に残していくことを目的としたことが分かる。
　一方、CVPは、「古きパリ」の記録・保全を目的としていたと述べられていた。「古きパリ」の概念とはいかなるもので、「ピトレスク」な視点との関係は見いだされるのだろうか。CVPが、写真による記録のために設立した第三小委員会によれば、「古きパリ」とは、「ピトレスクな特徴を示す市の一部」[9]とされている。
　後のCVP事務局長、ドビドゥール（1945）によるCVP設立当時への回顧録『古きパリの保全と都市計画』によって、さらに詳しく「古きパリ」という概念のありようを捉えてみたい[10]。
　ドビドゥールによれば、ルーアン、ディジョンやイタリア、ドイツ、またはフランドルの多くの都市において、「古き地区」と言えば中世の地区である。しかしパリにおいては、本質的にそれは中世のパリではない。なぜなら、パリにはフランスの多くの都市に見られる「古き地区」と呼ばれるようなものが、ほとんど何も持っていないからである。それらは16世紀のパリでもない。教会の一部、ルーヴルの断片、パレの古い部分、サンス館、クリュニー館、ジャン＝サン＝プール塔、ヴィエイユ＝デュ＝タンプル通りの小塔、ニコラ・フラメルの家、ファサードのいくつかの断片といった、一般に「古きパリ」と考えられているものは、17、18世紀のパリであった（口絵1）。
　そのことについて、後述するサンス館について、「中世の特徴を復活させる」ことを目的とした修復に対して、ドビドゥールは警鐘を鳴らしている。サンス館は16世紀初頭に

建設されており、周辺の小径においても、中世の痕跡が残されていないことを彼は指摘し、この目的は軽率であると述べている[11]。

また、古き地区に用いられる「美術館地区」[12]という表現についても、パリへの使用には疑問を呈している。彼によれば、「美術館地区」は、ブルターニュ、ノルマンディーといった諸都市において見られるような、完全な一連のイメージを喚起する。それらは深みがあり、手つかずで欠陥のない建造物群であり、パリには存在していない。

こうした考えに基づき、彼は「古きパリ」を以下の5つのカテゴリーに整理している（口絵1）。

1）教会、国立宮殿、素晴らしい敷地
　　ルーヴル、裁判所、国立アーカイヴ、ポール・ロワイヤル修道院（マテルニテ）、一般病院（サルペトリエール）、アンキュラブル（ラエネック病院）、サン＝ルイ病院の各病院内の社会福祉施設[13]の病院関連施設
2）偉大な建築的構成（権力によって建設されたもの）
　　ヴォージュ広場、ヴィクトワール広場、ヴァンドーム広場、コンコルド広場、パレ・ロワイヤルの美しい都市装飾[14]
3）官僚個人の敷地（古い邸宅）
　　ル・マレ、サン＝ルイ島、フォブール＝サン＝ジェルマン、フォブール＝サン＝トノレと、今も活気のあるポルシュロン及びグランジュ・バトリエールのエリア[15]
4）とりわけ古い構造と、親密で自然発生的な形態を有する価値のある古建造物群により構成された街区
　　サン＝メリ地区、サン＝セヴラン周辺、フランス学士院及びサン＝ジェルマン＝デ＝プレ周辺

最後に彼は、構成物から独立した歴史性を有する「歴史的景観」[16]も「古きパリ」であると以下のように述べている。

　　パリには多くの「歴史的景観」があり、それらは構成物から独立して形状によって歴史的であるのだ。それはサン＝ドニ通り、シャトレの眺望、バスティーユ方向から見たサン＝タントワーヌ通りを例とする、不規則な古い街路の歴史的景観である。こうした街路は、曲がりくねって主要な価値を創り出している。なぜなら、絵画における優雅な曲線の奥に、古さのアクセントを与える良い雰囲気の建造物がシルエットを描き出しているからだ（傍点引用者）。驚くべき眺めである古い建造物に囲まれたサント＝ジュヌヴィエーヴ山の急斜面の素晴らしい歴史的景観は、近代の高い家屋の壁に

よりゴブラン側からの眺望が失われた。しかし、その傾向において、サン＝ルイ島の南岸とオステルリッツ橋は未だにこれほど評価に値する。最高の歴史的景観は、モンマルトルの古い村に残っており、穏やかな親密さと稠密さ、そして大きな庭をよくも悪くもうまく取り入れている。

以上をまとめると、「古きパリ」とは、建造物単体として価値を持つ公共及び民間の建造物、権力によって一体的に建設された広場または大規模建造物、古い自然発生的な形状を持つ建造物群に構成される街区、形状が歴史的な景観である。そして、これらは「ピトレスク」な特徴を持っている。また、「ピトレスク」の基準は単純に中世的ということではなく、一体的な調和、古い自然発生的な形状の建造物群により創りだされる親密さ、そして歴史的な都市の特徴的な形状であった。

建造物単体としての価値は、歴史的建造物制度によっても評価されていた。しかし、SAMPから継承された「ピトレスク」な視点のもとで、CVPが面的に都市の歴史性を評価する姿勢を獲得していたことが読み取れる。

こうした考えのもとで、「古きパリ」の損なわれた遺産を継承するため、1916年には建築家ルイ・ボニエ[17]により考古学的・芸術的目録（CAA）が創設された。その詳細については5章で捉えてみたい。

(3)「古きパリ」の保全を行うためのメンバー及び小委員会の構成

CVPのメンバー構成について、ラムルーは1897年の市会での提案で「市会議員、行政の担当者、そして、有識者や研究者、パリの歴史愛好者などの専門家」と述べている。設立当初は、セーヌ県知事ド＝セルヴが委員長、ラムルーが副委員長を務め、市会で選ばれた市会議員が10名、行政の担当者が7名、芸術家や建築家、歴史家、ジャーナリスト等の専門家が20名、事務局長は後述の3名が務めた[18]。

下記の表は、指名されたメンバー及び所属の一覧である（表4-1）。なお、肩書きは指名時のものである。専門家のメンバーは、政治的、社会的・経済的利益団体の圧力から距離を保ちながら活動するために、セーヌ県知事によって終身任命されていた。また1897年のラムルーの提案によって、毎月1回総会が行われることが決定した。初期は、第1木曜日16時から毎月1回開かれていた。総会では必要に応じて意見[19]や勧告[20]が議決され、市会や国に発信されていた。

さらに、情報を集中させ、CVPへの書簡を受け取るための委員会が設立された。これは、委員長、副委員長、小委員長から構成されていた。

総会の他に、3つの小委員会が設置された（表4-2）。

　第一小委員会（目録）は、歴史家と調査から明らかにされた全ての物件の目録を担当した。委員会はまた、保護が可能な場合、取り壊しが決定された事物の保全を提案できた。

　第二小委員会（発掘）は、発掘と取り壊しの監視を担当した。パリの地形を変容させ、モニュメントを脅威にさらす地ならしと建築線の調査を行った。この委員会は決定された指示に関する調査を指示できた。

　第三小委員会（ピトレスク・芸術的様相）は、強制的に消失を余儀なくされたかピトレスクな特徴を示す市の一部の記憶を保証するため、写真と多様な芸術的手段による外観の記録を担当した。カルナヴァレ博物館[21]に、全ての資料のコピーが保管されることになっていた。

　また、CVPの事務局長は、設立時から1920年代まで大きく2期に分けられる。1期はアレテ第3条により、1897年から任命された人選であり、市会の古文書保管人でパリ碑文登録委員会メンバーのルシアン・ランボー[22]（1898-1915）、カルナヴァレ図書館のシャルル・セリエ[23]（1898-1912）、考古学者のルイ・テッソン[24]（1898-1923）が就任している。複数名いる理由は、下部委員会が複数あったためである。また2期では、1910年代にマルセル・ポエト[25]（1915-1918）、パリ市考古学発掘検査官シャルル・マーニュ[26]（1917-1923）、歴史的建造物総監エリー・ドビドゥール[27]（1918-1954）の3名が指名されている。1920年代には、パリ市名誉測量技師エメ・グリモー[28]（1923-1943）が任命された。戦後、ドビドゥールは1950年代までたった1名で事務局長を務めることとなった（括弧内は任期）。

（4）1899年から発行された議事録

　本書では、1898年から1932年までの古きパリ委員会（CVP）の月例総会の議事録を資料として使用する（図4-6）。

　議事録は、第二次世界大戦による中断を除き、1899年から現在まで継続して、毎年発行されている。本書は、第二次世界大戦により発行が中断される1934年分までを対象とする。議事録は市印刷局から発行されていた。

　議事録の特徴としては、毎月の総会で議論されたおよそ十から多い時では数十に及ぶ議題であり、発言者名も明記されている。必要に応じて図面等も添付されており、1冊あたり百数十頁にも及ぶ年が大半を占める。

第4章　古きパリ委員会（CVP）の設立と都市的視点の萌芽

表4-1　1897年に指名されたCVPメンバー

人　物	肩　書
ジュスタン＝ド＝セルヴ	セーヌ県知事、CVP委員長
アルフレッド・ラムロー	市会議員、歴史委員会及びCIPメンバー、CVP副委員長
クエンタン＝ボシャール	市会議員
ジョン・ラビュスクエール	市会議員
ピエール・ボーダン	市会議員
ルイ・リュシピア	市会議員
ソートン	市会議員
アドリアン・ヴェベール	市会議員
ヴェベール	市会議員
アルフレッド・ブルイエ	市会議員
ブロンデル	市会議員
シャッサーニュ・ゴワイヨン	市会議員
フロマン＝ムーリス	市会議員
	セーヌ県事務局長
アルセーヌ・アレクサンドル	美術批評家
リュシアン・オージェ・ド・ラシュス	ジャーナリスト
ビュネル	県主任建築許可主事
ジュール・クラレティー	フランス学士院会員
レオポルド＝ヴィクトル・デリスル	碑文文芸フランス学士院、歴史委員会及びCIPメンバー
デタイユ	フランス芸術家協会代表
フォルミジェ	市庁舎建築家、CMHメンバー
ゴスリン＝ルノートル	『革命のパリ』及び革命に関する著作の著者
ジュール・ギュイッフレイ	ゴブラン国営工場長、歴史委員会及びCIPメンバー
アンドレ・ロージエー	モン＝ドゥ＝ピエテ事務局長
オーギュスト・ロニョン	碑文文芸フランス学士院、歴史委員会及びCIPメンバー
リュキャス（Ch）	第一審裁判所専門建築家
エドガー・マルーズ	ジャーナリスト、CIPメンバー
ジョルジュ・モントルギュイユ	ジャーナリスト
シャルル・ノルマン	建築家、「モニュメントと美術愛好協会」代表、SAMP事務局長
ペラン	控訴院弁護士、モンターニュ＝サント＝ジュヌヴィエーヴ協会会長
ヴィクトリアン・サルドゥ	フランス学士院会員
トゥールヌー	ジャーナリスト、CIPメンバー
ポール・ヴィオレ	碑文文芸フランス学士院、歴史委員会及びCIPメンバー
ブヴァール	建築・プロムナード・植樹課長
デフランス	公共道路網・上下水道課課長
ル・ルー	県事業課課長
ブラウン	パリ市芸術課検査官
ル・ヴァイエール	歴史事業検査官、パリ市図書館司書
ジョルジュ・ケン	画家、パリ市歴史コレクション管理人
	セーヌ県事務所所長

表4-2　設立当時のCVPの小委員会の構成

小委員会	人物及び役職
第一小委員会	ロニョン（小委員会長）
	ペラン（副小委員会長）
	ブルイエ（書記）
	ポール・ヴィオレ
	ヴィクトリアン・サルドゥ
	シャルル・ノルマン
	レオポルド＝ヴィクトル・デリスル
	ジュール・クラレティー
	ゴスリン―ルノートル
	トゥールヌー
	アンドレ・ロージエー
	ジュール・ギュイッフレイ
	シャッサーニュ・ゴワイヨン
	クエンタン―ボシャール
	ジョン・ラビュスクエール
	テッソン（補佐）
第二小委員会	アドリアン・ソートン（小委員会長）
	リュキャス（Ch）（副小委員会長）
	ル・ヴァイエール（書記）
	フロマン・ムーリス
	ブリュマン
	リュシアン・オージュ・ド・ラシュス
	ビュネル
	フォルミジェ
	ブヴァール
	デフランス
	ル・ルー
	アドリアン・ヴェベール
	セリエール（補佐）
第三小委員会	デタイユ（小委員会長）
	ルイ・リュシピア（副小委員会長）
	ジョルジュ・ケン（書記）
	ピエール・ボーダン
	ブロンデル
	アルセーヌ・アレクサンドル
	エラール
	エドガー・マルーズ
	ジョルジュ・モントルギュイユ
	ブラウン
	L.ランボー（補佐）

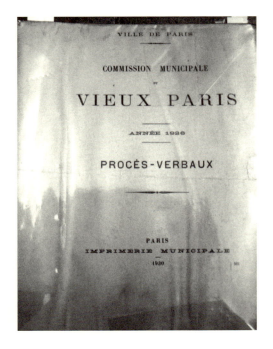

図4-6　CVP議事録の表紙と本文頁（1926年）
出　典：Commission du Vieux Paris, *Procès-Verbaux*, Paris: Imprimerie Municipale, 1926, 頁無し, pp.6-7.

4−2 歴史的建造物の点的保全制度による「古きパリ」の保全

(1) 海外・他都市における歴史的建造物の保全に関する調査

海外・他都市から得られた情報

　古きパリ委員会（CVP）は都市保全へ向けた新たな試みを開始するにあたって、国内の他都市を含む主に海外からの保全情報を収集する必要を感じていた。そこで、1898年3月3日の会議において、ルイ・リュシピア[29]が他都市の行政により行われているモニュメントと歴史的記憶の保全手法を知るため、彼らと関係を築くことを提案し、採用された[30]。

　歴史的建造物の海外・他都市における保全事例研究に関しては、1898年3月3日から1907年1月12日までの間に、10回の議題が取り上げられていることが確認できた。そのうち9回は、1898年12月8日までのCVPの活動開始1年以内に集中している[31]（表4-3）。対象となった全都市の調査を1898年に終了し、ミュンヘンのみ1907年に追加情報を得た。また、調査は15カ国37都市に及んだ（表4-4）。

　CVPによる各国都市の事例調査により明らかにされた当時の建造物に関する主要な保全手法は、以下のようなものであった。

アントワープ（ベルギー）

　1835年1月7日の王のアレテにより、担当委員会が内務省の要請で次の2点について意見する仕組みがとられていた。
1. 古さ・記憶、または芸術的で重要な価値により国のモニュメントが必要とする修復
2. 1824年8月2日の王のアレテの第2条による建造物及び公共建造物の建設と修復に関する計画

　また、1860年5月31日の王のアレテにより、各州に王立委員会のメンバーを配置された。彼らは、情報を集め、委員会の要請を受けて意見を述べ、委員会が承認した作業の遂行を監視した。また、モニュメントや芸術品の保全の判断について、政府または委員会の注意を喚起する義務があった。

　モニュメント委員会州委員会は、公共建造物だけでなく歴史的芸術的特徴を持つ特別な建造物についても同様に監視[32]を行った。その他、市町村法171条は、議決が公共建造物

表4-3　海外・他都市事例研究に関する研究

議事年月日	議　　題
1898年3月3日	モニュメントと歴史的記憶の保全のために他都市の行政により行われている手法を知るために、彼らと関係を持つことに関する提案
1898年4月7日	モニュメントと歴史的記憶の保全を行っている大都市に関して
1898年5月5日	海外からのレポート
1898年6月2日	知事によるモニュメントと美術の豊かさの保全のための手法情報の要請に対する、フランス及び海外行政からの返答に関するレポート（続）
	ブリュッセルのパブリックアート委員会レポート
1898年7月7日	トリノからの海外レポート
1898年11月10日	ブダペストからの海外レポート
	シャルル・リュキャスによるパブリック・アート国際会議のレポート
1898年12月8日	海外からのレポート
1907年1月12日	ミュンヘンアーカイブのディレクターの手紙

または古モニュメントの取り壊しを決定した際には、市会の告知を義務づけている。さらに、数世紀を経た建造物の修復または取り壊しを行う際には、ベルギー風景モニュメント保護国立協会により与えられた忠告を遵守することとされた。最後に、特定の価値ある建造物の所有者は、ファサードの修復に際して市の財政支援を要請することができた。

ブリュッセル（ベルギー）
　市の考古学学会が古遺産について調査し目録の作成を行っていた。古遺産とは、古いモニュメントと歴史的または美術的価値を持つ発見された事物である。この目録は、建造物の取り壊しに関する目録とともに、市の公共工事局に提出される。また、取り壊しの過程で発見された財宝、美術品、古銭、自然史に関係ある物もしくはその他何らかの価値があるものは、市に提出されなければならない。

　さらに、歴史的地区で取り壊しが行われる際には、建造物検査官である建築家サミン[33]が訪問し、保護する部分またはブリュッセル市の過去に関係し市立歴史的文献専門博物館への陳列に値する物品に関して、レポートを作成することとなっていた。

ジェノヴァ（イタリア）
　数年前から、市アーカイブ局が新しい広場や街路を創るために取り壊される全ての建造物と芸術的歴史的建造物の写真をとり、アルバムの中に記録している。また、掘削、取り壊しの際に発見される断片と考古学的品は、パラッツォ・ビアンコ博物館に収集される。最後に、1897年6月2日に行政評議会は、市内で発見され、歴史的考古学的価値から無傷

第4章 古きパリ委員会 (CVP) の設立と都市的視点の萌芽

表4-4 海外・他都市事例調査を行った都市

国　　名	都市名（調査年）
フランス	リール、ボルドー、ニーム、ディジョン、オルレアン、マルセイユ、ナント、リヨン
スイス	ベルン、ジュネーヴ
オランダ	アムステルダム
オーストリア・ハンガリー	ブダペスト
ベルギー	ブリュージュ、アントワープ、ブリュッセル
イングランド	バーミンガム、ブラッドフォード、リヴァプール
スコットランド	グラスゴー
イタリア	トリノ、ミラノ、ジェノヴァ、パレルモ、フィレンツェ
ドイツ	ライプチヒ、ケルン、アーヘン、ベルリン、ドレスデン、フランクフルト、ミュンヘン
スペイン	ヴァレンシア
ギリシャ	アテネ
ウクライナ	オデッサ
ポーランド	ワルシャワ
ノルウェー	オスロ
ロシア	モスクワ

で保全されるに値すると判断された全ての建造物及び芸術的建造物の目録を作成する委員会を設立した。

ミラノ（イタリア）

　公共大臣は、美術考古学上に価値をもつ物品の監視を担当する。大臣は、各州に諮問委員会を設立し、各区にモニュメント及び発掘を担当する名誉検査官を配属した。1891年、同様のモニュメント保全のための小郡委員会を設立した。これらは、芸術的または歴史的価値のある建造物と遺物のすべてについて実行権限を持つ。

　また、コミューン[34]に関する以下のような市規則があった。

1. コミューンは、モニュメントと歴史的・芸術的視点から保護に値するもののリストを作成する。
2. これらの建造物を破壊や変質から保護し、所有者自身も手を触れる前に市委員会に許可を要請しなければならない。
3. 何らかの建造物の取り壊しや修復時に、モニュメントリストに掲載されていなかったが、歴史的または芸術的価値を持つ遺物を発見したら、行政は市委員会の決定まで工事を保留できる。

グラスゴー（スコットランド）

　数年前、「市の美化の管理」の名目で、行政は著しく不衛生になった都市の多くの古い部分の改良に着手した。その際、行政はとりわけ改良予定地に存在する価値のある古い街路や、塀で囲まれた小さな歴史的な家屋の多量の写真を撮影した。

ヴァレンシア（スペイン）

　芸術的・歴史的建造物の監視、保全、急進的修復のため、1894年1月6日にモニュメント・アーカイブ・行政博物館委員会が設立された。
　この委員会は、以下についての監視を行う。

1. 歴史的または芸術的特徴を示すモニュメントの修復計画と、それに関する行政のコンペ
2. 目録を含むアーカイブ
3. 博物館（州立遺物博物館）

　こうした事例調査の成果は、CVPの活動にも反映されていった。また、パリのような基礎自治体による歴史的環境保全の試みは先進的であることが判明した。

ブリュッセルの国際パブリック・アート会議への参加
　古きパリ委員会（CVP）のシャルル・リュキャスは1898年9月にブリュッセルで行われた国際パブリック・アート[35]会議に参加した。この会議は、都市改善における芸術のあり方を検討していたパブリック・アート委員会により開催された、今日の言葉で言えば「初めてアーバン・デザインについて議論された国際会議[36]」であり、ブリュッセル市長として、自身の理念を実践してブリュッセルの都市保全に取り組んでいたシャルル・ビュルスが委員長を務めていた。会議には、欧米各国から著名な都市計画家が参加し、パブリック・アートの考え方が展開する端緒となった。会議の際には、ブリュッセル市内の視察が行われ、ビュルスによって歴史的環境を考慮して保全されたラヴァンシュタイン邸（図4-7）の見学も行われた。この建造物について、リュキャスは「考古学的に（周辺環境と）結びついた、世界にも稀な特別な魅力」と絶賛している。
　CVPでは、1898年11月にこの国際会議における議論内容及び国際水準の歴史的建造物の保全手法の原則として採用された勧告について報告が行われた。まず、この会議は①立法権と規則の視点からのパブリック・アート、②社会的視点からのパブリック・アート、③技術的視点からのパブリック・アートの3部で議論が行われた[37]。その後CVP内で共有された国際会議の第2部と第3部を以下にまとめたい。

第4章　古きパリ委員会（CVP）の設立と都市的視点の萌芽

第2部：社会的視点からのパブリック・アート
1. 公共工事計画を集約し、モニュメントの目録を作成する地域議会を設立する。必要に応じて、芸術家も含んだ独立した国立組織を各国に設立する。
2. 何らかの計画が実行中のモニュメントを掲載したリストが、年次報告または期間ごとの報告として出版され、可能なかぎり芸術家達にも配布される。

第3部：技術的視点からのパブリック・アート
1. 地区の新しい拡張計画において、行政が従来以上に古モニュメントを保全する。
2. 市の歴史的地区の整備で拡幅や延長を複数の街路で行うなら、街路の大きさと方向の不規則性を可能な限り尊重しながら行うことが望ましい。
3. 新しい街路の開設のための地帯収用は、常に過去の建物を保全することを保障しながらゾーンごとに行う。
4. 市の計画と新地区の創設計画は出来る限り周縁で行われ、美を考慮しながら古モニュメントの保全を保障するよう作成されねばならない。
5. 行政は、これからは二次的な幾何学的な建築線に、そして複数の街路の方向または不規則性を正当化する公共建築または芸術的家屋以外にも関与する。

図4-7　ソル通りから見たドュピック邸とラヴァンシュタイン邸
図版出典：田中暁子（2008）『ポスト・オスマン期のブリュッセルにおけるシャルル・ビュルスの都市美理念とその実践に関する研究』東京大学学位論文 p. 161.

（2）1913年法による歴史的建造物の枠組みと都市的視点欠如の問題点

　1913年12月31日に、1887年法を基礎として歴史的建造物法が新たに施行され、歴史的建造物の指定制度に法的根拠が与えられた。建造物の指定は、所有者もしくは国からの発議により、芸術担当大臣のアレテによって行われるが、そうでない場合は、行政庁の職権により歴史的建造物審議会（CMH）の意見を踏まえた上で、国務院のデクレにより宣言できるようになった。
　1913年法の第9条により、芸術担当大臣が同意を与えなければ、指定建造物は一部であっても破壊も移動もできず、いかなる修復や改修、改変工事も行えず、さらには大臣により許可された工事は、大臣の監視下で実行されると規定された。

第12条によれば、指定建造物について芸術大臣の特別許可がない限り、いかなる新しい建設も行えないことが規定された。さらに、建造物を損傷する可能性のある法的地役権は、指定建造物には適用できず、芸術大臣の同意がない限り、いかなる地役権も、指定建造物に関する協定によって設定できなくなった[38]。

　1913年法により歴史的建造物として指定されるべき建物は、第1条により「歴史的または芸術的視点から、公共的価値をもつ建造物の全体または一部」と規定された。具体的な価値基準は明記されていないが、実際の価値判断は指定の審査手続きを行うCMHに委ねられていた。

　法の施行と同時に指定歴史的建造物リストが公示された[39]。表4-5によれば、パリ市内に84件の全体または一部が指定された建物が掲載された。建設年代としては中世から近代のものが多数見られる。なお、増築・改築が行われたものに関しては、残存している建造物の最も古い建設年代を記載した。

　具体的には、1世紀はルテシアの円形闘技場が1件、10世紀はサン＝ジェルマン＝デ＝プレ教会が1件、12世紀は、サン＝ジェルマン＝ローセロワ教会等6件、13世紀は、ノートル・ダム教会等4件、14世紀は、旧コレージュ・ド・ボーヴェの教会等3件、15世紀は、旧サン＝マルタン＝デ＝シャン小修道院（今日の国立工芸院）等11件、16世紀は、旧ソワソン館等8件、17世紀は、サント＝マルグリット教会等28件、18世紀は旧パリ大司教座等12件、19世紀はカルーゼル広場の凱旋門等5件となっている。最も指定された件数が多いのは17世紀であり、近世の建造物の指定が多数を占めていることが分かる。

　しかし、このリストには広場に面した建造物が含まれている。それらは明らかに地区としての一体的なまとまりがあり、地役権を課され、建造物同士の調和を配慮して建設された。それらは、ヴァンドーム広場の法務省及び7・9番地の邸宅、コンコルド広場4・5・8・10番地の邸宅、ロワイヤル広場14番地の家屋である。しかし、いずれの広場も全ての建造物が指定されておらず、所有者の相違による建物の損傷や改変の程度によって、建造物単体としてのみ評価されていることが分かる。

　このように、当時の歴史的建造物法の枠組みにおいて、建造物と周辺環境との関係を捉える都市的視点が欠如していることが指摘できる。

（3）歴史的建造物指定による「古きパリ」の保全の推進

歴史的建造物指定の推進に関する議論

　古きパリ委員会（CVP）は、歴史的建造物指定の推進に関して、1898年6月2日から1929年6月29日までの間に、60回の議論を行っている。時期に偏りはなく、毎年ほぼ同

第4章　古きパリ委員会（CVP）の設立と都市的視点の萌芽

表4-5　1914年の第1回指定で全体または一部が指定された建造物（パリ市内）

名　　称	建設世紀
旧サン＝マルタン＝デ＝シャン小修道院（今日の国立工芸院）	15
旧パリ大司教座	18
旧フランシスコ会修道院食堂（デュピュイトラン博物館）	不明
旧医学部、ビュシュリー通り	15
カルーゼル広場の凱旋門	19
凱旋門	19
ルテシアの円形闘技場	1
旧ロアン館（国立印刷局）	18
ノートル・ダム教会	13
旧コレージュ・ド・ボーヴェの教会	14
キャルムービエットの修道院	15
旧ソワソン館	16
パリ軍事学校（戦争局収用）	18
贖罪教会	17
ノートル・ダム・ド・ロレット	19
サン＝テティエンヌ＝デュ＝モン教会	15
サン＝トゥースタシュ教会	17
サン＝ジェルマン＝ローセロワ教会	12
サン＝ジェルマン＝デ＝プレ教会	10
サン＝ジェルマン＝ド＝シャロンヌ教会	13
サン＝ジェルヴェ教会	15
サン＝ジュリアン＝ル＝ポーヴル教会	12
サン＝メダール教会	15
サン＝メリ教会	17
サン＝ニコラ＝デュ＝シャルドネ教会	17
サン＝ニコラ＝デュ＝シャン教会	12
サン＝ポール・サン＝ルイ教会	17
サン＝ドニ・デュ・サン＝サクレマン教会	19
サン＝シュルピス教会	17
サン＝ロッシュ教会	17
サン＝ピエール＝ド＝モンマルトル教会	12
サン＝セヴラン教会と旧死体置き場	13
サント＝マルグリット教会	17
ソルボンヌ教会	18
聖母マリアの聖エリザベツ訪問教会	17
旧カルメン会修道院教会	17
美術学校のアネ館	16
ヴァンドーム広場の法務省	18
ヴァンドーム広場の7と9番地の邸宅	18
モンモランシー通り51番地、いわゆる「ニコラ・フラメル」の家屋	15
コンコルド広場、4、5、8、10番地の邸宅	18
グルネル通りの噴水	17
メディチ噴水	17
イノサン噴水	16

名　　称	建設世紀
国立図書館	17
サン＝タントワンヌ通り62番地のベツヌ・シュリー館	16
クリュニー館	15
アンヴァリッド館	17
スービズ館（国立アーカイブ宮）	17
セヴィーニュ通りのカルナヴァレ館（今日の市立美術館）	16
サン＝ルイ＝アン＝リル通りのランベール館	17
フラン・ブルジョワ通り31番地の邸宅	17
シピオン館（病院のパン屋）	16
ローズン館	17
サンス館	15
シャルルマーニュ高校	17
ロワイヤル広場14番地の家屋	17
ヴィエイユ＝デュ＝タンプル通り54番地、フラン・ブルジョワ通り42番地の家屋（旧エルエ館）	不明
海軍省（旧倉庫）	18
ルーヴルの小礼拝堂（プロテスタント教会）	17
アンスティテュ宮	17
裁判所	不明
テルム宮とクリュニー館	15
ルーヴルとテュイルリー宮	12
リュクサンブール宮	17
ダンフェール＝ロシュロー広場の旧地獄柵のある（2軒の）家屋	18
ナシオン広場の、（2軒の）家屋と旧トロヌ門の2つの柱	18
ベルトン通り24番地のバルザック館	不明
マリー橋	16
ヌフ橋	17
サン＝ドニ門	17
サン＝マルタン門	17
ショーム通りの旧クリッソン館門（国立アーカイブ）	14
ベルヴィルとプレ・サン＝ジェルヴェの旧水道のマンホール	19
フィリップ＝オーギュストの城壁の遺物	12
パリの芸術学校の、トレモイユ館の遺物	不明
ポワッシー通りのコレージュ・ド・ベルナルダンの遺物（今日の消防署）	14
ラ・ヴィレットの円屋根の建物	18
モンソー公園の円屋根の建物	18
サント＝シャペル	13
エティエンヌ・マルセル通りの「恐れを知らないジャン（恐れ知らずのジャン）」と呼ばれる旧ブルゴーニュ公館の塔	15
旧サント＝ジュヌヴィエーヴ修道院の食堂の塔（アンリ4世高校内）	17
ブーシュリーのサン＝ジャック塔	16
ヴァル＝ド＝グラス（戦争局を設置）	17

じペースで指定に関する議論が行われた。建物の指定への勧告は全部で25件出されている[40]（表4-6）。

まず、1898年6月2日、指定歴史的建造物の用語をより明確にし、含まれる建物の数を増やすことが提案された。そこで、CVPの第一小委員会によりパリの歴史的建造物指定計画が検討され、レポートが作成されることとなった。この計画には、サンス館（16）、国立印刷局（18）、デュピュイトラン博物館（15）、パレ・ロワイヤル（17）、シピオン館（16）、ラモワニヨン館（16）、オーモン館（17）、ダゴベール塔（15）、アーケード（サン＝ルイ島）、アルスナル図書館、旧シャロン・リュクサンブール館（17）、オートフイユ通りの塔（16）、フランス銀行（17）、サン＝マルタン＝デ＝シャン小修道院の塔（18）、病院中央薬局（旧ミラミオンヌ修道院）（17）、ローズン館（17）、サン＝ルイ病院（17）、出産院の教会（17）、聖母被昇天教会（17）、バイヤン通りのアーケード、通称フランソワ1世館（19）、サン＝ジェルヴェ遺体安置場、旧ミニム修道院（15）、サン＝メダール教会（15-18）、ジュイネ館（通称サレ館）（17）、オランダ大使官邸（17）、アーケード（ビラグ通りとベアルヌ通り）（17）、旧医学部（ビュシュリー通り）（19）、旧サン＝テニャン教会が掲載された[41]（括弧内は建設世紀）。

1898年12月8日及び1899年1月19日の会議では、指定を提案するか、少なくとも保全を保障するため価値を指摘すべき無指定の歴史的建造物リストが発表された。前者の会議では国・市・個人所有の3分類を行うことが決定され、後者の会議では34件の候補中29件がリストに加えられた。また、所有者の意図により建造物指定から外されたサンス館とローズン館への再指定の勧告決議を行った[42]。

また、1905年12月19日法による国からの教会の分離により、無指定の公共的な宗教建築の保全が脅威にさらされたことを受けて、宗教的建築の歴史的建造物指定による保全について議論された。1907年5月25日の会議では、補完的にCVPとして歴史的建造物指定のため活動する必要が述べられた。また、反対に指定の濫用への懸念と、大臣の通達により3年間はこれらの建築の取り壊し禁止が伝えられた[43]。

同年6月29日の会議では、市会での決議に備えてパリの教会の完全なリストが作成されたことが発表され、同年11月16日の会議で、市の要請を受けて、指定へのCVPの意見が加えられたリストが発表された（表4-7）。パリ市の周縁に近い地域ほど指定が進んでおらず、提案された活動の果たす役割が大きいことが分かる[44]。

古きパリ委員会（CVP）の勧告によるロアン館の保全

歴史的建造物指定による保全に関して、建造物で最も多く議論が重ねられたものは、ロアン館（図4-8、図4-9）であった。

ロアン館は、マリー・アントワネットの首飾り事件で名高いロアン枢機卿（図4-10）の

第4章 古きパリ委員会（CVP）の設立と都市的視点の萌芽

表4-6 歴史的建造物指定の推進に関する議論

会議年月日	議題番号/議題
1898年6月2日	第一小委員会による、指定歴史的建造物の増加に関して
	パリ市所有の芸術的建造物及び歴史的建造物指定計画
1898年7月7日	オルレアン法務省の建物の指定
1898年12月8日	指定を提案するか少なくとも保全を保証するために価値を指摘する余地のある、無指定の歴史的建造物に関する、ロージエのレポート
1899年1月19日	監視し指定を提案するための建造物のリスト
1899年12月7日	指定歴史的建造物リスト――国立印刷所に関する事項
1900年7月19日	17 国立印刷局の視察
1901年3月28日	52 ロアン館の保全に関する勧告の更新
1902年3月13日	27 ロアン館の喪失に関する監視
1902年4月10日	18 国立印刷局の邸宅に存在する美術作品の移転に関する勧告
1904年4月7日	3 ビュシュリー通りの旧医学部の指定
1904年7月7日	8 パリの古建造物の指定の報告
1904年12月15日	22 ロアン館の指定と保全の勧告の採用
1905年4月13日	5 ロアン館の指定の発表
1905年5月11日	18 サン＝シュルピス教会――洗礼桶と18世紀のパイプオルガンの指定の勧告
1906年1月13日	3 ヴォージュ広場の左右対称の建物
1906年7月7日	8 ローズン館指定に関する発表
1906年11月10日	9 ビュシュリー通りの旧医学部の指定
1907年4月20日	23 ローズン館指定の監視と勧告
1907年4月20日	24 ビュシュリー通りの旧医学部の指定の監視
1907年4月20日	26 パリの建造物の歴史的建造物としての指定に関する発表
1907年5月25日	7 ローズン館の指定
	30 ビュシュリー通りの旧医学部の指定の監視
	31 宗教的建物指定の監視
1907年6月29日	17 パリの教会指定計画
1907年11月16日	35 パリの教会指定計画への意見
	38 旧医学部の指定
1908年3月14日	32 ピエット教会の指定の勧告
1908年11月7日	36 2つのパリの建物の指定計画の監視
1911年11月18日	17 サンス館の指定の監視
1912年6月22日	25 ヴォージュ広場の3つの建物の歴史的建造物指定
1912年10月26日	34 オルレアン法務省、レーヌ噴水、ヴォージュ広場19番地の家の歴史的建造物指定計画に関して
1912年12月7日	21 社会福祉病院所有のロワイヤル広場の家の指定
1913年6月14日	4 ヴォージュ広場の2つの家屋のファサード指定
	42 モンパルナス墓地の慈善のための風車の塔の指定計画
1914年2月7日	22 ロワイヤル広場の2つの家屋の指定
1915年11月20日	19 多くの歴史的建造物への建物または建物の一部分の指定
1916年10月28日	24 パリの指定歴史的建造物リスト
1920年4月24日	5 歴史的建造物への指定アレテの報告（パレ・ロワイヤル）
1920年11月27日	6 ドラゴンの中庭の指定計画
1921年1月29日	7 ドラゴンの中庭の指定の勧告
1923年6月30日	8 オペラ座広場での広告の氾濫と歴史的建造物へのオペラ座の指定提案に関する、第三小委員会名でのヴィクトル・ペロのレポート
1923年10月27日	4 オペラ座の歴史的建造物指定
1924年2月23日	6 国立印刷局による、ヴィエイユ・デュ・テンプル通り87番地のロアン館の次の退去に関する第一小委員会名義のレオン・ミノによるレポート――邸宅の公共サービス取用と歴史的建造物指定の勧告
1924年5月31日	10 ピュイメグルによるビロン館の庭園に関する発表
1924年11月29日	10 ヴィエイユ・デュ・テンプル通り87番地のロアン館（旧国立印刷局）の歴史的建造物への指定
	13 サント＝マルグリット教会とその古い墓地の歴史的建造物への指定の勧告
	14 ピクピュス墓地の歴史的建造物指定への勧告
	15 サルペトリエールの歴史的建造物への勧告
1926年1月30日	10 ビロン館とその庭園指定のCVPの勧告の更新
1926年1月30日	11 CVPの勧告――ペール・ラ・シェーズ墓地の多様な部分の史跡指定に関する第三小委員会名でのペランのレポート
1926年4月24日	3 歴史的建造物指定に関するCVPの勧告の伝達：1. ポン・ヌフ広場13番地と15番地の2つの建物、2. オブセルヴァトワール、3. ビロン館、4. ピクピュスの小墓地
1926年6月26日	5 ビロン館と庭園を歴史的建造物に指定する公共教育芸術大臣のアレテの発表
	6 パリ・オブセルヴァトワールと庭園を歴史的建造物に指定する、公共教育芸術大臣のアレテの発表
1926年11月27日	4 パレ・ロワイヤルの建物の歴史的建造物指定に関する発表
1927年3月26日	4 パレ・ロワイヤルの多様な建物の歴史的建造物への指定に関する4つのデクレとアレテの発表
1927年6月25日	2 パレ・ロワイヤルの5つの建物のファサードと屋根の歴史的建造物指定
1927年11月26日	11 パレ・ロワイヤルの建物の歴史的建造物指定
1929年6月29日	10 エコール・ド・メドゥシヌ通り5番地旧外科アカデミー（旧装飾芸術学校）の歴史的建造物のための第一小委員会によるポール・ジャリーによるレポートと勧告

表4-7
指定及び提案に関連する教会リスト

区	指摘数	指定済み	指定提案
1	7	4	2
2	2	0	2
3	5	1	1
4	9	5	2
5	9	8	1
6	3	1	2
7	6	1	3
8	4	0	3
9	6	0	3
10	3	0	2
11	3	0	3
12	4	0	1
13	3	0	0
14	2	0	1
15	3	0	0
16	5	0	3
17	4	0	0
18	4	0	3
19	4	0	2
20	2	1	0

所有で、建築家ピエール・アレクシス・ドラメール[45]による18世紀の建造物であり、ル・マレ地区に位置する。ロベール・ル＝ロラン[46]による「太陽の馬」の彫刻があり（図4-11）、19世紀末には国立印刷局が設置されていた。

ロアン館に関しては、1898年6月2日から1924年11月29日まで11回の議論が行われた。その内9回が、1898年から1905年の7年間に集中している[47]。

ロアン館の評価

CVPはロアン館の次の要素について、以下のように評価している。

中庭に面したファサードを飾っている「水飲み場（太陽）の馬」は、彫刻家ロベール・ル＝ロランによる浅浮き彫りの傑作である。フランソワ・ブシェール[48]の2つの風景画は希少である。マリー・ピエール[49]による扉下部の絵、及び、クリストフ・ユエ[50]の絵画（図4-12）により装飾された通称サルの部屋という小部屋（図4-13）には価値がある。ロアン枢機卿のものと推測されるブル式のテーブルや、検印の部屋の渦形装飾には、美術的豊かさがある。

ロアン館を巡る問題とCVPの対応

1898年6月2日の時点では、国立印刷局がロアン館内の工場を売却し、移転の際に素晴らしい内装を持ち去ろうとしていた。そこでCVPは、法務省と芸術省に対し「ロアン館が現状で保全され、歴史的建造物に指定され、国有を守る」という勧告を出した。

1899年12月7日の時点では、建築家であり同時に歴史的建造物総監を経て、歴史的建造物審議会（CMH）代表を務めたCVPメンバー、アントワーヌ＝ポール・セルメルシェイム[51]は、「CVPの満足のためだけに勧告を出すのでは十分ではない」と考えた。なぜなら、歴史的建造物指定を得るためには、所有者と芸術省の二者から同意を得る必要があったからだ。また、ラムルーは手狭になっている隣の国立アーカイブであるスービズ館に着目し、国立印刷局移転後に内装を保全しながらアーカイブをロアン館に設置する考えを示した。そこでCVPは国に対し「国立印刷局の移転時に、国立アーカイブの損傷にさらされた旧公証人アーカイブを収納するため、ロアン館を国立アーカイブに併合する」という勧告を出した。さらに、1900年7月19日には、法務大臣と公共教育大臣に対し「国立印刷局の

第4章 古きパリ委員会（CVP）の設立と都市的視点の萌芽

図4-8　印刷局バラックに覆われた中庭とロアン館内庭側ファサード
図版出典：Commission du Vieux Paris, *Procès-Verbaux*, Paris: Imprimerie Municipale, 1925.

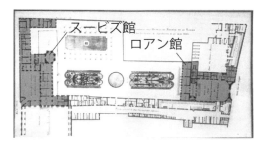

図4-9　18世紀のロアン館及びスービズ館1階平面図
図版出典：*Ibid.*, に筆者加筆

図4-10　ロアン枢機卿の肖像画
図版出典：Christian, Arthur. *Débuts de l'imprimerie en France*, Paris: l'imprimerie nationale, 1905.

図4-11　太陽の馬の浅浮き彫り
図版出典：Gady, Alexandre. *Les hôtels particuliers de Paris du Moyen-Age à la Belle Epoque*, Paris: éditions Parigramme, 2008, p.110.

図4-12　ユエの絵画（1922）
図版出典：CAA- CA 3e104 N4949

図4-13　旧サルの部屋全景（1922）
図版出典：CAA- CA 3e104 N4962

109

移転後、建造物が取り壊される場合も、全ての芸術的家具がふさわしい場所に再設置され保護される」という勧告を出した。

　1901年3月28日のCVPの会議では、アンドレ・アレー[52]が、地区の国会議員によって、ロアン館の中庭の地下にアトリエを設置し、国立印刷局をそこに移転する案が提出されていることが報告され、中庭とル＝ロランの素晴らしい浅浮き彫りのある外観を損ねる大きな脅威となっていることが指摘された。そこで1900年7月の勧告が更新された。

　1902年3月13日の会議は、ロアン館の売却に関する下院の可決を受けて開かれた。CVPは下院においてロアン館の価値が全く述べられなかったことを遺憾と考えた。一方、パリ・モニュメント愛好協会（SAMP）による、「ロアン館は昔のプランを維持して同じ場所に保全されねばならない」という勧告も紹介され、同様の勧告がパリ及びイル＝ド＝フランス歴史学会から出されたことが述べられた。そこで、国立アーカイブの別館としてロアン館を保全することを上院で主張する旨が確認された。さらに、CVPは、「ロアン館が取り壊される際には、全ての美術作品が大規模な国立美術館に保全される」という勧告を発した。

　1902年4月10日の会議においては、取り壊しの場合の美術作品についての懸念が再び議論された。ロアン館の敷地売却の資金での、他の場所への新たな印刷局の再建計画も官報で明らかになり、CVPが取り壊し自体に反対するか、取り壊しの際の美術作品の保全について主張するかで意見が分かれたが、最終的に、「もしCVPが何度も発した勧告に反対してロアン館を取り壊すのであれば、この邸宅の全ての美術品、付属物、絵画、装飾、家具、彫刻、そして特にル＝ロランの「太陽の馬」は国立美術館に収蔵される」という勧告が出された。

　1904年12月15日の会議は、CVPにおいてクエンタン・ボシャール[53]が、ロアン館への勧告の担当に任命されたことを受けて開催された。ボシャールは今までの議論を整理し状況を考慮した上で、緊急性を訴えて前回までの勧告を更新し、「国が直ちに内部の全ての美術作品を歴史的建造物としての指定すべきである」という特別勧告[54]を発した。

　1924年2月23日の会議においては、レオン・ミロ[55]によりロアン館の詳細な歴史と現在の状態についての発表が行われた後、ロアン館の保全に向けてもう一度活動すべきとの議論がまとまり、保全と歴史的建造物指定、国立アーカイブ収用勧告の更新に加えて、「アーカイブが収用できない場合は、国と市とセーヌ県の合意のもと、市または県の行政サービスを収用すべきである」との勧告が出された。

歴史的建造物指定に向けての国の動き

　まず、1900年2月8日の会議において、公共教育芸術大臣ジョルジュ・レイグ[56]により、歴史的及び芸術的価値を持つ建造物と対象の保全のための1887年3月30日法によるアレ

第4章　古きパリ委員会（CVP）の設立と都市的視点の萌芽

テが発表された。第1条により、「ロアン館（現在の国立印刷局）の旧厩舎の扉上に設置されている太陽の馬の浅浮き彫り一群は、歴史的建造物に指定される」ことが決定された。

　これは、芸術局局長の提案を受けて、1899年11月27日のCMHの意見及び1899年12月28日の法務大臣の同意を受けて決定されたものであった。

　CVPは1899年12月7日に国に勧告を出しており、CVPの勧告は法務大臣の同意に影響を与えたことが考えられる。

　その後、1901年7月30日付けの芸術局長ルージョン[57]の書簡から、1901年3月28日の会議において、CVPによるロアン館全体の保全についての勧告がCMHに出され、CMHの会議において価値を指摘する意見が出されたことが報告された。

　下院の1904年12月10日の第2回会議においても、ロアン館の保全が訴えられた。まず、クリュッピ議員が次のように訴えた。「あなた方に提案するこんなに単純な解決法があるにもかかわらず、サルの部屋を持つロアン館と呼ばれる豪華な邸宅について、装飾美術館の価値観からは、この傑作を破壊し移動して美術的に全滅させるという考えをどうして持てるだろうか」と述べ、ロアン館に国立アーカイヴを設置し、建造物を保全する方法に賛意を示したのである。その後、ショヴィエール議員[58]は、「保全にかかる出費は、見学者の入場料でカバーできるだろう」との見解を述べている。

　デュモン議員[59]は、アントワープのプランタン博物館の例に言及しながら、先述の理由があれば、「ロアン館への小公園と、国立印刷局の旧アトリエ跡への印刷博物館の設置のための必要な費用は、財務大臣から極めて確実に得られるだろう」と援護した。最終的に、ピューシュ議員が、国立印刷局地区の代表として、「ロアン館は、世界的に知られた歴史的建造物である。（中略）3区では、それは大変美しく保全に大いに値するものとして見出された。（中略）未だにあまりモニュメントが豊かでない3区から、あなた方はなぜこの傑作を奪いたいのか？　（中略）1世紀以上前に描かれ、彫刻された美術作品を保全する私の区の権利を維持する。そして、問題を提起された下院が理由を示すのであれば、私は納得する。」とまとめると、喝采が起こっている。

　1904年12月15日のCVPの会議では、上院においてロアン館全体の保全計画を報告したランティラック[60]が、この建造物の保全に全力を尽くすことを表明したことが報告された。

　CVPによるロアン館全体保全と歴史的建造物指定への勧告を受けて、CMHが1905年3月10日の会議において保全と指定に肯定的な意見を表明することを満場一致で決定し、財務大臣議長及び法務大臣に提出された。

　上院の予算報告者ランティラックは、再び1909年5月24日の上院において、ロアン館の保全を訴えた。さらに下院の公共教育予算報告者であるスティーグ[61]は、1910年の下院においてロアン館の保全を訴えている。

　こうして1916年には、太陽の馬の浅浮き彫りが歴史的建造物に指定された。

111

最終的に、1924年11月27日付けで公共教育芸術大臣のアレテにより、ロアン館の①本館のファサード、②1階の大玄関、③2階の大サロン（図4-14）、④1階から2階の左の階段、⑤右の大階段の曲線、⑥正面広場（図4-15）と厩舎の中庭に接する建物のファサード、⑦ヴィエイユ＝デュ＝タンプルとキャトル・フィス通りのファサード（図4-16、4-17）が歴史的建造物に指定されることとなった。

　さらに1926年11月25日、上院議会でロアン館売却に関する1902年4月6日法第3条を廃止する法の計画の最初の決議が行われた。

　公共教育大臣のレポートにおいて、以下のことが報告された。すなわち、シャストネ[62]は所有者の権利により、19世紀にぞんざいに扱われ、調和を失った一群の建物を国に戻すことに言及した。「そして、そこに付属された歴史的芸術的視点からこんなにもはっきり貴重な特徴を示すのである。（中略）かつてスービズ館とロアン館により構成された建物は、新しく再構成され、私が大胆に申し上げるように蛮行に終わりを告げる…。」と述べている。

　また、教育委員会代表が、後に国の管理下となる建物に国立アーカイブの過剰な施設部分を移転したいという希望を表明した。そこで、「国立印刷局移転時に、国立印刷局に占拠されているヴィエイユ＝デュ＝タンプル通りの国有建物の敷地と建物を、土地局へ建築線整理のため委ねることを命じる1902年法4月6日法第3条を廃止する」ことが議決された。これはロアン館売却を予定していた法を廃止し、国立アーカイブ設置の許可を意味していた。

　以上のように、CVPの25年間に及ぶロアン館の保全活動が、最終的には理想的な形で上院に受け入れられたのであった（表4-8）。

　さてここまでの経緯から、指定に至るまでの法的手段について整理してみたい。まず前提として、建造物指定には、①所有者または国からの発議を受けた芸術担当大臣のアレテによる方法、②行政庁の職権により歴史的建造物審議会の意見を聞いた上で国務院[63]の議を経たデクレ公布による方法がある[64]。CVPは行政（前掲81頁）の組織であるため、本来は②に該当しているが、1899年12月のセルメルシェイムの発言から①の方法による解決、議会の議決を経ずに出されるアレテ（行政措置）への準拠を目指していたことが読み取れる。勧告の発信先として確認できるのは、法務省、芸術省、国、法務及び公共教育大臣である。なお1879年3月27日より、CMHは公共教育芸術省に設置されていた[65]。

　つまり、一般的には②だが、ロアン館の場合は①を目指し、CVPは行政の立場から積極的に複数の省庁に勧告を発する中で、財務大臣議長と法務大臣に対する歴史的建造物審議会の意見を引き出すことができたため、芸術担当大臣のアレテによる指定に至ったことが分かる（表4-8）。

第4章　古きパリ委員会（CVP）の設立と都市的視点の萌芽

図4-14　ヴィエイユ＝デュ＝タンプル通り87番地2階のサロン（1916）
図版出典：CAA- CA 3e104 N8143

図4-15　ロアン館の正面広場、グーテンベルグの像、沿道の建造物の破風、扉の2つの小屋（1916）
図版出典：CAA- CA 3e104 N4232

図4-16　ロアン館のヴィエイユ＝デュ＝タンプル通りのファサード（1916）
図版出典：CAA- CA 3e104 N394

図4-17　ロアン館のキャトル・フィス通りのファサード（1916）
図版出典：CAA- CA 3e104 N429

表4-8 ロアン館に関するCVPからの勧告等及びそれらに関する行政及び国の反応（白：国、濃灰：行政）

年月日	CVPの勧告等内容	CVP勧告の対象
1898年6月2日	ロアン館が現状で保全され、歴史的建造物に指定され、国有を守るという要請	法務省と芸術省
1899年11月27日		
1899年12月7日	国立印刷局の移転時に、損傷と公証人研究の消失の危機にさらされた旧公証人アーカイブを収納するため、国立アーカイブに併合することを国に要請する。	国
1899年12月28日		
1900年2月8日		
1900年7月19日	ユエの猿山、ピエールの美しい絵、そして、全ての国立印刷局の明らかな入念さと配慮の対象であった全ての芸術的家具について、建築物の取り壊しの場合にも、それらが保護され続け、ふさわしい枠組みに再設置されるという勧告	法務大臣と公共教育大臣
1901年3月28日	既に発信された勧告を更新して、再び希望を強調するという勧告。	芸術省長
1901年7月30日		
1902年3月13日	もし大変遺憾ながらロアン館の消失が決定した場合には、国立印刷局内の何らかのタイトルを持つ全ての美術作品が、大規模な国立美術館のどれかに保全される。	国
1902年4月10日	もしCVPが何度も発した勧告に反対してローアン館を取り壊すのであれば、この邸宅の全ての美術品、付属物、絵画、装飾、家具、彫刻そして特にル・ロレンの「太陽の馬」は国立美術館に収蔵される。	法務大臣と公共教育大臣
1904年12月10日		
1904年12月15日		
1904年12月15日		
1904年12月15日	この歴史的・芸術的建造物の全体的保全についての1898年6月2日、1899年12月7日、1900年7月19日、1901年3月28日、1902年3月13日及び4月10日の勧告を更新し、「現在から、国はそれが内包する全ての美術品も同様に指定を発表する」という特別勧告を発信する。	芸術省副長
1905年1月27日	ロアン館全体の保全と、歴史的建造物への指定に関する勧告	CMH
1905年3月10日		
1905年3月23日		
1909年5月24日		
1911年3月8日	"1、この興味深い過去の遺産が、全体で保全され、旧ロアン大司教宮が取り壊されない。 2、この建物は将来拡張され、長い間旧スービズ館を窮屈に占めている国立アーカイブとなる。 未だに美しいファサードが残る旧庭園の除去に関する勧告 この勧告に加えてロアン館と、未だに美しいファサードが残る旧庭園が保全される。"	建築課
1911年11月18日	共有である庭園を介した、ロアン館とスービズ館が結合される。	建築課
1913年6月14日	ファサードのみの指定を要請する。	行政課課長
1924年11月24日		
1926年11月25日		

第4章　古きパリ委員会 (CVP) の設立と都市的視点の萌芽

反応内容	反応した主体
勧告への肯定的意見	CMH
勧告への同意	法務大臣
アレテ第1条により、「ロアン館（現在の国立印刷局）の旧厩舎の扉上に設置されている、太陽の馬の浅浮き彫り一群は、歴史的建造物に指定される。」ことが決定された。	公共教育芸術大臣 ジョルジュ・レイグ
ロアン館全体の保全についての勧告がCMHに発信され、CMHの会議において価値を指摘する意見が出された。	芸術省長ルージョン
ロアン館売却に関する可決	下院
ロアン館保全の訴えとそれに対する喝采	下院の第2回会議
ロアン館の全体保全の勧告が採用された。	市会
ロアン館の保全に全力を尽くす	上院の予算報告者 ランティラック
ロアン館の保全と指定に肯定的な意見を出すことを、満場一致で決定	CMH
財務大臣議長と法務大臣にCMHの意見を伝達し、肯定的な価値を推奨した	芸術省副長 デュジャルダン・ボーメッツ （DUJARDIN-BEAUMETZ）
ロアン館の保全を訴えた	上院の予算報告者 ランティラック
ロアン館の保全に関する勧告が、行政の建築課で議題に上っている	建築課
アレテによりロアン館の一部が、歴史的建造物に指定された。	公共教育芸術大臣
ロアン館売却を予定していた法を廃止し、国立アーカイブ設置を許可することが議決された。	上院

115

歴史的建造物指定をめぐる市との関係

　1901年10月10日の会議で、CVPはプティ・ミュスク兵舎の一部の芸術的部分の保全の議論から、パリ市が所有し、歴史的ないし芸術的特徴を示す建造物の取り壊しまたは改修に関係する全計画を事前に知らせるよう勧告を発した[66]。そこで、同年12月12日の会議で、パリ市の建築・プロムナード・植樹課課長から、各部の建築家に前述の勧告のための基礎資料作成の要請が出された。すなわち、①「歴史的建造物」に指定された各課担当の市所有の建造物、②指定されていないが、歴史的または芸術的特徴を示す建物のリストであり、特に②に関しては、とりわけ建設年月と歴史的記憶の概要を作成することが特記された[67]。

　1911年12月23日の会議では、10年前の問題が再び指摘された。すなわち、1911年12月8日の市会で報告されたモンマルトルの歴史的な風車である。これはCVPや市から何ら干渉されることなく市の道路計画によりあっさりと取り壊されてしまった。このような事例は過去にも多々あり、1906年のサン＝ジャック通りの開通による修道院の破壊等もそうであった。歴史的建造物が正しく存在が認識されない状態に対して、市会は「将来、歴史的特徴を持つ建造物が破壊されないような対策を講じることが望まれる」との意見を決議した。また市会議員により、道路計画に対するCVPの目録作成の不完全さが指摘されたが、ルシアン・ランボーは、「目録はあくまで行政地図への付加情報であり、建造物と様相の視点から区の全てを知らなければならないのは区の建築許可主事であり、彼らが担当区の監視を行うべきである」との見解を示した[68]。

　これを受けて1912年2月3日の会議では、建築許可主事が20区を14の区画として請け負っている技術的職務の報告がなされた。建築許可主事は、デクレによって道路計画に伴う建造物改変に関する調査及び行政への報告が定められていた。そこで改めて建築許可主事が各区の監視役として適していることが確認され、CVPは建築許可主事に対して以下の2点を要請する勧告を発した。すなわち、①保全に値する建造物または外観の破壊を引き起こす可能性のある全ての道路計画、学校または行政サービス設置のための情報の取得、建造物の取り壊し等を区内で把握すること、②それを行政とCVPに伝達することである[69]。

4-3　20世紀初頭におけるCVPの初動期の活動

　古きパリ委員会（CVP）が歴史的建造物保全に果たした重要な役割の一つが、都市的視点による価値評価を行ったことである。パリ・モニュメント愛好協会（SAMP）から「ピトレスク」な古きパリへの視点を継承したCVPは、歴史的環境保全を目的として市民の立場からオーセンティックなパリの界隈の保全を目的として、建造物を周辺環境との関係から評価し始めた。ここでは、その初動期の事例を取り上げる。CVPはサンス館に関連してランドマークとしての価値を評価する視点を確立した。また、歴史的建造物のバッファゾーンの保全に向けて歴史的建造物周辺の広告排除も行った。

（1）19世紀末のサンス館保全におけるシルエットとしての価値

　まず、最も初期に都市的視点を提示した事例を紹介したい。サンス館は、パリ4区の歴史的地区であるル・マレ地区に位置する旧サンス大司教の住居である。15世紀から16世紀の間に建設された邸宅であり、ゴシック様式と初期ルネサンス様式の折衷様式である（図4-18）。

　このような豊かな歴史的背景にもかかわらず、20世紀初頭にこの建物は民間所有により著しく損傷を受けていた。なぜなら、1862年の指定歴史的建造物リストに掲載されたにもかかわらず、所有者の要請により19世紀末には指定が解除されていたのである。サンス館は「もはや、示唆されるに値する輪郭をほとんどもたない（中略）ファサードは変形され、窓は拡張され改変され、内部の部屋は、歴史的価値が大きく損傷されもはや存在せず、商業と工業の必要のために破壊」[70]されていた。そのため、未だに保全に値する価値を有しているにもかかわらず、歴史的建造物審議会（CMH）の審査で歴史的建造物に指定されるには難しい状況にあった。

　そこで事態を重く見た市が、市会の第4委員会によるサンス館獲得を通じた保全を目指して建物の所有者と交渉を開始していた。また同時期に、雨水を排出する機能を持ちかつ歴史的価値を有するガーゴイルに関して、所有者と賃貸者間の係争による取り壊しの危機があり、その保全のためにも緊急を要していた。CVPは、市会と保全のために共同で活動することを目指し、1898年12月8日の会議において、目録作成のための無指定の建造物リストにサンス館を記載することを決定したのち、歴史的建造物指定の勧告を発した[71]。

　その後、所有者とCVPに歩調をあわせた市会及び行政の財務関連部局との間で獲得に

図4-18　20世紀初頭のサンス館のガーゴイルのあるファサード
図版出典：CAA-CA 4e 46

図4-19　フルシー通り
図版出典：Forest, J. *Plan de Paris*, Paris: impr. de Monrocq, 1905 に筆者加筆

向けて交渉が続くも、作業は難航した。ここでCVPは、サンス館に周辺環境の中でのランドマークとしての価値[72]を見出し、そのシルエットの保全に尽力した。市会議員でもあったCVPメンバー、アドリアン・ミトアール[73]及びモーリス・ル・コルベレール[74]が、市会においてCVPの意見を伝えた。ミトアールは、1911年6月26日の市会において、CVPの市民の視点からの評価により「サンス館のシルエットはパリで有名」と述べた。当時サンス館が面するフルシー通り（図4-19）の拡張計画では、サンス館は価値のない建造物とされていたが、CVPの意見により「サンス館の様相が保全され、新道路沿いに建設される可能性のある建物に囲まれたり破壊されない方法で新道路の計画を修正すること」が市会で決定された[75]。最終的に1912年3月20日、市の出資による修復後歴史的建造物指定が行なわれた[76]。

　これは、建造物そのものの歴史的価値のみならず、面的環境の中でのランドマーク性を評価するという都市的視点を重ね合わせたことで保全が実現した事例である。

（2）20世紀初頭の歴史的建造物周辺の広告物の氾濫とCVPの活動

　古きパリ委員会（CVP）は、歴史的建造物のバッファゾーンの保全に向けた歴史的建造物周辺の広告排除も行っていた。広告排除に関しては、1900年4月5日から1933年12月16日までの間に、19回の議論が議事録において確認できた。時期的には、1913年以前と1923年以降に分けられる。この間はCVPの集中的な考古学的・芸術的目録（CAA）の準備

第4章　古きパリ委員会 (CVP) の設立と都市的視点の萌芽

期間であったため、検討が行われなかったと考えられる[77]（表4-9）。

広告に関する制度

1881年7月29日法では、政見発表、通達、選挙広告の宗教建造物への掲示のみが禁じられていた。また、歴史的建造物指定によって商業広告は禁止されることとなっていた。

さらに1902年1月27日法（以下、1902年法）によって、選挙の時期に、市長と知事は芸術的特徴を持つ建造物とモニュメント上への選挙広告を禁止する権利が与えられた。その後、1910年4月10日法（以下、1910年法）の施行によって、県知事の命令により歴史的建造物周辺の決定範囲への広告禁止が可能となった。

広告を巡る問題とCVPの対応

1900年4月5日の会議では、芸術大衆協会がパリの建造物保全の視点から選挙広告の氾濫の危険を示すための写真コンクールを開催したことが報告され、CVP総会において広告の掲示に対する制限・または規則化が主張された。その結果、選挙広告に関する法律が5月6日の行政選挙の前に「決議されるべきである」という勧告が発信された。

1902年3月13日の会議において、1902年法のパリでの実効性を担保するために、建築・プロムナード・植樹課課長が、課内で作成した禁止すべき建造物リストの検討をCVPに要請した。それを受け、リストがCVPにより提案された[78]。3月28日に、知事はリストの建造物上への広告禁止のアレテを発した。

1904年4月7日の会議は、再び5月に迫った総選挙を受けて、建造物を選挙広告の氾濫から守るために、1902年のアレテを維持する方向で確認され、CVP代表と知事はそのために必要なことは全て行うと宣言した。

同年7月7日の会議においては、選挙広告の氾濫から保護するより良い方法が検討され、参考のため、同年3月28日に発されたセーヌ県知事のアレテが紹介された。アレテには広告禁止が再検討された建造物の一覧が添付されていた。

1913年9月頃から、県知事は1910年法による歴史的建造物周辺の広告禁止区域の決定を考えていた。そこで、1913年11月8日のCVPの会議において、県知事はCVPに1910年法による広告禁止区域を決定するよう要請した。

1923年12月22日の会議では、1910年法により、パリに70の広告禁止区域が設置され、その内11件に違反があったことが報告された上で、ドーフィヌ通りの出口等、広告禁止区域から外れた場所での広告問題が主に議論された。

ヴォージュ広場24番地の広告を巡る問題とCVP

1906年には、ヴォージュ広場の広告について言及している。11月10日の会議において、

119

表4-9 歴史的建造物周辺の広告物排除手法に関する議論

会議年月日	議題番号/議題
1900年4月5日	13 パリの歴史的建造物への広告の氾濫に関するクエンタン・ボシャールの提案への投票
1901年10月10日	13 プティ・ミュスク兵舎のいくつかの芸術的部分の保全
1901年12月12日	10 歴史的建造物の保全とそこに存在する遺産と記憶の目録
1902年3月13日	17 芸術的建造物上の選挙広告
1904年4月7日	19 建造物に関する選挙広告に関する勧告
1904年7月7日	5 芸術的な特徴を持つ建物とモニュメントの選挙広告の禁止
1909年6月16日	43 オペラの交差点の看板に関する勧告
1911年12月23日	18 歴史的特徴を持つ全てのモニュメント、建物、または何らかの作品を保護するための行政による方法
1912年2月3日	23 歴史的特徴を持つ全てのモニュメント、建物、または何らかの作品の保護のためのとるべき行政の手法
1913年11月8日	8 歴史的建造物周辺の広告に関して
1923年6月30日	8 オペラ座広場での広告の氾濫と歴史的建造物へのオペラ座の指定提案に関する第三小委員会名でのヴィクトール・ペロのレポート、CVPの勧告
1923年12月22日	8 パリの建造物周辺の広告に関する疑問
1924年10月25日	5 多様な指定歴史的建造物周辺の広告禁止区域設立（ヴォージュ広場、パレ・ロワイヤル、パンテオン）
1924年10月25日	6 歴史的建造物周辺に設置された3つの禁止区域における広告設置の除去
1926年2月27日	6 パリの建造物と史跡近隣の広告氾濫に関する第三小委員会名によるジュール・ペランの監視の発表
1933年12月16日	15 記念碑の眺望におけるパリの歴史的建造物と景観周辺の広告の規制のための県景観委員会による承諾されたマリオ・ロックによる発表

ランボーにより街路に関する規則に反する張出し看板が24番地の家屋に設置されていることが指摘され、この件を行政に通知するという発議が採択された。

また、同年12月15日の会議においては、この張り出し看板が書簡によって行政建築・プロムナード・植樹課課長に通知され、さらに、局長が知事の同意のもと、3区の建築許可主事に調査をさせ、ヴォージュ広場24番地に設置された看板を所有するロンドレ氏[79]に、看板を直ちに撤去するよう命ずるアレテの布告が報告された。

その後、1923年12月22日の会議で、再びヴォージュ広場の広告削除が議題となった。フロラン・マテルが、ヴォージュ広場の王のパヴィヨンのアーケードに、広告が柱とアーチ型天井に最も雑然とした方法で貼られていることを指摘した。また、ドビドゥールは反対側でベアルヌ通りへつながる王妃のパヴィヨンのアーチ形天井が、同様に広告に覆われていることを指摘している。これらの広告は、一部の場所をデュファイエル及びプルティエール社に開放した所有者とその他の広告に起因している。2つの建造物は歴史的建造物に指定されており、1910年4月20日法の権利により広告は禁止されており、所有者に最近広告の除去が命じられた。ドビドゥールは、もし所有者から家屋のファサードと屋根のみが指定されていると言う異論が出されたら1913年8月25日のアレテによって建造物全体に適用されるヴォージュ広場周辺の広告禁止区域を適用できると考えた。そこで、これらの2軒に関する広告削除の勧告がCVPより出され、最終的には、1924年に広場への広告禁止区域が成立した（図4-20）。

第4章　古きパリ委員会（CVP）の設立と都市的視点の萌芽

図4-20　ヴォージュ広場（1916）
図版出典：CAA N570

図4-21　オペラ座周辺の広告の氾濫（1911）
図版出典：Agence Rol. "L'Opéra", 1911.

オペラ座周辺の広告を巡る問題とCVP

　広告問題は、オペラ座の周囲で特に深刻となっていた（図4-21）。CVPは既にオペラ座の交差点の看板に関しては1909年6月16日の会議で勧告を出していたが、1923年6月30日の会議において、再び周辺区域に於ける看板と広告の氾濫が問題となっていた。そこで、ピトレスクな様相に関する第三小委員会は、「1860年9月29日のオペラ座広場の建造物のタイプを規定するデクレに従って看板を除去すること、ならびに1910年法の適用を受けるようオペラ座を歴史的建造物に指定する」旨の勧告を発した。同年、オペラ座は歴史的建造物指定された。

最終的に成立した広告禁止区域

　1924年10月25日の会議では、昨年度の問題に対応するために、ヴォージュ広場、パレ・ロワイヤル、パンテオンの周辺に広告禁止区域が設立されたことが報告された。続いて、3つの広告禁止区域での行政命令による広告の除去が報告された。すなわち、ノートル・ダム周辺区域で3件、マドレーヌ周辺区域で1件、トロヌ広場の記念柱周辺区域で2件であった。また、ヴォージュ広場及び裁判所周辺区域でも広告除去が確認されたことが報告された。

4-4　他都市へのCVP設立の影響：
古きリヨン委員会・古きナント委員会・古きブリュッセル委員会

　ここまで見てきたように、19世紀以降、古きパリ委員会（CVP）はパリの歴史的建造物保全を進展させた。一方、その影響を受けて他都市でも「古き」委員会の設立が見られるようになった。1898年には古きリヨン委員会[80]が設立され、古きナント委員会[81]の設立が市長により提案されている[82]。また、1903年には古きブリュッセル委員会[83]が設立され[84]、1906年に前市長であるビュルスが委員長となった[85]。

　ここではリヨンとブリュッセルについて概観したい。古きリヨンの遺産を収集することの緊急性を認識したリヨン市会は、「古きリヨン委員会」を行政に設立する議決を1898年3月22日に行った。同委員会は、「目録を作成し、現状を確認し、時代、または次に予定された大工事により消失が分かったものに関して、写真による記録または他の手段によって収集する」ことを目的としたが、この目的にとどまらず、「建造物に対する都市計画の影響を検討し、写真撮影または他の手段によってピトレスクで芸術的な相貌を保全する」活動も行っていた[86]。すなわち、目録、写真による記録、または収集という目的と共に、特に都市計画的な影響が大きい場合、保全活動まで行ったということである。委員会は市会議員により構成され、著名な作品の分類、それらの保全と発掘の監視、有用な改良の示唆を担当する建築家、考古学者、有識者からもメンバーを選ぶことを予定していた。

　1898年5月3日のアレテにより、リヨン市長を委員長とした「古きリヨン委員会」が設立され、市長と芸術局長補佐の前で、22名のメンバーが指名された。その内10名が市会議員で、12名が美術館学芸員・建築家・考古学者・有識者であった[87]。

　5月20日の会議において、価値のある建造物または細部の目録作成を担当する小委員会が設立された。その後、指定または保全の価値のある物品の視察のため、2つの小委員会が設立された。中心部、及びソーヌ川の右岸担当であった。

　この活動の結果として、ジョルジュ[88]は1899年に、最初の古家屋及び歴史的・芸術的な細部に関するリストを出版している。また、シルベストル[89]による一連の写真アーカイヴも成立した。

　次に、古きブリュッセル委員会は、1903年1月15日にブリュッセル市によって設立されたものである。この委員会の目的は、「古い特徴を有するか、芸術的または単純にピトレスクな価値を示す古フォブールや大建造物、公共建築、個人の家屋等の調査、写真撮影、収集したすべての資料をコロタイプ印刷で大アーカイヴに保管、短い研究論文の発表、これらを通じて古都市の大改変時のすべての地域遺産の大資料集とする」[90]ことであった。

委員会はアカデミー、市会議員、市の公務員、考古学学会のメンバーにより構成されていた。

以上から、リヨンとブリュッセルの委員会は調査に基づいて歴史的建造物のアーカイヴを作成する点がCVPの活動と共通しており、CVPから影響を受けたことが分かる。

第4章のまとめ

パリ・モニュメント愛好協会（SAMP）の考えを継承し、1897年に古きパリ委員会（CVP）が設立された。これは、歴史的建造物審議会（CMH）の活動の補完のため、文化的遺産の保存が行政組織に支援される必要を感じていた市会議員ラムルーにより市会で提案され、議決されたものである。CVPはパリ市の諮問機関として位置づけられ、セーヌ県知事が代表を務め、市会議員、行政の担当者、有識者や研究者、パリの歴史愛好者などの専門家から構成されており、毎月会議を開催した。CVPの目的は、「古きパリを調査し、目録化し、できれば保全し、市民に存在を伝えること」であった。そのため、目録を担当する第一小委員会と、ピトレスクな特徴を示す市の一部の記録を担当する第三小委員会が成立した。

ラムルーによれば、CVPの活動目的は、SAMPの活動目的と同様、パリの「ピトレスク」な様相を保全することであった。「古きパリ」とは、単に中世的ではない「ピトレスクな特徴を示す市の一部」であり、歴史的建造物の他、古い自然発生的な形状を持つ建造物群に構成される街区、形状が歴史的な景観であった。「ピトレスク」の基準は、一体的な調和、古い自然発生的な形状の建造物群による創りだされる親密さ、歴史的な都市の特徴的な形状であった。すなわち、SAMPから継承された「ピトレスク」な都市風景を捉える視点によって、CVPは今日で言えば広範囲の視点から歴史的建造物を評価する都市的見地を獲得したといえる。

CVPは、活動初期に、14カ国37都市の海外・他都市における古き都市の保全に関する調査を行った。その結果、アントワープ・ブリュッセル・ジェノヴァ・ミラノ・グラスゴー・ヴァレンシアにおいて、建造物に関する保全の仕組の存在が把握され、またCVP設立の影響を受けて、1898年にリヨンに古き委員会が設立された。

また、CVPメンバーのリュキャスは、1898年9月に、ブリュッセル市長ビュルスが主催したブリュッセルの国際パブリック・アート委員会に出席した。そこで、ブリュッセルで実践された歴史的環境保全を基礎とした「モニュメント目録の作成」、「開発計画における、行政による古モニュメントの保全」、「歴史的地区整備における、既存の街路の大きさ・方向・不規則性の尊重」、「幾何学的な建築線の非優先」という国際的な原則を共有した。ブ

リュッセルにも、1907年に古き委員会が設立された。

　1913年法により歴史的建造物として指定されるべき建物は、第1条により「歴史的または芸術的視点から、公共的価値をもつ建造物の全体または一部」として規定された。CVPは設立当初から、危機に瀕した歴史的建造物を歴史的建造物制度により保全することについて考え、積極的に活動していた。ル・マレ地区のロアン館は、国立印刷局の移転に伴う改変の危機に瀕していた。そこで、CVPは適切な評価を行い、国及び市への勧告を通じて歴史的建造物指定について働きかけた。その結果、ロアン館は歴史的建造物として指定され、保全されることとなった。

　また、1912年には、パリ市の改変計画を監視している建築許可主事が、外観の改変を引き起こす可能性がある道路計画や建造物の取り壊し等を、すべてCVPに通知するという仕組みが成立した。

　CVPはパリ4区のサンス館に関して、20世紀初頭に市民にとってのランドマークとしての価値を評価する都市的視点を市会で提示し、パリ市にその価値を認めさせた。また、歴史的建造物周辺のバッファゾーンにおける広告排除についても関心を持ち、法が整備されるたびに行政から区域の指定案を請け負い、設置された区域についても随時監視を続けた。

　以上から、SAMPから継承されたピトレスクな都市の相貌を捉える視点によって、CVPは面的な視点から歴史的建造物を評価する都市的視点を獲得した。それはまず初期のCVPに、歴史的環境保全に向けて建造物のランドマークとしての価値を認識する都市的見地として現れたといえるだろう。

注

1　現在痕跡が残っている中で、パリの最も古い城壁である。12世紀から13世紀にかけて建設された。
2　Commission du Vieux Paris, *Procès-Verbaux fasc.1*, Paris: Imprimerie Municipale, 1899, pp.1-5.
3　Justin de Selves :1848-1934
4　Commission du Vieux Paris, *loc. cit.*
5　Normand, Charles, *Bulletin de la Société des Amis des Monuments parisiens, constitué dans le but de veiller sur les monuments d'Art et sur la physionomie monumentale de Paris*, Paris: 1901, pp.189-191.
6　Guilmeau, Stéphanie. *La commission du Vieux Paris et Le Casier archéologique et artistique*, Mémoire de l'Université Paris IV Sorbonne, 2007, pp.41-45.
7　Normand, Charles, *op.cit.,* 1897, p.45, pp.191-193.
8　aspect pittoresque. ピトレスクについては、「古風な」という意味も大きかったが、本書では、英国式庭園におけるイギリスのピクチャレスクの自然美を評価する意味に比較して、意味の定まっていなかったピトレスクというフランス語を、評価の定まっていなかった人々の生活

する界隈に対する評価として新しく使いはじめたのではないかという仮説を検討しているため、この訳とする。

9　Commission du Vieux Paris, *loc.cit.*
10　Debidour, Elie.*La conservation du vieux Paris et l'urbanisme*, Paris: Musée social, 1945, pp.4-11.
11　Debidour, Elie, *loc.cit.*
12　Quartier musée. 美術館のように凍結保存された地区という意味。
13　「素晴らしい敷地」と評されている。
14　これらの建造物は個人所有だが、厳しい地役権が課されている。
15　ル・マレ、メル、サン＝ジェルマンとユニヴェルシテに向かうすべての中心地区に、興味深く、魅力的な無限の細部がある。簡素だがうまく構成されたファサード、扉、バルコニー、装飾の怪人面、美しい内装、階段の手すり、ぞんざいに扱われて損傷した細部は、凡庸な建物にはあまり維持されていない。
16　Paysage historique
17　Louis Bonnier :1856-1946
18　Commission du Vieux Paris, *loc.cit.*
19　Avis
20　Vœu
21　1866年にオスマンに買収された後、改修され、パリ市の歴史的な事物のコレクションを収集した博物館である。
22　Lucien Lambeau
23　Charles Sellier
24　Louis Tesson
25　Marcel Poete
26　Charles Magne
27　Elie Debidour
28　Aimé Grimault
29　Louis Lucipia
30　Commission du Vieux Paris, *Procès-Verbaux fasc.2*, Paris: Imprimerie Municipale, 1899, p.4.
31　*Id., Procès-Verbaux fasc.3*, Paris: Imprimerie Municipale, 1899, pp.12-15, *Id., Procès-Verbaux fasc.4*, Paris: Imprimerie Municipale, 1899, pp.9-11, *Id.,Procès-Verbaux fasc.5*, Paris: Imprimerie Municipale, 1899, pp.9-11, *Id.,Procès-Verbaux fasc.6*, Paris: Imprimerie Municipale, 1899, pp.9-11, pp.4-5, *Id.,Procès-Verbaux fasc.8*, Paris: Imprimerie Municipale, 1899, pp.9-11, p.7.
32　Rey, Alain. Rey-Debove, Josette. *Le nouveau petit robert de la langue française*, Paris: Le Robert, 2009によれば、監視とは、一貫した注意を払いながら見張ることである。建造物に関連して使用されている監視（surveillance）は、法律用語ではなく、一般用語である。
33　Samyn
34　最小行政区である市町村自治体である。
35　art publique.
36　田中暁子（2003）「19世紀末ブリュッセルにおけるパブリック・アート委員会の活動に関する研究」『日本建築学会大会学術講演梗概集（東海）』pp.61-62.
37　Commission du Vieux Paris, *Procès-Verbaux fasc.5*, Paris: Imprimerie Municipale, 1899, pp.13-19, *Id.,*

      Procès-Verbaux fasc.8, Paris: Imprimerie Municipale, 1899, pp.13-21.
38 „*"JORF ANNÉE 1914 Vol. MAR-AVR*, Paris: Journaux officiels", 1914, p.129-132.
39 „*"JORF ANNÉE 1914 Vol. MAR-AVR*, Paris: Journaux officiels", 1914, p.129-132.
40 1898年から1929年のCVPの議事録を参照した。
41 Commission du Vieux Paris, *Procès-Verbaux fasc.5*, Paris: Imprimerie Municipale, 1899, pp.22-23.
42 *Id., Procès-Verbaux fasc.9*, Paris: Imprimerie Municipale, 1899, pp.9-11, *Id., Procès-Verbaux*, Paris: Imprimerie Municipale, 1890, pp.15-17.
43 *Ibid.,* 1908, pp.227-228.
44 *Ibid.,* 1908, p.274, pp.291-294.
45 Pierre Alexis Delamair
46 Robert Le Lorrain
47 Commission du Vieux Paris, *loc. cit., Ibid.,* 1908, p.274, pp.291-294, *Ibid.,* 1900, pp.347-349, *Ibid.,* 1901, pp.141-142, *Ibid.,* 1902, pp.39-40, *Ibid.,* 1903, pp.71-72, *Ibid.,* pp.88-89, *Ibid.,* pp.323-324, *Ibid.,* 1906, p.55, *Ibid.,* 1925, pp.30-34, *Ibid.,* 1925, pp.129-130.
48 François Boucher
49 Marie Pierre
50 Christophe Huet
51 Antoine-Paul Selmersheim
52 André Hallays は1901年に指名されたCVPメンバーであり、法廷弁護士で、文学批評家・編年史家であった。
53 Quentin Bauchart
54 特別勧告（vœu spécial）は、正式な法律用語ではない。CVPは、特に注目を希望する勧告であるとの意味で、勧告に特別という語を冠したのだと推測される。
55 Léon Mirot
56 Georges Leygues
57 Roujon
58 Chauvière
59 Dumont
60 Lintilhac
61 Steeg
62 Chastenet
63 Conseil d'Etat
64 西村幸夫（2004）『都市保全計画：歴史・文化・自然を活かしたまちづくり』東京大学出版会 p.484.
65 Auduc, Arlette. *Quand les monuments construisaient la nation*, Paris: Comité d'histoire du ministère de la Culture, 2008, pp.577-578.
66 Commission du Vieux Paris, *op.cit.,* 1902, pp.128-131.
67 *Ibid.,* 1902, pp.182-183.
68 *Ibid.,* 1912, pp.183-187.
69 *Ibid.,* 1913, pp.15-18.
70 *Id., Procès-Verbaux fasc.2*, Paris: Imprimerie Municipale, 1899, p.5.

71　*Id., Procès-Verbaux fasc.9*, Paris: Imprimerie Municipale, 1899, pp.9-11.
72　当時はシルエットという用語で認識されていたと解釈できる。
73　Adrien Mithouard
74　Maurice Le Corbeiller
75　*Ibid.,* 1912, pp.116-121.
76　*Ibid.,* 1913, pp.66-68.
77　*Ibid.,* 1901, p.103, *Ibid.,* 1903, pp.51-58, *Ibid.,* 1905, p.105, *Ibid.,* 1905, pp.167-168, *Ibid.,* 1907, p.231, *Ibid.,* 1907, pp.300-301, *Ibid.,* 1914, pp.178-159, *Ibid.,* 1924, pp.124-126, *Ibid.,* 1924, pp.170-171, *Ibid.,* 1925, pp.87-88.
78　1区は16件、2区は6件、3区は10件、4区は15件、5区は17件、6区は19件、7区は9件、8区は22件、9区は3件、10区は3件、11区は5件、12区は6件、13区は3件、14区は6件、15区及び16区は0件、17区は4件。18区は0件、19区は1件、20区は1件の建造物が決定された。
79　Rondolet
80　Commission du Vieux Lyon
81　Commission du Vieux Nantes
82　Commission du Vieux Paris, *Procès-Verbaux fasc.5*, Paris: Imprimerie Municipale, 1899, pp.13-19.
83　Comité du Vieux Bruxelles
84　田中暁子（2008）『ポスト・オスマン期のブリュッセルにおけるシャルル・ビュルスの都市美理念とその実践に関する研究』東京大学学位論文 pp.96-97.
85　Commission du Vieux Paris, *op.cit.*, 1908, pp.2-3.
86　Musée Historique, *Urbanisme et patrimoine à Lyon*, Lyon, La ville, 1998, pp.19-26.
87　Jamot, C. *Commission municipale du Vieux Lyon*, Lyon, Imprimerie nouvelle lyonnaise, 1902, pp.1-10.
88　George
89　Sylvestre
90　Buls, Karel. *Le Vieux Bruxelles*, Bruxelles, Guyot, 1907, p.6.

第5章　考古学的・芸術的目録（CAA）の作成と歴史的環境保全への展開

5-1　1916年の古きパリ委員会（CVP）の考古学的・芸術的目録（CAA）作成と景勝地

（1）考古学的・芸術的目録（CAA）の保全に対する役割と1906年の景勝地法の活用の検討

　古きパリ委員会（CVP）の第三小委員会は、エドガー・マルーズ、エドゥアール・デタイユ、アンドレ・ロージエール、ジョルジュ・モントルギュイユ、ジョルジュ・カン、ルシアン・ランボーを収集し、1910年2月5日、「CVPは、特に芸術的・歴史的特徴を持つ公共及び民間の建造物に関して提案された保全方法（目録化）を、道路拡張による改変時に実行するべきである」ことを決定した。

　1911年にパリ市拡大委員会が設立され、パリ市の拡大に関する新たな道路拡幅計画の決定が検討された。そこで、オスマン期の歴史的地区の破壊が繰り返されることを恐れたセーヌ県知事マルセル・ドラネー[1]は、CVPに目録作成を要請した[2]。

　こうして成立した考古学的・芸術的目録（CAA）の制度は、CVP設立当初からの目録作成の経緯を踏まえ、市の建築課に送付し参照されるための保護すべき要素を、悉皆的かつ詳細に調査しリスト化するものであった[3]。この新たな計画は、CVPに要請されパリ市から派遣された、建築・審美技術検視総監[4]ルイ・ボニエの指揮のもと、1916年4月から作成作業が開始された。建築家であったボニエも県知事と同様、行政当局が伝統的な悪しき習慣によって建造物の価値を無視し、直線の新街路を開設してあらゆるものを破壊すると考えていた。

　考古学的・芸術的価値とは、明白に完璧な調和を形成している価値とされた[5]。専門家、ジャーナリスト、行政職員、芸術家等多様な人材を含むCVPメンバーが、毎週各地区を順に視察しCAA掲載候補の建造物を指摘して、総会で掲載される建造物が決定され目録

化された。

　目録の活用の手順は以下であった。メンバーにより視察に基づいた資料が作成され、CVPに調査結果が提出される。最終的に、パリの道路計画に対して、CVPにより決定された目録を提出する。最後に、行政が道路を計画する際、この考古学的または芸術的なデータを考慮する。

　また、面的な保全についてメンバーのダンディーネ[6]が、CAAへの掲載を通じて、自然地を景勝地として指定・登録を行なう1930年法の前身となった、景勝地保護に関する1906年4月21日法により、マドレーヌ広場、コンコルド広場等の地区を景勝地として指定をめざす活動を提案したが、ボニエに難色を示され、活動初期は建造物と遺産の調査に専念すると決定された経緯もあった。

(2) 考古学的・芸術的目録（CAA）によるオスマニズムの評価と保全対象

　CAAの作成時の議論において、セーヌ県知事ドラネーは、ピトレスクな視点と対立するオスマニズムの建造物への評価の拡大も明らかにしながら、後の時代の用語で言えば「都市景観」の記録・保全を目指し、以下のように語っていた。

　　一般的に、我々はオスマンによる建造物を評価する。しかし、これは多くの美しいものを消失させた。この間違いに再び陥らないようにしよう。街路の開通への崇拝から身を守ろう。直線（街路）は、しばしばピトレスクと両立せず、モニュメントに突き当たらねばならないことのみに重きが置かれる。古い街路に行き当たることの本当の喜び、そこを散歩した際の思いがけず多様な様相への喜びはないのか？[7]

　県知事は、表向きはオスマンを評価するとしながらも、ピトレスクな風景を破壊したことから評価をためらっていることが読み取れる。しかし、CVPはCAA作成の過程でオスマニズムもパリの重層的な歴史の一部を成すものとして一定の価値を認めるようになる。

(3) 考古学的・芸術的目録（CAA）の構成

　ギルモー（2007）によれば、ボニエは目録の書式として、パリ市の衛生目録のモデルを採用した（図5-1）。これは1893年に作成が着手された目録で、地図を元にパリ市衛生局の技術者が市の各家屋を訪問し作成したものだった[8]。ここでいう目録とは、単純なリストを指すのではなくインデックスに付属資料が添付されたアーカイヴをさす。

　考古学的・芸術的目録（CAA）（図5-2）について、まず、視察した建造物について関連

第5章　考古学的・芸術的目録（CAA）の作成と歴史的環境保全への展開

書類が分類されたファイルが用意された。いくつかのファイルの背には、視察の日時と数字が記述された。こうして収集された資料は、CVPの総会で写真の投影とともに発表され、視察した建造物の目録への採録が検討された。

最終的に、資料はつぎのような体裁に整えられた。書類の表紙には、セーヌ県知事とパリ市の名前が表記された。そして、CAAのタイトルの下には、区の番号、続いて地区、建造物の性質と住所が記述された。その下には、資料を構成する書類のリストが掲げられ、考察が付されることもある。

図5-1　衛生目録（左上）と考古学的・芸術的目録（CAA）（右上）及び各関連資料（下）

図版出典：Bassières, Laurence. *L'invention d'une politique patrimoniale pour Paris et le département de la Seine: quand la Commission du Vieux pairs Réalisait le premier inventaire architectural, 1898-1936*, Mémoire de l'École Nationale Supérieure d'Architecture de Versailles et L'Université Versailles-Saint-Quentin en Yvelines, 2009, p.33.

情報の内容はさらに付属資料として以下のものとなっている。すなわち、現在または将来の建築線を含む統合プラン、所有者の由来、街路の旧名と建物の番号の示唆、一枚または複数の写真、参考資料・図面・図書館所蔵資料からの抜粋、建造物の立面及び断面図、CVPによる指摘、建物の段階的な修正、視察後の指摘、全体を示す地図であった[9]。全体または詳細の写真資料に、関連する出版物の抜粋が添えられることもあった[10]。また、CVP会議を記録したボニエのメモもあった。各資料は取り壊しの場合を除き、改変のたびに更新された。

またCAAの成立に際して、パリ市に考古学的・芸術的目録局が設置され、作成された目録はすべてここに保管された。同局は12区のラペー河岸98番地に1916年から1921年まで存在し、以下のメンバーが勤務していた。暫定建築・拡張局の幹部より選ばれた2名の建築家、測量技師ピエール・プティ[11]、デザイナー兼測量技師、写真の登録と分類を担当するル・ペルティエール・ド・サン＝ファルゴー図書館の職員、写真の投影を担当する技師、調査局担当員であった。彼らは毎週CVPメンバーが行う視察のための準備を行った。

1916年6月10日のCVPの会議において、ボニエは、CAAを以下の3セクションに分類することを考えていた。

第1分類　道路計画による改変の恐れがあるが、明らかに完全な芸術的価値を持つ建造物

131

第2分類　他の2分類以外
第3分類　建造物が取り壊された際に容易に収集され撤去される扉、バルコニー、小テーブル、鋳物等

　この分類はCVPで議論されたが、後日すぐに断念された。なぜなら、1914年に勃発した第一次世界大戦中の脅威により早期の目録作成が求められる中で、議論が長引きすぎたためである。
　結果、1916年から1921年までの5年間に10区分の書類が完成し、1922年以降は11区から20区分の目録作成が行われた。パリの全20区に関しては1,786件がCAAに掲載された[12]。郊外も含めて、1945年までに350回の現地視察が行われ、10,000枚に及ぶ写真と有用な地図も収集された[13]。

5-2　考古学的・芸術的目録（CAA）を成立させた建築家ルイ・ボニエ

(1) パリ市建築家としての経歴

　ルイ・ボニエ（図5-2）は1856年6月14日、フランス北部のノールの農家[14]に生まれた。高校卒業後、リール学術学校に入学し、アベル・ド・ピュジョル[15]の弟子であったコラス[16]の指導で絵画科を履修した後、建築科に入った[17]。1876年7月には、7つの一等を含む14の賞を受賞した。その後、パリ芸術学校入学の準備に備えた。その間、ヴァレンシア出身でかつてグラン・プリ2等を受賞したバティニー[18]の事務所に弟子として出入りしていた。
　父の死を契機に、彼は建築家を目指すこととなる。1877年5月16日にパリへと出発し、6区ボナパルト通り24番地に居を構えた。彼は、8月にパリ芸術学校に入学してからは、ヴァレンシア人のモワイヨー[19]及びアンドレ[20]に師事し、彼らのアトリエに若弟子として出入りした。この年、ボニエは主席となり、最初のメダルを獲得した。また、建設の試験突破後、最優秀クラスに入っている。
　1886年に学位を取る以前から、彼は実務経験を積みはじめていた。まず、1881年、謄本係としてパリ市の建築課第10局に入り、少ないながらも給料を得ていた。そしてヴィオレ通りの学校の工事監視官夜間コースも履修している。1884年には試験に合格し、パリ市に着任した。まず20区の「建築許可主事補佐研修生[21]」として、建築課[22]で働き始め

た。その翌年の8月16日に19区担当の道路網都市設備担当補佐補助研修生建築家となった後、彼は輝かしい経歴を歩んでいく。

建築許可主事は、建築局、行政局、そして一時的に地積調査局の所管の案件の監視を担当しており、この仕事は建築警察及び建物の売却と購入の2部門に分かれている。建築警察は大規模道路計画に関して、建設、階高上昇、または建物の修復、そしてファサード上への突出部の配置の許可の要請の指導を行う。

19区担当の建築家をつとめた後、彼は5区及び8区の建築許可主事補佐に指名された。併行して1892年に、博物館の古生物学ギャラリーの工事のために、フェルディナンド・デュテール[23]の検査官になり、1892年に民用建造物課[24]に入り、その後、1896年にプロテスタント神学部の工事の主任建築家となった。

図5-2　考古学的・芸術的目録（CAA）とボニエ
図版出典：Marrey, Bernard. *LOUIS Bonnier*, Liège, MARDAGA, 1988, p.317.

彼は活動を様々な領域に広げていたが、1897年に10区[25]の建築許可主事に昇進してから、彼は時間の大部分をパリ市のため費やした。1898年頃、道路網の新デクレのもとで、国務院により政府委員に指名された。そして、ド＝セルヴ知事の主導のもと、道路網都市設備担当建築家局において昇進している。1900年にはセーヌ川のまれな氾濫があり、休暇中でアルゼンチンにいたブヴァール[26]に代わり、パリ市建築局長を一時的に務めた。

翌年の1月15日から4月15日まで再びブヴァールの代理を務め、その間の4月1日、建築・プロムナード・植樹局長及び、パリ市展示委員を務めることとなったが、政府委員との兼任は不可能となったため、一旦政府委員を辞退している。

しかし、1902年8月13日のデクレにより、再び政府委員に指名され、パリの建築家のための説明講演会を2回開いている。同年、パリ市においては主任建築許可主事補佐に指名され、衛生居住技術課[27]の指揮をとった。ここで、彼は前述した衛生目録の作成に携わったと考えられる。

1904年からは、3年連続で建築家政府発行免状所有者協会の代表を務める一方、市役所で道路網都市設備担当建築家主任補佐となる。1906年、パリ市主任建築家に指名され、彼は市の主任建築許可主事として、1909年9月25日に、パリの様相と道路拡張による改変についてセーヌ県知事の記録の付属レポートを作成した（口絵2）。これは、CVPによるCAA成立への大きなきっかけとなった。

133

1911年には建築・植樹・プロムナード課[28]代表であったブヴァールのポストを引き継いだ。1912年中、マルセル・ポエトとフランソワ主任測量技師とが協力し、知事が1913年にサインしたパリ地方都市整備第1計画の準備を行っていた[29]。これは、パリの拡張計画に関する調査であり、ボニエはポエトと『パリ拡張についての報告書』を同年まとめている。ポエトは歴史面を担当した。このことから、1919年に、彼は整備及び美化計画に関するコルヌデ法により設置された市計画上位委員会[30]のメンバーに選ばれることとなる。

1914年2月1日、ドラネー県知事がパリ建築拡張局を行政局と技術局に分割し、この機会に、彼はパリ建築・美観・拡張技術検視総監[31]となった。まもなく第一次世界大戦により、パリ市行政は、定員の3分の1が異動で解散となり、全ての工事が中止した。

そうした中、1910年3月19日にCVP事務局長から、1区から4区のパリ新街路計画に伴う破壊の危機から歴史的建造物を保全するため、街路計画を担当していたボニエに古建造物の検討が要請された[32]。前述の理由から1916年に作成が決定した考古学的・芸術的目録（CAA）を主導した。その後、1919年の再編で、パリ建築・美観・拡張技術検視総監の役職が失われたため、その埋め合わせとして、トゥールネル橋の再建のための指導主任技術者に指名され、このポストを1924年の退職までつとめた。

ボニエはまた、パリ市建築家として得た経験を教育活動に還元することにも熱心であった。1917年には高等公共芸術学校[33]を開校し、それは2年後に都市高等研究院[34]となった。

ルイ・ボニエ、及び同じく建築家の息子ジャックのアーカイヴは、パリのフランス建築研究所[35]に保管されている[36]。

(2) ボニエの建築家としての理念

フルリー（1999）によれば、ボニエは行政に属する建築家の中では建築の修復の必要性を唱えた希少な存在であった。彼は公的で機能的な建築に、アール・ヌーヴォーの原理の簡素な解釈を加えたことで有名であった。伝統的な様式を無意味に用いることは、「近代の要請に従って無効な看板を愚かしく掲示する」[37]ことであると考えたのである。彼は、固有の形態の研究と曲線の使用により、洗練されつつも抑制的な表現によって、アール・ヌーヴォーを代表する建築家の一人としての地位を築き、構築的な設計を行った。

そのため、彼の材質の使用法も建造物外部のプランも読み取りやすかった。材料について、ボニエは、「新しい材料が、我々の文明の新しい解決法の新たな必要を生む。鋼鉄とその柔軟性、強化セメントとその驚くべき耐久性、革新されたセラミックとその多様な色彩、原則だけ話してみても、それらは我々の昔の慣習による考え方から大きく異なる研究と結果をもたらす」[38]と述べている。

第5章　考古学的・芸術的目録（CAA）の作成と歴史的環境保全への展開

このように彼は、用と美が一致した形態こそが美しいと考えていた。彼は、大邸宅や巨大な要塞、大型客船は、「用と一致した表現において、美しい」と述べている。そして、現在まで芸術品が用を考慮に入れず考えられてきたと批判している。さらにボニエは、とりまく環境との調和において芸術品を考えるべきと主張している。彼は彫刻を例に、「彫刻家は、欄干の上であれ階段の下であれ、作品がどこに置かれようと、空の上や木陰のシルエットであるかのように無関心に見ている。」と痛烈に批判している。

彼の理念について、芸術品を建造物に当てはめると、建造物は用と美が一致した形態をとるべきであり、さらに周辺環境との調和を考慮すべきであるという彼の理念が明らかになる。

彼はこうした理念に基づいて、セクスティウス・ミシェル通りの学校（1908-1911）とビュット・オ・カイユのプール（1921-1924）（図5-4）、4つのアンブルトゥーズの水浴館（1891）（図5-5）を設計している。ビン・ギャラリー（1895）には、アーツ・アンド・クラフツ運動以降の、ヴィオレ＝ル＝デュクの合理性とアール・ヌーヴォーへの関心が読み取れる。

また、ボニエは建造物の修復も行っている。1891年には、ヨンヌのトゥシー市長が雷による火災で被害を受けた教会の鐘楼の修復を依頼している（図5-6）。1916年8月1日には歴史的建

図5-4　ビュット・オ・カイユのプール（1924）
図版出典：Texier, Simon. *Paris contemporain*, Paris: Parigramme, 2005, p.48.

図5-5　4つのアンブルトゥーズの水浴館（1890）
図版出典：Marrey, Bernard. *Louis Bonnier, 1856-1946*, Paris: Mardaga, 1995, p.140.

図5-6　トゥシー教会の修復（1891）
図版出典：*Ibid.*, p.133.

造物審議会（CMH）に参加し、レンヌガス会社の古いディナン橋の取り壊しの要請を検討している。また、1918年12月27日には、再びCMHに参加し、ゴシック・リヴァイヴァル建築とネオ・ルネッサンス建築の再生を行っている。

　ボニエはパリ芸術学校在学中、建築家ポール・セディーユ[39]の事務所に出入りしている。卒業後の1887年、セディーユはボニエを1889年の万国博覧会における一般展示の主任建築家局第1検査官に指名している。そこでボニエは異国風の装飾等を担当した。翌年には、ロンドン・アールズコートで、フランス博覧会の担当建築家となっている。

　ボニエは、自身の理念をしばしば博覧会計画に反映させるとともに、海外交流にも熱心であった。1896年には、海外との交流を盛んに行っている。まず、ブリュッセル万国博覧会フランス部門の主任建築家に指名されるとともに、パリ建設規則デクレ改訂委員会のレポート担当者として、ヨーロッパの主要な首都とフランスの大都市の調査を行っている。パリ市を去った後の1925年には、装飾芸術博覧会を開催し会場計画を担当している（図5-7）。

　1898年、彼はブリュッセル国際会議の有資格者代表をつとめ、ベルギーの建築家に向けて講演を行った。また1900年の万国博覧会の一般展示の主任建築家にも指名され、アール・ヌーヴォー・パヴィリオンを担当した（図5-8）。同年、ロンドンのタウン・プランニング会議に派遣されている。

　1904年頃、市民建物及び国立官邸議会装飾芸術教育上級議会エージ劇場コンクール陪審員、英国王立建築家協会、ロシア帝国建築家協会、ベルギー建築家中央協会、同ポーランドのメンバーを務めるなど、国際的にも認められ、影響力を持っていたことがうかがえる。

　1904年9月、レオルドニの火災で破壊されたヴィラの再建のため、アレクサンドル・ラオヴァリー[40]によりルーマニアに呼ばれている。また、セーヌ県知事は、ウィーン建築家会議にボニエを派遣した。

第5章　考古学的・芸術的目録（CAA）の作成と歴史的環境保全への展開

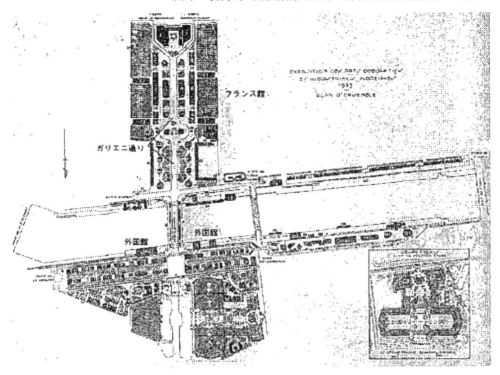

図5-7　ボニエによる装飾芸術博覧会会場計画案（1925）
図版出典：三田村哲也・小林克弘（2003）「1925年パリ現代装飾美術・工芸美術国際博覧会の会場計画に関する考察」日本建築学会計画系論文集No.567 日本建築学会 pp.171-177.

図5-8　フランス万国博覧会のアール・ヌーヴォー・パヴィリオン（1899）
図版出典：*Ibid.*, p.208.

5-3　考古学的・芸術的目録（CAA）に見られる都市的視点（ピトレスクな眺め）

（1）考古学的・芸術的目録（CAA）に採録された建造物及び建造物群

　まず、古きパリ委員会（CVP）の考古学的・芸術的目録（CAA）に掲載された建造物の年代について見てみたい。ただし、CAA本体のリストは現在のCVPのアーカイヴに存在するものの、同じ建築物を重複して数えるケースが多々あり、データとして不正確である。一方、CVPの会議で検討されたCAA候補はほぼ全て採用されているため、本書ではCVP議事録から、会議で報告されたCAA候補に関するレポートの内容をCAAの情報として扱うこととする。

　CVP議事録を整理すると、1916年6月10日から1921年6月25日の会議において、1区から10区に位置する1,059件が検討されたことが確認できた[41]。

　ここでは、パリの中心に位置し、歴史的地区のひとつであるレ・アル地区を含む一方で経済的な要請が最も強かったパリ1区[42]のCAAについて分析することとする。1区に関する検討は、1916年6月10日から1921年6月25日にかけての10回の会議で行なわれ、101件が検討された（表5-1）。建設年代は、17世紀及び18世紀のものが多数見られる。具体的には、12世紀はドゥー＝ゼキュ広場1番地、ルーヴル通り13番が1件、17世紀はジュール通り25番地等19件、18世紀はオルフェーヴル通り8-10番地等34件、19世紀はシャトレ広場等10件、20世紀はランビュトー通り79番地、サン＝ドニ通り91番地が1件となっている。19世紀の建造物も多く掲載されており、さらに、20世紀の建造物も掲載されているため、従来の歴史的建造物の概念よりも新しい建造物について、考古学的・芸術的価値を見いだしていることが読み取れる。

　なお、101件について歴史的建造物制度との関連について概観してみると、既に歴史的建造物に指定されていたものが8件、後に歴史的建造物に指定されるものが17件であった。また、最初の歴史的建造物登録が完了する1928年11月24日までに歴史的建造物に登録されたものが8件、一部が登録されたものが2件、後に歴史的建造物に登録されるものが24件、一部が登録されたものが4件であった（表5-2）。

第 5 章　考古学的・芸術的目録（CAA）の作成と歴史的環境保全への展開

表 5-1　CAA に掲載された 1 区の建造物

住所／名称	建設世紀	住所／名称	建設世紀
ジュール通り 25 番地	17	エロルド通り 13 番地	18
オルフェーヴル通り 8-10 番地	18	ジャン＝ジャック＝ルソー通り 35 と 37 番地	不明
クロワ・デ・プティ・シャン通り 39 番地	17	ボン・ザンファン通り 8 番地	18
フェロネリー通り 2-14 番地	17	ボルドネ通り 34 番地	17
ヴリリエール通りとクロワ・デ・プティ・シャン通りの角	17	サン＝タンヌ通り 47 番地	17
		サン＝タンヌ通り 36 番地	17
モントルギュイユ通り 15-9 番地	18	サン＝ドニ通り 29 と 31 番地	不明
アルブル・セック通り 52 番地	18	サン＝トノレ通り 249 番地	不明
アルブル・セック通りとサン＝トノレ通りの角	18	ルーヴルとテュイリュリー正面のリヴォリ通り	不明
ジャン＝ジャック・ルソー通り 68 番地	18	ルーヴルとテュイリュリーの周辺	不明
サン＝ジェルマン＝ローセロワ教会	17	フェロネリー通り 11 番地	17
イノサン噴水	17	アルブル・セック通り 48 番地	不明
サン＝ロッシュ教会	18	ロンバール通り 60 番地	不明
サン＝トノレ通り 145 番地	17	ムーラン通り 5 番地	18
サン＝トノレ通り 263 番地	17	ランビュトー通り 79 番地、サン＝ドニ通り 91 番地	20
ヴォロワ通り 10 番地、ボン・ザンファン通り 19 番地	18	リシュリュー通り 31 番地	不明
		サン＝トノレ通り 129 番地	不明
リシュリュー通り 21 番地	18	ブロワ通り 20 番地	18
コック・エロン通り 9 番地	17	サン＝トノレ通り 115 番地	18
シャトレ広場	19	サン＝フロランタン通り 6 番地	19
モリエール噴水	19	デュフォ通り 10 番地	19
ドーフィヌ広場		デュフォ通り 12 番地	19
サン＝ジェルマン＝ローセロワ通り 18 番地、ベルタン・ポワレ通り 5 番地	不明	マドレーヌ大通り 17 番地（シテ・ヴァンデ）	不明
		ドゥー＝ゼキュ広場 1 番地、ルーヴル通り 13 番地	12
エコール広場 5 番地	18		
サン＝トノレ通り 93 番地	19	サン＝フロランタン通り 2 番地	18
サン＝トノレ通り 33 番地、ブルドネ通り 43 番地	不明	サン＝トノレ通り 334 番地	17
サン＝トノレ通り 54 番地、ブルヴェール通りとの角	18	アルブル・セック通り 32 番地	不明
		オペラ通り 23 番地	19
ロンバール通り 62 番地	不明	パッサージュ・ヴェロ・ドダ	不明
ジュール通り 4 番地	17	サン＝ドニ通り 92 番地	不明
サン＝ウースタシュの周辺		裁判所周辺	
ヴィアルム通り 2 番地	18	ギャラリー・ヴェロ・ドダ	19
ラディウィル通り 17-19 番地	不明	ヴァンドーム広場 7 と 9 番地	18
ヴォロワ通り 6 番地	不明	ヴァンドーム広場 11 と 13 番地	18
パレ・ロワイヤル周辺		ヴァンドーム広場 15 番地	18
サン＝ロッシュ通り 87 番地	不明	ヴァンドーム広場 17 番地	18
サン＝トノレ通り 229-231 番地	18	ヴァンドーム広場 21 番地	18
キャンボン通り 31 番地	18	ヴァンドーム広場 23 番地	18
キャンボン通り 43 番地	不明	ヴァンドーム広場 12 番地	18
ヴァンドーム広場 19-21 番地、キャプシヌ通り 9-19 番地	18	ヴァンドーム広場 14 番地	18
		ヴァンドーム広場 16 番地	18
リシュリュー通り 28 と 28 番地の 2	17	レ・アル	不明
ジャン＝ジャック・ルソー通り 64 と 56 番地	不明	キャンボン通り 49 番地	不明
サン＝トノレ通り 47 番地	18	シャトレ座	19
クロワ・デ・プティ・シャン通り 23 番地	不明	ポン・ヌフ通り 13 番地	不明
フェロネリー通り 7 番地	不明	1 区区役所	不明
サン＝トノレ通り 352 番地	18	テレーズ通り 1 番地	19
サン＝トノレ通り 366 番地	18	郵便電報館	17
ブルドネ通り 12 番地	不明	プティ・シャン通り 61 番地	18
ブルドネ通り（トワ・ヴォージュ袋小路）		プティ・シャン通り 83 番地	18
ブルドネ通り 14 番地	不明	デシャルジェール通り 1 番地	不明
リシュリュー通り 50 番地	不明	キャンボン通り 26 番地	18
エロルド通り 20 番地	17		

（2）考古学的・芸術的目録（CAA）に採録された建造物に対する都市的視点

図5-9 ルーヴル正面に第二帝政下に建設された、リヴォリ通り沿いのアーケード付き建造物
図版出典：Pinon, Pierre. *op.cit.*, p.89.

パリ1区のCAA採録物件を対象として、評価に際しての都市的視点の現れについて検討したい。

ここで言う「都市的視点」の現れとは、評価において市民の視点から周辺環境との調和やまた街路と一体になった景観に関して価値を見いだす記述が見られるものであり、19件が該当した（表5-2、表5-3、図5-9、5-10、5-11、5-12）[43]。

まず、これら19件の物件を概観してみたい。建造物の属性は単体の建造物が15件、地区が2件、街路が1件、広場が1件である。また、年代は17世紀が6件、18世紀が6件、19世紀が2件である。

地区として掲載されているものは、サン＝トゥースタシュ教会の周辺（図5-33、5-34）の1件、広場として掲載されているものは、ドーフィヌ広場（図5-29、5-30）の1件、街路として掲載されているものは、ルーヴルとテュイリュリー正面のリヴォリ通り（図5-9、図5-43、5-44）の1件、建造物として掲載されているものについて、銀行として掲載されているものは、クロワ・デ・プティ・シャン通り39番地（図5-15、5-16）の1件、家屋がモントルギュイユ通り15-19番地（図5-17、5-18）、アルブル・セック通り52番地（図5-19、5-21）、サン＝トノレ通り33番地及びブルドネ通り43番地（図5-31、5-32）、サン＝タンヌ通り47番地（図5-41、5-42）の4件、噴水として掲載されているものが、アルブル・セック通りとサン＝トノレ通りの角（図5-20、5-21）、イノサン噴水（図5-25、5-26）の2件、教会が、サン＝ジェルマン＝ローセロワ教会（図5-22、5-24）、サン＝トノレ通り145番地（図5-27、5-28）、サン＝ドニ通り92番地（図5-45、5-46）の3件、証券取引所と柱がヴィアルム通り2番地（図5-35、5-36）の1件、修道院が、ボン・ザンファン通り8番地（図5-39、5-40）の1件、宮殿がパレ・ロワイヤル広場・ヴァロワ通り1-7番地・モンパンシエール通り2-8番地・コレット広場（図5-37、5-38）の1件、劇場が、シャトレ座（図5-47、5-48）の1件、他または不明建造物が、オルフェーヴル通り8-10番地（図5-13、5-14）、1区区役所（図5-23、5-24）の2件である（図5-11）。

次に、地区及び建造物の街路・広場との関係を見ると、角地に面しているものがオルフェーヴル通り8-10番地等7件、街路の中途に位置しているものがモントルギュイユ通り

第5章　考古学的・芸術的目録（CAA）の作成と歴史的環境保全への展開

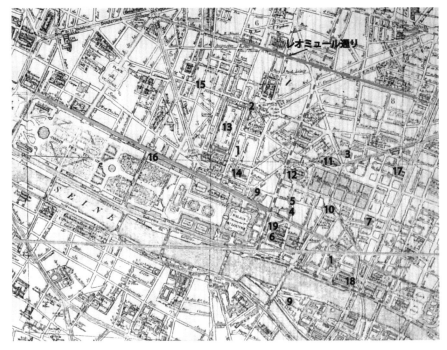

図5-10　調和・景観に関する記述が見られた場所一覧（丸数字と実線）及びル・コルビュジェによるヴォワザン計画予定地（1925）（点線）図版出典：パリ市歴史図書館所蔵地図（1923）に筆者加筆

15-19番地等4件、街路そのものがルーヴルとテュイリュリー正面のリヴォリ通りの1件ある。広場に面しているものは合計7件確認できる。そのうち、広場そのものがドーフィヌ広場の1件、広場の中心に位置する建造物がイノサン噴水の1件、広場に面し独立して位置する建造物が1区区役所及びサン＝ジェルマン＝ローセロワ教会、シャトレ座の3件、広場に面した建造物がヴィアルム通り2番地、中庭型に広場を構成する建造物がパレ・ロワイヤルの1件である。

　ここから調和・景観に関する記述の内容を具体的にみると、角地に面するものについては、サン＝トノレ通り33番地及びブルドネ通り43番地、サン＝

図5-11　ル・コルビュジェによるヴォワザン計画（1925）
図版出典：Fondation Le Corbusier, Plan Voisin, Paris, France, 1925: http://www.fondationlecorbusier.fr/corbuweb/morpheus.aspx?sysId=13&IrisObjectId=6159&sysLanguage=fr-fr&itemPos=151&itemSort=fr-fr_sort_string1%20&itemCount=216&sysParentName=&sysParentId=65

141

表5-2　CVP会議で検討されたCAA掲載候補の1区の建物（※1　建物属性（現在）、※2　1928年11月24日までに補助目録登録（有り

No.	議事録掲載年月日	住所/名称	※1	建設世紀	※2	※3	区域指定	街路・広場との関係	調和・景観に関する記述※4
1	1916年6月10日	ジュール通り25番地	家屋	17	1				なし
2		オルフェーヴル通り8-10番地	※5	18	4			中途、角地	1
3		クロワ・デ・プティ・シャン通り39番地	銀行	17	1			角地	2
4		フェロネリー通り2-14番地	家屋	17	3				なし
5		ヴリリエール通りとクロワ・デ・プティ・シャン通りの角	家屋	17	1				なし
6		モントルギュイユ通り15-19番地	家屋	18	2			中途	3
7		アルブル・セック通り52番地	家屋	18	1			中途	4
8		アルブル・セック通りとサン=トノレ通りの角	噴水	18	1			角地	5
9		ジャン=ジャック=ルソー通り68番地	家屋	18	3	○			なし
10	1916年7月8日	サン=ジェルマン=ローセロワ教会	教会	17	1	○	○	広場	6
11		イノサン噴水	噴水	17	6	○		広場	7
12		サン=ロッシュ教会	教会	18	6	○	○	中途	なし
13		サン=トノレ通り145番地	教会	17	6			中途	8
14		サン=トノレ通り263番地	教会	17	6			角地	
15		ヴォロワ通り10番地、ボン・ザンファン通り19番地	邸宅	18	5				なし
16		リシュリュー通り21番地	家屋	18	1				なし
17		コック・エロン通り9番地	銀行	17	1			角地	なし
18		シャトレ広場	噴水	19	1				なし
19		モリエール噴水	噴水	19	5				なし
20	1916年7月29日	ドーフィヌ広場	広場		2	○	○	広場	9
21		サン=ジェルマン=ローセロワ通り18番地、ベルタン・ポワレー通り5番地	家屋	不明	5				なし
22		エコール広場5番地	家屋	18	5				なし
23		サン=トノレ通り93番地	家屋	19	3			中途	なし
24		サン=トノレ通り33番地、ブルドネ通り43番地	家屋	不明	5			角地	10
25		サン=トノレ通り54番地、プルヴェール通りとの角	家屋	18	1				なし
26	1916年7月29日	ロンバール通り62番地	地下室	不明	1				なし
27		ジュール通り4番地	家屋	17	5				なし
28		サン=トゥースタシュ教会の周辺	地区				○	角地	11
29		ヴィアルム通り2番地	証券取引所と柱	18	6	○		広場	12
30		ラディウィル通り17-19番地	※5	不明	5				なし
31		ヴァロワ通り6番地	家屋	不明	1				なし
32	"1916年7月29日 1918年1月26日"	パレ・ロワイヤル周辺（パレ・ロワイヤル広場、ヴァロワ通り1-7番地、モンパンシエール通り2-8番地、コレット広場）	宮		4	○	○	広場	13
33		サン=ロッシュ通り87番地	家屋	不明	5				なし
34		サン=トノレ通り229-231番地	家屋	18	3				なし
35	1916年7月29日	キャンボン通り31番地	家屋	18	5				なし
36		キャンボン通り43番地	家屋	不明	5				なし
37		ヴァンドーム広場19-21番地、キャプシヌ通り9-19番地	銀行	18	3	○			なし
38		リシュリュー通り28と28番地の2	家屋	17	4				なし
39		ジャン=ジャック=ルソー通り64と56番地	※5	不明	5				なし
40		サン=トノレ通り47番地	家屋	18	1				なし
41		クロワ・デ・プティ・シャン通り23番地	※5	不明	5				なし
42		フェロネリー通り7番地	※5	不明	5				なし
43		サン=トノレ通り352番地	※5	18	1				なし
44	1916年10月14日	サン=トノレ通り366番地	※5	18	3				なし
45		ブルドネ通り12番地	家屋	不明	5				なし
46		ブルドネ通り（トワ・ヴォージュ袋小路）	通り		5		○		なし
47		ブルドネ通り14番地	※5	不明	5				なし
48		リシュリュー通り50番地	家屋	不明	5				なし
49		エロルド通り20番地	家屋	17	1				なし
50		エロルド通り13番地	家屋	18	5				なし
51		ジャン=ジャック=ルソー通り35と37番地	家屋	不明	5				なし

第5章 考古学的・芸術的目録（CAA）の作成と歴史的環境保全への展開

一部2：後で3：後で一部4：なし5：既に歴史的建造物6)、※3 後に歴史的建造物指定。※4 表5-3参照、※5：他または不明建造物)

No.	議事録掲載年月日	住所／名称	※1	建設世紀	※2	※3	区域指定	街路・広場との関係	調和・景観に関する記述※4
52	1916年10月14日	ボン・ザンファン通り8番地	修道院	18	5			不明	14
53		ボルドネ通り34番地	家屋	17	3				なし
54		サン＝タンヌ通り47番地	家屋	17	5			角地	15
55		サン＝タンヌ通り36番地	※5	17	1				なし
56	1916年10月14日	サン＝ドニ通り29と31番地	家屋	不明	5				なし
57		サン＝トノレ通り249番地	店舗	不明	5				なし
58		ルーヴルとテュイリュリー正面のリヴォリ通り	街区	4		○		通り	16
59		ルーヴルとテュイリュリーの周辺	地区	不明	6		○		なし
60		フェロネリー通り11番地	家屋	17	3				なし
61		アルブル・セック通り48番地	※5	不明	5				なし
62		ロンバール通り60番地	※5	不明	5				なし
63		ムーラン通り5番地	家屋	18	1				なし
64		ランビュトー通り79番地、サン＝ドニ通り91番地	※5	20	3				なし
65		リシュリュー通り31番地	※5	不明	5				なし
66		サン＝トノレ通り129番地	※5	不明	5				なし
67		ブロワ通り20番地	※5	18	5				なし
68		サン＝トノレ通り115番地	家屋	18	3				なし
69		サン＝フロランタン通り6番地	※5	19	3				なし
70	1916年10月28日	デュフォ通り10番地	※5	19	3				なし
71		デュフォ通り12番地	家屋	19	3				なし
72		マドレーヌ大通り17番地（シテ・ヴァンデ）	※5	不明	5				なし
73		ドゥー＝ゼキュ広場1番地、ルーヴル通り13番地	城壁跡	12	6				なし
74		サン＝フロランタン通り2番地	家屋	18	1				なし
75		サン＝トノレ通り334番地	家屋	17	3				なし
76		アルブル・セック通り32番地	店舗	不明	5				なし
77		オペラ通り23番地	※5	19	3				なし
78		パッサージュ・ヴェロ・ドダ	パッサージュ	不明	5				なし
79		サン＝ドニ通り92番地	教会	不明				角地	17
80		裁判所周辺	地区				○		なし
81	1916年12月9日	ギャラリー・ヴェロ・ドダ	パッサージュ	19	3				なし
82		ヴァンドーム広場7と9番地	政府機関	18	6				なし
83		ヴァンドーム広場11と13番地	銀行	18	3		○		なし
84		ヴァンドーム広場15番地	銀行	18	3		○		なし
85		ヴァンドーム広場17番地	銀行	18	3		○		なし
86	1918年1月12日	ヴァンドーム広場21番地	銀行	18	3		○		なし
87		ヴァンドーム広場23番地	家屋	18	5		○		なし
88		ヴァンドーム広場12番地	家屋	18	3		○		なし
89		ヴァンドーム広場14番地	家屋	18	5		○		なし
90		ヴァンドーム広場16番地	家屋	18	1		○		なし
91		レ・アル	市場	不明	5				なし
92		キャンボン通り49番地	※5	不明	5				なし
93		シャトレ座	劇場	19	3			広場	18
94		ポン・ヌフ通り13番地	※5	不明	5				なし
95	1919年1月11日	1区区役所	※5	不明	5			広場	19
96		テレーズ通り1番地	※5	19	1				なし
97		郵便電報館	家屋、郵便局	17	3				なし
98		プティ・シャン通り61番地	※5	18	1				なし
99		プティ・シャン通り83番地	※5	18	1				なし
100		デシャルジェール通り1番地	※5	不明	5				なし
101	1921年6月25日	キャンボン通り26番地	家屋	18	3		○		なし

表5-3 調和・景観に関する記述

番号	住 所/名 称	調和・景観に関する記述
1	オルフェーヴル通り8-10番地	様相の調和的配置をみせるジャン・ランティエール通りからの様相全体の景。
2	クロワ・デ・プティ・シャン通り39番地	ドレー・ギャラリーの穹隅の張り出し部の映ったラディウィル通りの景観。ラ・ヴリリエール通り。
3	モントルギュイユ通り15-19番地	18世紀の3つの家屋全体の景
4	アルブル・セック通り52番地	バイユール通りからのファサード。横から撮った全体の景。
5	アルブル・セック通りとサン=トノレ通りの角	写真には、特筆すべき点がない全体の景。
6	サン=ジェルマン=ローセロワ教会	エコール広場からみた教会の後陣。奥にペローの柱廊がある、教会の文字通り南のファサード。逆の方向の景観で、将来の接続する小さな小公園の場所がある。
7	イノサン噴水	噴水と、奥にイノサン市場を小公園において数年前にひきついだランジェール市場の正面入り口。噴水の正面と、2つのジャン・グージョン（Jean Goujon）の彫刻。左手の南側と右手の西側にバジューの名前。全体の景。
8	サン=トノレ通り145番地	教会の後陣と、17世紀の様式が読み取れる理想的な東側面。西側ファサード。1911年頃のルーヴルの店舗の付属館の再建設期間に必要な隔たりがある。アーケードを通して認識される、クリグニー（Cligny）のモニュメントがついたリヴォリ通り沿いの柱廊の細部。サン=トノレ通りの教会正面ファサード。
9	ドーフィヌ広場	アンリ4世像の背後で、シテの頂点となっている2つの家屋。現代に建設されたいくつかのファサードがあるオルフェーヴル河岸。オルロージュ河岸とアルレー通りの角の家屋。12、14、16番地の家屋。1871年の19番地、1868年の15番地、シテで最も高い26番地。オルフェーヴル河岸の角の家屋。
10	サン=トノレ通り33番地、プルドネ通り43番地	このピトレスクな角の全体の景。
11	サン=トゥースタシュ教会の周辺	ジュール通りの入り口、単純にピトレスク。
12	ヴィアルム通り2番地	ヴィアルム通りの眺望、18世紀末の規則的な建築。
13	パレ・ロワイヤル周辺（パレ・ロワイヤル広場、ヴァロワ通り1-7番地、モンパンシエール通り2-8番地、コレット広場）	広場そのもの。パッサージュ・ヴェリテの入り口。同じ場所の4つの違った視点。モンパンシエール通り。ヴァロワ通りの角、通り沿いのパレの屋根上に、国務院の大階段のドームのシルエットに気がつく。ドームの基礎において、円形の小窓と実用的な屋根窓のみから大階段に採光するために、この切り妻は壁がない。同じ通り沿いに、この全体最も興味深い部分の一つである、建築家コンタン・ディヴリー（Contant d'IVRY）による、噴水の中庭のパヴィヨンがある。2階の3つの大開口部は、オルレアン公の食堂に対応し、鋳鉄の大変優雅なバルコニーに開いている。パヴィヨンの左右には、我々がプランで指摘した、取り壊される寄生した建造物。
14	ボン・ザンファン通り8番地	ボン・ザンファン通り側からのアーチの景観。
15	サン=タンヌ通り47番地	街路からの外観。
16	ルーヴルとテュイリュリー正面のリヴォリ通り	コンコルド広場からのリヴォリ通りの入り口。同じリヴォリ通りの端の東側の景観。テュイリュリーの柵に沿った通り。鉄道の入り口。通りの途中。庭園の全体の景。サン=ロッシュ通りの角。ピラミッド広場。
17	サン=ドニ通り92番地	サン=ドニ通りの外観はピトレスクな点を残している。
18	シャトレ座	ランジ（LANZI）によりほのかにインスパイアされたロッジアで、周辺に最も喜ばしい様相を与えるファサードがある。
19	1区区役所	サン=ジェルマン=ローセロワ教会と共に率直さと特徴を出しているように感じられる。

第5章　考古学的・芸術的目録（CAA）の作成と歴史的環境保全への展開

タンヌ通り47番地、サン＝トゥースタシュ教会の周辺があり、「このピトレスクな角の全体の景」、「サン＝ドニ通りの外観はピトレスクな点を残している」、「ジュール通りの入り口、単純にピトレスク」というように、角地にピトレスクさが発見されている。また、オルフェーヴル通り8-10番地に関しては、「外観の調和的配置をみせるジャン・ランティエール通りからの外観全景」といったように、視点場が見受けられる。また、クロワ・デ・プティ・シャン通り39番地に関して、「ドレー・ギャラリーの穹隅の張り出し部の映ったラディウィル通りの景観」として、街路と一体となった景観が評価されている。

図5-12　レオミュール通りファサード・コンクールの受賞作品（132-134番地、1901年）
図版出典：松本裕（2006）「「ポスト・オスマン期」のパリ都市景観形成」『都市文化の成熟』東京大学出版 p.349.

角地以外の街路沿いに位置しているものに関しては、アルブル・セック通り52番地、サン＝トノレ通り145番地には、「バイユール通りからのファサード」、「アーケードを通して認識されるクリグニーのモニュメントがついたリヴォリ通り沿いの柱廊の細部」といったように、やはり視点場が存在する。

広場として採録されたものについては、ドーフィヌ広場が、「オルロージュ河岸とアルレー通りの角の家屋」といったように、広場と建造物を一体に捉えている。広場の中心に位置する建造物が採録されたものの場合、イノサン噴水に関して、「噴水と奥にイノサン市場を小公園において数年前にひきついだランジェール市場の正面入り口」といったように、広場との関係性が重要視されている。広場に面し独立して位置する建造物として、シャトレ座は「周辺に最も喜ばしい外観を与えるファサード」と述べられ、周辺環境との調和が評価されている。サン＝ジェルマン＝ローセロワ教会及び1区区役所については、「エコール広場からみた教会の後陣」、「サン＝ジェルマン＝ローセロワ教会と共に率直さと特徴を出しているように感じられる」として、やはり広場との関係が重要視されている。中庭型に広場を構成する建造物であるパレ・ロワイヤルは、「広場そのもの。パッサージュ・ヴェリテの入り口。同じ場所からの4つの違った眺め。モンパンシエール通り。ヴァロワ通りの角」等、対象を取り巻く様々な眺めが評価されていることが分かる。

以上、都市的見地を有して掲載された事例には、周辺環境との調和や地区と一体になった景観に価値が見いだされている。その内容としては、ピトレスクな角地、様々な視点場からのピトレスクな眺め、建造物の街路との調和、広場との関係性、隣接する建造物との調和、都市における大建造物の様々な見え方があげられる。これは、都市市民の視点からの界隈風景の評価によるものである。

145

図5-13 （1）オルフェーヴル通り8-10番地（1918）
図版出典：CAA, N2207 : *"rue Jean Lantier et 10 rue des Orfèvres"* cliché Lansiaux, 28 août 1918.

図5-14 （1）オルフェーヴル通り8-10番地（矢印は写真の方向）
図版出典：*Ibid.,*

図5-15 （2）クロワ・デ・プティ・シャン通り39番地（1916）
図版出典：CAA, N260 : *"Façade actuelle sur la rue La Vrillière □vue de la Place des Victoires, angle de la rue Catinat□"* cliché Devismes, 1916.

図5-16 （2）クロワ・デ・プティ・シャン通り39番地
図版出典：*Ibid.,*

第5章　考古学的・芸術的目録（CAA）の作成と歴史的環境保全への展開

図5-17　(3) モントルギュイユ通り15-19番地（1917）
図版出典：CAA, N1200 : "15-17-19 rue Montorgueil, façades, vue d'ensemble" cliché Lansiaux, 19 mai 1917.

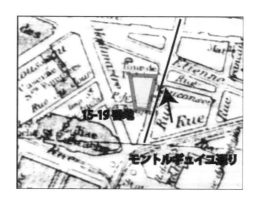

右：図5-18　(3) モントルギュイユ通り15-19番地
図版出典：Ibid.,

図5-19　(4) アルブル・セック通り52番地（1916）
図版出典：CAA, N265 : "vue de la rue de Bailleul", cliché Devismes, juin 1916.

図5-20　(5) アルブル・セック通りとサン＝トノレ通りの角（トラオワール噴水）（1916）
図版出典：CAA, N269 : "vue d'ensemble", cliché Devismes, 1916.

147

図5-21 (4) アルブル・セック通り52番地、(5) アルブル・セック通りとサン=トノレ通りの角(トラオワール噴水)
図版出典:*Ibid.,*

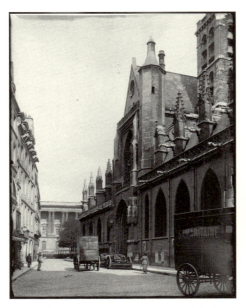

図5-22 (6) サン=ジェルマン=ローセロワ教会 (1916)
図版出典:CAA, N286 : *"façade latérale, rue des Prêtres Saint-Germain l'Auxerrois, vue prise au débouché de la places des Ecoles"* cliché Devismes, 29 juin 1916.

図5-23 (19) 1区区役所 (1917)
図版出典:CAA, N1759 : *"vue d'ensemble"* cliché Lansiaux, 20 octobre 1917.

第5章　考古学的・芸術的目録（CAA）の作成と歴史的環境保全への展開

図5-24　（6）サン＝ジェルマン＝ローセロワ教会、（19）1区区役所
図版出典：*Ibid.*,

図5-25　（7）イノサン噴水（1916）
図版出典：CAA, N289 : cliché Devismes, juin 1916.

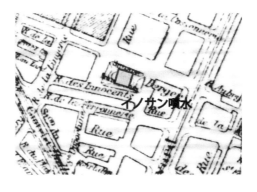

図5-26　（7）イノサン噴水
図版出典：*Ibid.*,

149

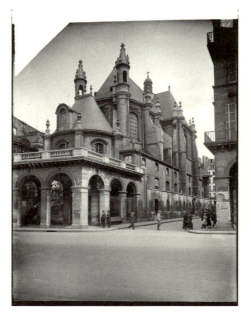

図5-27 （8）サン＝トノレ通り145番地 （1916）
図版出典：CAA, N298 : *"L'Oratoire, rue de Rivoli"* cliché Devismes, juin 1916.

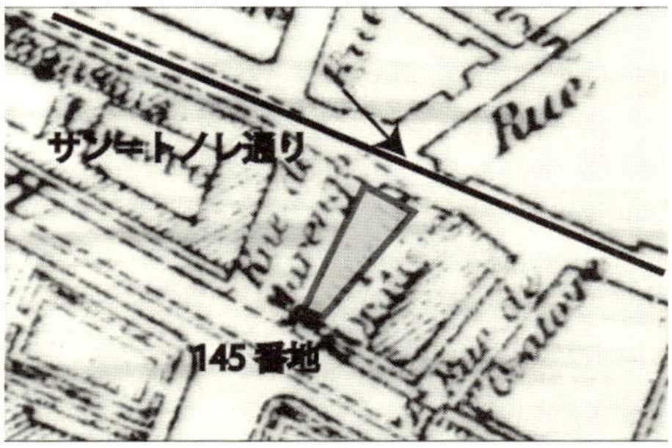

図5-28 （8）サン＝トノレ通り145番地
図版出典：*Ibid.,*

図5-29 （9）ドーフィヌ広場 （1916）
図版出典：CAA, N4 : *"rue de Harlay"*, cliché Lansiaux, 17 juillet 1916.

図5-30 （9）ドーフィヌ広場
図版出典：*Ibid.,*

第5章　考古学的・芸術的目録（CAA）の作成と歴史的環境保全への展開

図5-31　(10) サン＝トノレ通り33番地及びブルドネ通り43番地 (1916)
図版出典：CAA, N15: *"33 rue Saint-Honoré et 43 rue des Bourdonnais"* cliché Lansiaux, 19 juillet 1916.

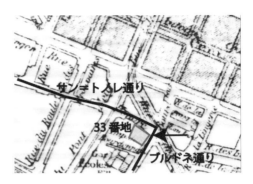

図5-32　(10) サン＝トノレ通り33番地及びブルドネ通り43番地
図版出典：*Ibid.,*

図5-33　(11) サン＝トゥースタシュ教会の周辺
図版出典：CAA, VP119 : *"Eglise Saint-Eustache, entrée de la rue du Jour".*

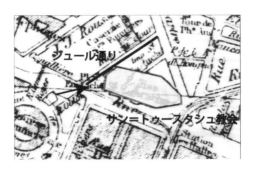

図5-34　(11) サン＝トゥースタシュ教会の周辺
図版出典：*Ibid.,*

151

図5-35 (12) ヴィアルム通り2番地(株式市場、ソワソン館)
図版出典：CAA, pas de ref : *"Rue des Viarmes, entours de la Bourse de Commerce et colonne de l'hôtel de Soissons"*.

図5-36 (12) ヴィアルム通り2番地
図版出典：*Ibid.,*

図5-37 (13) パレ・ロワイヤル (1916)
図版出典：CAA, N55 : *"Les abords du Palais-Royal, place du Théâtre Français"* cliché Lansiaux, 24 juillet 1916.

図5-38 (13) パレ・ロワイヤル
図版出典：*Ibid.,*

第5章 考古学的・芸術的目録（CAA）の作成と歴史的環境保全への展開

図5-39　(14) ボン・ザンファン通り8番地 (1916)
図版出典：CAA, N301 : *"Détail porte, 8 rue des Bons Enfants, Cloître Saint-Honoré"* cliché Lansiaus, 12 septembre 1916.

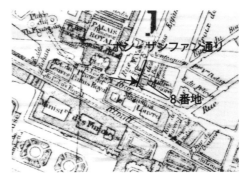

図5-40　(14) ボン・ザンファン通り8番地
図版出典：*Ibid.,*

図5-41　(15) サン＝タンヌ通り47番地 (1922)
図版出典：CAA, pas de ref : *"47 rue Saint-Anne, angle rue des Petits-Champs"* cliché Desprez, 1922.

図5-42　(15) サン＝タンヌ通り47番地
図版出典：*Ibid.,*

153

図5-43 (16) ルーヴルとテュイリュリー正面のリヴォリ通り (1916)
図版出典：CAA, N196: *"Rue de Rivoli, débouché sur la Place de la Concorde"* cliché Lansiaux, 26 août 1916.

図5-44 (16) ルーヴルとテュイリュリー正面のリヴォリ通り
図版出典：*Ibid.,*

 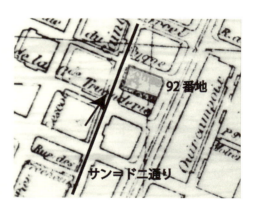

図5-45 (17) サン＝ドニ通り92番地（塔が見えるサン＝ルー教会）(1916)
図版出典：CAA, N69: *"Eglise saint-Leu, rue Saint-Denis"* cliché Lansiaux, 27 juillet 1916.

図5-46 (17) サン＝ドニ通り92番地
図版出典：*Ibid.,*

第 5 章　考古学的・芸術的目録（CAA）の作成と歴史的環境保全への展開

図 5-47　(18) シャトレ座 (1917)
図版出典：CAA, N1602 : cliché Lansiaux, 20 août 1917.

図 5-48　(18) シャトレ座
図版出典：Ibid..

（3）考古学的・芸術的目録（CAA）の都市的視点と「ピトレスク」な視点

　考古学的・芸術的目録（CAA）は、正式名称にしばしばピトレスクという語が付け加えられ、考古学的・芸術的・ピトレスク目録[44]と呼ばれることが多かった。
　ボニエは1916年5月13日のCVP総会において、考古学的・芸術的目録に関して、「とりわけ、ピトレスクが価値を評価し、都市空間の理解に必要な歴史的継続性の新しい計画の拠り所となる要素である。」[45]と述べている。
　ギルモー（2007）はこの件について、必ずしも中世以前のものではないピトレスクな特徴を持つ風景が、古きパリ委員会（CVP）により、過去の消失により貴重となったパリの典型的過去の証拠として、芸術的ではなく歴史的に評価されていたと解釈している[46]。なお、先に明らかにしたように、この「ピトレスク」な視点は、パリ・モニュメント愛好協会（SAMP）のラムルーやノルマンから受け継がれたものであった。
　「ピトレスク」な視点は、市民が感得する[47]ある建造物のピトレスクな眺めを建造物の評価基準とした。前項から、「ピトレスク」な景観とは、ピトレスクな角地、様々な視点場からのピトレスクな眺め、建造物の街路との調和、広場との関係性、隣接する建造物との調和、大建造物の都市の中における様々な見え方であることが明らかになった。こうしてドーフィヌ広場や、リヴォリ通りにおいては、地区のカテゴリーでCAAへの登録が行われたのである。
　CAAはもともと新道路計画に対して保護すべき建造物の目録であったが、市民の立場からピトレスクな眺めを評価する都市的視点を獲得するという展開が見られ、その結果、地区そのものがCAAに登録されることとなったと見ることができる。

(4) ルイ・ボニエによる用語「ピトレスク」の使用

　本節は、用語「ピトレスク」の黎明期である20世紀初頭に時期に絞り、「ピトレスク」の概念を系統立て、分析することを目的とする[48]。渡辺ほか（1997）の研究手法[49]を参考にして、第一には歴史的方法を取り、「ピトレスク」が景観の評価に使用し始められたとされる20世紀初頭を対象とし、用語の定着に大きな役割を果たした建築家ルイ・ボニエに着目する。そして、ボニエによる用語の使用法、使用対象などを明らかにし、用語の概念の抽出してみよう。

　第二には文献的方法を取る。具体的には、文献に記録されたものから実際の事例を収集し、整理・分析する。具体的には、用語「ピトレスク」の建築家ルイ・ボニエによる用語の使用事例を収集し、その内容に着目し、系統を整理・分析することで、「ピトレスク」の概念の一端を明らかにする。文献としては、ボニエの考古学的・芸術的目録（CAA）に関する議論を確認できる古きパリ委員会（CVP）の1916年から1920年の議事録を対象とする[50]。その中から、用語「ピトレスク」を使用している発言について、「ピトレスク」が関連している部分について全て抽出し、整理・分類し、概念を明らかにする。

　また、その際に以下を条件とする。著作のタイトルは除く。ボニエによる建造物の一部・全体・または都市の一部を対象とした発言のみ書き出すことにする。

　「ピトレスク」が関連している部分については、以下の場合とその部分に関連した部分とした。

1. 「ピトレスク」が直接上記の対象を修飾している場合
   例：これはピトレスクな家屋である（"C'est une maison pittoresque."）。
2. 「ピトレスク」が名詞としての用法で対象を指している場合
   例：ピトレスクさはこの家屋にある（"Le pittoresque est dans cette maison."）。
3. 文脈において対象が「ピトレスク」の意味を持つ場合。またこの場合に、別の語が使用されている際は、それを抜き出して分析した。
   例：この家屋はピトレスクな雰囲気だ（"Cette maison a l'ambiance pittoresque."）。
4. 文脈において「ピトレスク」が一部にあることにより、間接的な対象が「ピトレスク」の意味を持つ。この場合、直接的及び間接的対象とを抜き出して分析した。
   例：この地区には、この家屋があるのでピトレスクな雰囲気がある（"Ce quartier a l'ambiance pittoresque, car il a cette maison."）。
5. ピトレスクと同時に使ってある修飾語がある場合、これも抽出し分析した
   例：これは古くてピトレスクな家屋だ（"C'est une vieille maison pittoresque."）。

第5章　考古学的・芸術的目録（CAA）の作成と歴史的環境保全への展開

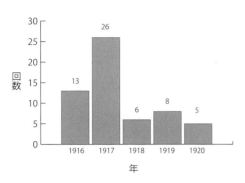

図5-49　時期別の出現回数

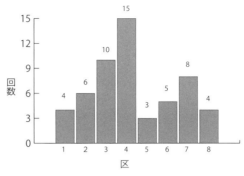

図5-50　場所（区）別の出現回数

①総数

全部で58件確認できた（表5-4）。

②時期別

1916年から1920年における用語「ピトレスク」の出現は下記の通りだった。これは1区から10区のCAAが作成された時期であるが、CAA作成の初期であるため時間をかけて丁寧な議論がなされており、用語の検討対象として適切であると判断した。

1917年が最も多く、26回であった。1917年は歴史的地区であるル・マレ地区が残る3、4区を調査したため、出現回数が多かったと考えられる。続いては、CAA作成初年度の1916年だが、1917年の半分の13回であった。その他の年は、5回から8回とかなり頻度が落ちている。最も少ないのは1920年であった（図5-49）。

③場所別

区ごとの分布でみると、最も多いのは4区で15回出現している。次に続くのは3区と7区で、それぞれ10回、8回の出現が確認できた。最も少なかったのは5区で、3回であった。また、特に参考としてあげた例に対して使用された2件は、場所は無しとした（図5-50、図5-51）[51]。以上から、分布はセーヌ川右岸の東部地区に偏在し集中する傾向が明らかになった。これは、主に17世紀の貴族の邸宅が多く残されたル・マレ地区であり、地区内部に2本の街路の開通が計画されただけで歴史的街路網の保存状態も良好だったためであると分析できる。

④種類別

出現対象の種類ごとに原語とともにまとめたのが、表5-5である。39種類の対象が確認され、最も多かったものが階段だが、それでも6回であった。続いて、一角が5回で、3回の中庭と家屋が続いている。58の出現回のうち、1回出現のみの対象は29種類も確認され、対象の多様さが伺える。

157

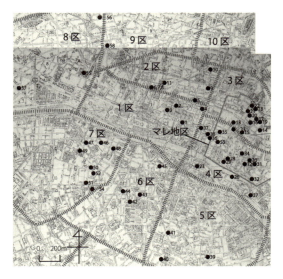
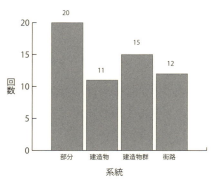

図5-51 用語「ピトレスク」の対象の分布
(出典：, *Plan de Paris*, Bibliothèque historique de la ville de Paris, 1923 に筆者加筆)

図5-52 系統別の出現回数

⑤系統別

続いて、対象がどのような系統に分類されるかを、部分・建造物・建造物群・街路の4系統に分類した（図5-52）。その際、部分は建造物の一部分、建造物は1件の建造物、建造物群は2件以上の建造物、街路は街路と建造物の構成に着目しているものとした。最も多かったものは部分の20回で、最も少なかったものは建造物の11回で、およそ2倍の差があった。次に多かったものは建造物群の15回で、続いて街路が12回であった。傾向としても、一建造物より小さな単位である部分と建造物の合計は31回であり、2軒以上の建造物については、建造物群と街路の合計で27回であり、対象のスケールには大きな差は見られない。

次に、対象が「ピトレスク」となった時の具体的な概念を探るべく、表5-4に抽出した事例のうち、ピトレスクの要因が記述されているものについて、表5-6に抽出し、整理した。その結果、「ピトレスク」の要因は、多様性・構成・懐古性・自然・地方性・特異性という6つの性質に分類されうることが判明した。最も多かった性質は多様性で、9回確認できた。それに続き、構成・懐古性が各7回で、自然・地方性・特異性が各2回であった。

多様性の中には、以下のようなものが確認できた。「2つの鐘楼のはっきりしたシルエット」といったように対比性により生み出されるもの、「異なった母屋による用途の多様性」といった用途の多様性、「現在の河岸の壁よりも単調さを減らす眺めを与えることができる」といった単純性の対局としての多様性、「歴史の異なった場所に隣接している」とい

う時代についての多様性。続いて、構成については、「隣の教会と鐘楼がある」という教会が都市の一角を構成しているものが見られるほか、「古い住居の入り口のポーチの並びは固いくぼみを形作っており、そこに車を駐車できる。奥のくぼみが、滑らかで平らなファサードとの幸せなコントラストをつくっている」といった町並みの変化が多く挙げられている。その他、「天窓が構成し、屋根の上にシルエットを形作っている」という屋根の並びの構成も見られる。

懐古性については、「中世の曲がりくねった道を想起させ、そこには張り出しと木の面がある」といった中世の要素が見られるもの、また中世のみではなく「扉の枠はロカイユ様式のピトレスクさを有している」という18世紀の要素が見られるもの、「昔の用途」という文字通りの過去性が見られた。過去性については、「狭小な袋小路に認められているように、光と空気を奪われている」という負の面も記述されている。自然については、「美しい木々」などの自然の要素の出現を指していた。

また、地方性には「地区改造のまっただ中で地方の様である」といった記述、特異性には「パリの活動のまっただ中の不意の光景の基盤である」といった記述が見られた。

さらに、形容詞「ピトレスク」の用法についてより詳細に探るため、146頁の例4に示されている意味上ピトレスクに文法上直接修飾された言葉でない場合、どのような言葉を介して修飾されているかを整理した。その結果、以下の言葉が抽出された（括弧内は出現回数）(5)。活気（animation）(1)、様相（aspect）(5)、枠組み（cadre）(1)、性格（caractère）(1)、効果（effet）(1)、手法（façon）(6)、プラン（plan）(1)、視点（point de vue）(1)、味わい（saveur）(1)。最も多く見られたのは、6回の手法で、続いて様相が5回であった。その他の言葉は各1回であった。プランのみは具体的な対象を指す言葉だが、他については「様相」といったように対象範囲の曖昧な言葉である。また、「手法」の意味は文脈から前述の「構成」に近いと考えられる。

そして、用語「ピトレスク」の形容詞としての意味を探るため、文法上、形容詞「ピトレスク」が修飾している名詞を同時に修飾している形容詞または形容語がある場合、それらを抽出した。結果、以下の形容詞・語が抽出された（括弧内は出現回数）。色彩を帯びた・生彩のある（coloré）(2)、装飾的な（décoratif）(1)、吐き気を催させる（nauséabond）(1)、地方の様な（provincial）(1)、多様な（varié）(2)、大きな（vaste）(1)、古い（vieux）(1)、力強い（vigoureux）(1) (6)。「地方のような」、「多様な」、及び「古い」はそれぞれ6-1で明らかになった性質である地方性、多様性、懐古性によるものと考えられる。「吐き気を催させる」も過去性の負の側面の表れであると考える[52]。「装飾的な」また「色彩を帯びた・生彩のある」については、装飾的な対象がピトレスクさを補強できると考えられる。「大きな」及び「力強い」は、ピトレスクの要因で見られなかった性質も「ピトレスク」が持つことができる可能性を示唆していると考えられる。

表 5-4　ピトレスクの概念に関する調査結果

文献番号	号（年）	頁	事　例　訳
1	1916	132	我々の4つの写真は、ピトレスクなこの一角の一群の建造物を撮影した。隣の家屋のバルコニーは看板によって嘆かわしく覆われており部分のみが見える。1階の店舗の美しい格子は幼子イエスに捧げられたものだが、委員会ではすでに何度か目にしている。
2	1916	134	最初の写真は現在のジュール通りの入り口で、単純にピトレスクである。
3	1916	188	彼は、さらに、もしこの古い建造物の内部を囲う店舗が小庭のための場所をあけるなら、この一角がピトレスクで魅力的になると指摘した。
4	1916	189	サン=ドニ通りは、2つの鐘楼のはっきりしたシルエットにより、何かピトレスクな様相がある。
5	1916	221	それは、隣接する屋根のまとまりの十分にピトレスクな手法により、塔の古い上部の装飾の傑作品を見せている。
6	1916	223	玄関の美しい効果も指摘しよう。これは、この中庭を、装飾的な象徴とともに通りと結びつけている。象徴は、奥の静かな規律の価値をつくりながら、第一に力強く、ピトレスクであるというプランを際立たせている。
7	1916	224	階段の写真では、工事局により集められたラブルースト以来の鋳造物群からはピトレスクさを見出すことはできない。
8	1916	224	…サン=ルイ島の彫像師ジェオフロワ・デショームが住んでいた邸宅の階段はピトレスクさがある。
9	1916	241	明らかに、これらの切妻はピトレスクさを持っている。そして、それらのそれらの斜線は、我々の一般的な構成を律するコーニスとくり形の平行性の中にいくらかの多様性を生み出す。
10	1916	264	切断可能な古い家屋の切妻の藤細工製造業のピトレスクなショーウィンドーが、記憶を残しており、委員会は写真を撮影すべきである。
11	1916	267	内部には、大階段があり、大変論理的に一つの塔により際立っている。それは、中庭の奥にピトレスクな手法で目立っており、そのファサードは幸せそうにプランの動きを解釈している。
12	1916	280	とりわけ、天窓が構成し、屋根の上にシルエットを形作っているピトレスクで多様な手法を指摘したい。
13	1916	281	一段と高くなったここに見せている扉の豊かな木造部品は、小門の上部にあり、板は十分に重量があり、その枠はロカイユ様式のピトレスクさを有している。
14	1917	2	この場所の通りの様相は特にピトレスクである。古い住居の入り口のポーチの並びは固いくぼみを形作っており、そこに車を駐車できる。奥のくぼみが、滑らかで平らなファサードとの幸せなコントラストをつくっており、いつかのひも模様のくり型と鉄の鋳造物の遊びを除去する必要はない。
15	1917	4	もし隣の教会と鐘楼がいくらかのピトレスクさを添えていなかったなら、この眺めの価値はより平凡だっただろう。
16	1917	8	入ったところの角の土地の構成では、小さな広場が2つの通りから合流した建造物を絶縁しており、オリジナルの構成、すなわち多様なピトレスクさを持つ余地がある。
17	1917	19	そこに表現された果実の花飾りのディティールでは、グルメな鳥たちが大変現実的な動きで、ピトレスクな活気を添えている…
18	1917	31	この古い市場の写真は、比較的ピトレスクな様相を持っている。
19	1917	32	最初の中庭で、異なった母屋が、用途の多様性をピトレスクな手法で際立たせている。
20	1917	33	ピトレスクな視点からは、我々の近代的なシテを消失させるに任せる勇気が必要だ。空気も光も無いこれらの住居の愛好者たちは、古き良き時代のこれらの興味深い遺産を崇拝しており、その価値のみを評価する。装飾のモティーフだけを見るという代わりに、そこに生きていたということだ。
21	1917	43	入り口の扉は、うまくファサードと中庭の建造物の壁の単純さと対比している。それらは、多様性によりなにかピトレスクにまとまっている。
22	1917	44	古きパリのピトレスクな一角だ。
23	1917	67	ピトレスクな視点からは、オテル=デューの日当りの良い場所の全てまたは一部を保全できるだろう。それらは、現在の河岸の壁よりも単調さを減らす眺めを与えることができる。
24	1917	69	これらの計画を検討すると、ピトレスクな手法が見えてくる。それらのいくつかのみをあげてみると、アミアン・シャルトル・ルーアン、とりわけアンヴェールの周辺環境である。
25	1917	69	この同じピトレスクさは、エヴルーの大聖堂、ソーミュールのサン=ピエール教会、トロワのサン=パンタレオン、アルルのサン=トロフィムの外観よりもより繊細である。
26	1917	90	ブルボン河岸15番地に、ピトレスクな大きな中庭がある。
27	1917	92	65枚の写真は、歴史、建築、特にそのピトレスクな状況において有名なこの邸宅についてである。
28	1917	116	皆様、あなた方はこの古きパリの極端にピトレスクな一角をご存知だ。中世の曲がりくねった道を想起させ、そこには張り出しと木の面がある…

第5章　考古学的・芸術的目録（CAA）の作成と歴史的環境保全への展開

対象			
名　称	場所(区)	種　類	系　統
サン＝トノレ通り33番地とブルドネ通り43番地の一角	1	一角	建造物群
ジュール通りの入り口	1	角	建造物群
ドゥ＝ゼキュ広場1番地とルーヴル通り13番地の一角	1	一角	建造物群
サン＝ルー教会の周辺のサン＝ドニ通り	1	通り	街路
通称ジャン＝サン＝プール塔と隣接する屋根	2	まとまり	建造物群
国立図書館の玄関	2	玄関	部分
国立図書館の階段	2	階段	部分
ジェオフロワ・デショーム邸の階段	4	階段	部分
サン＝ドニ通り174番地と176番地の切妻	2	切妻	部分
サント＝フォワ通り24番地のショーウィンドー	2	ショーウィンドー	部分
ノートル・ダム＝デ＝ヴィクトワール5番地とバンク通り12番地のファサード	2	ファサード	部分
フルシー館の天窓	4	天窓	部分
ブラック通り4番地の扉の枠	3	枠	部分
トリニー通り8-10番地あたりの通り	3	通り	街路
ル・カミュ館の眺め	3	眺め	建造物群
サン＝ジャン＝サン＝フランソワ教会の広場	3	広場	街路
サントンジュ通り8番地の花飾り	3	花飾り	部分
アンファン＝ルージュ市場	3	市場	建造物
ヴィエイユ＝デュ＝タンプル通り110番地	3	中庭	街路
スルディ路地	3	路地	街路
アルシヴ通り76番地とパストゥレル通り19－21番地の入り口の扉	3	扉	部分
アルシヴ通り83番地とポルトフォワン通り2番地の一角	3	一角	建造物群
オテル＝デュー日当りの良い場所	4	日当りの良い場所	部分
教会の周辺計画	無し	計画	建造物群
教会の周辺計画	無し	計画	建造物群
ブルボン河岸15番地の中庭	6	中庭	街路
ランベール館の位置	6	位置	街路
グルニエ・シュル＝ロー通りとバール通りの一角	4	一角	建造物群

161

29	1917	119-120	この道筋はサン＝ジェルヴェの死体置き場を管理する方法で検討されたが、委員会はまたピトレスクな味わいも知っている。
30	1917	156	それから、プレヴォ通りの不衛生な隙間では、比較的ピトレスクな2枚の写真が撮影された。
31	1917	167	それは、ほとんど地方のような十分にピトレスクなアクセスを構成しており、サン＝ポール＝サン＝ルイ教会の側面の扉の一つがある。そして、ドーム、翼廊と内陣の一部が背景となっている。
32	1917	183	建造物は大変ピトレスクだが、写真でわかる通り、嘆かわしい荒廃状態にある。
33	1917	246	(周辺の建造物を5メートル前進させる事)は残念である。なぜなら、1863年のこの建築線に従った通りのこの部分は、明るく、ピトレスクであり、かつ注意されていない。
34	1917	246	ロワ＝ド＝シシル通り30番地とエクフェ通りの角の切妻の古いピトレスクな家屋。
35	1917	266	それは、都市衛生愛好協会が、懐古主義を味わいたくないほどにピトレスクである。
36	1917	267	中庭には、大変ピトレスクな階段があり、アルバムの1ページを作りたいほどだ。パリでは他にほとんど類を見ない。
37	1917	282	2枚の写真が、レニ通りに残ったカラーでピトレスクで吐き気を催させる性格を維持している。
38	1917	286	…しかしながら、身廊の屋根をとりまく手すりは多様にデザインされ、明かり取りのついた各飛び梁の右に設置された台座にはキメラがおり、これらは大変ピトレスクな効果を生んでいる。
39	1917	399	ファサードは、中央の管理人室とともに、その2段の階段でいくらかのピトレスクさを演出している。
40	1918	87	サン＝ジャック通り283番地で、我々は古いカルメル会の2つの写真を撮影した：ピトレスクな様相の小塔のついた別館…
41	1918	87	このピトレスクな構成は、その設立者の名前であるモナコ王子とともに他の環境も思い出させる。
42	1918	108	52番地には、アーケード付きの玄関が、楽しいプランの上にピトレスクな階段を具えている。
43	1918	108	ガランシエール通りには、サン＝シュルピスの後陣があり、ピトレスクな眺めを提供している。
44	1918	133	2つの古い家屋がマダム通りとパープ＝カルパンティエール通りの角にあるが、2つの頑丈な木の切断面と力強い着色によるピトレスクでロマンティックな装飾がある。
45	1918	187	クリスティーヌ通りとグラン＝ドギュスタン通りの角の十分にピトレスクな家屋は、打ち出し模様のある石扉があるが、切断された破風には大きな価値はない。
46	1919	52	ユニヴェルシテ通り60番地で、ポワティエ通りとの角に、アヴジャン館(1725)年の庭園によるピトレスクな一角がある。通りに美しい木々が傾き出ている。
47	1919	53	我々は、サン＝ドミニク通りの入り口の邸宅のピトレスクで少し異国情緒のある様相の写真を撮影した。それは、古フォブール＝サン＝ジェルマンの色づいた記憶を維持している。
48	1919	59-60	隣の、(ユニヴェルシテ通り)17番地の邸宅は、18世紀の素晴らしいファサードを庭園側に持っている。そして、奥はアトリエ、または夏の食堂または音楽サロンになる。それは、とにかくピトレスクで装飾的である。
49	1919	77	ベルシャッス通り50番地の十分にピトレスクな家屋。
50	1919	126	85番地の旧レコレット修道院は第一帝政下で国立ヴィクトワール劇場に、その後サロン・ド・マルス・ダンスホールに、そしてプレ・オ・クレール・ホールとなり、バック通りでその昔の用途のピトレスクさを肯定するものである。
51	1919	127	内部で、我々はピトレスクな枠組みを確認できる階段の入り口の写真を撮影した。
52	1919	127	ヴァレンヌ通り19番地の通称シャランテラック館…もう一枚は十分に検討された隣接した建造物の楽しい眺めを持つピトレスクな中庭である。
53	1919	150	ヴルリー通りのピトレスクな階段。パリの活動のまっただ中の不意の光景の基盤である。
54	1920	7	それは、地区改造のまっただ中で、地方のようにピトレスクな街区として抵抗している。
55	1920	44	シテ・ベリエール、よりピトレスクでカラフルであるが、これらの起源であるいくつかの遺産は、悪く扱われている事を示している。
56	1920	87	リエージュ通り28番地には、ヴィオレ＝ル＝デュクが建設した建造物がある。中庭に面した立面は要素が多様であり、ピトレスクさに欠く事は無い。
57	1920	127	マリナン通りに開いたブルダン袋小路は、ピトレスクさを持つ事無く改造された。それは、かなり頻繁にかつての狭小な袋小路に認められているように、光と空気を奪われたという短所だった。
58	1920	259	…最後に、その歴史の異なった場所にピトレスクな手法で隣接しているコンドルセである。

第5章　考古学的・芸術的目録（CAA）の作成と歴史的環境保全への展開

サン＝ジェルヴェ教会の道筋	4	道筋	街路
プレヴォ通りの不衛生な隙間	4	隙間	建造物群
サン＝ポール・パサージュのアクセス	4	アクセス	街路
ヴューヴィユ館	4	建造物	建造物
アルシヴ通り42番地の周辺の建造物	4	部分	部分
ロワ＝ド＝シシル通り30番地とエクフェ通りの角の家屋	4	家屋	建造物
ブフ袋小路	4	袋小路	街路
ヴェルリー通り83番地の階段	4	階段	部分
レニ通りの店舗	4	店舗	建造物
クロワートル＝サン＝メリ通り側の教会	4	教会	建造物
パトリアルシュ市場のファサード	5	ファサード	部分
サン＝ジャック通り283番地の小塔	5	小塔	部分
サン＝ジャック通り195番地の構成	5	構成	建造物群
ヴォジラール通り52番地の階段	6	階段	部分
ガランシエール通りの眺め	6	眺め	建造物群
マダム通りとパープ＝カルパンティエール通りの角の2つの家屋の装飾		装飾	部分
クリスティーヌ通りとグラン＝ドギュスタン通りの角の家屋	6	家屋	建造物
ユニヴェルシテ通り60番地で、ポワティエ通りとの一角	7	一角	建造物群
サン＝ドミニク通りの入り口の邸宅	7	邸宅	建造物
（ユニヴェルシテ通り）17番地の邸宅の奥のアトリエ	7	アトリエ	建造物
ベルシャッス通り50番地の家屋	7	家屋	建造物
バック通り85番地の旧レコレット修道院	7	修道院	建造物
バック通り128番地の階段	7	階段	部分
ヴァレンヌ通り19番地の中庭	7	中庭	街路
ヴルリー通りの階段	4	階段	部分
ラエネック病院の街区	7	街区	建造物群
シテ・ベリエール	8	シテ	建造物群
リエージュ通り28番地の立面	8	立面	部分
ブルダン袋小路	8	袋小路	街路
古カピュシウ修道院（コーマルタン通り65番地）	8	修道院	建造物

163

表 5-5　出現対象の種類一覧

番号	種　類	原　語	出現回数
1	アクセス	accès	1
2	角	angle	1
3	アトリエ	atelier	1
4	店舗	boutique	1
5	日当りの良い場所	cagnard	1
6	シテ	cité	1
7	一角	coin	5
8	構成	composition	1
9	中庭	cour	3
10	装飾	décor	1
11	教会	église	1
12	立面	élévation	1
13	枠	encadrement	1
14	階段	escalier	6
15	ショーウィンドー	étalage	1
16	ファサード	façade	2
17	隙間	fente	1
18	まとまり	groupement	1
19	花飾り	guirlande	1
20	邸宅	hôtel particulier	1
21	街区	îlot	1
22	建造物	immeuble	1
23	袋小路	impasse	2
24	天窓	lucarne	1
25	家屋	maison	3
26	市場	marché	1
27	修道院	monastère	2
28	部分	partie	1
29	切妻	pignon	1
30	広場	place	1
31	計画	plan	2
32	扉	porte	1
33	街路	rue	2
34	路地	ruelle	1
35	位置	situation	1
36	小塔	tourelle	1
37	道筋	tracé	1
38	玄関	vestibule	1
39	眺め	vue	2

　結果を概観してみると、20世紀初頭のパリにおける用語「ピトレスク」の概念は、イギリスで18世紀に形成されたピクチャレスク美学の自然の概念を力強さや地方性として継承しつつも、当時は存在しない都市景観という用語の代理として新たな価値を紡ぎだしたことが分かった。

　まず、対象が自然ではなく都市に向いたことがあげられる。そのスケールは、建造物の一部分から街路までと幅広い。また、概念の性質は「多様性・構成・懐古性・自然・地方性・特異性」であったことが分かった。「懐古性・自然・地方性」はイギリスの概念にも通じるところがあるが、「特異性・多様性」や「多様性」にも通じる「構成」はパリの都市景観で新たに加えられた概念である[53]。他方、「ピトレスク」な「様相」といった、具体的な景観ではなく曖昧模糊とした対象を指す用法も発見できた。同時に使用された形容詞から見た概念では、前述のものに加えてさらに負の側面の強い「吐き気を催させる」や、今まで見られなかった「力強い」という側面も明らかになった。上記から、言葉としてのピトレスクの用法は明らかになったが、よりピトレスクのビジュアル面の解釈について理解を深める必要がある。この点に関して、ピトレスクなパリを撮り続けた写真家ウジェーヌ・アジェ[54]の一連の写真についての分析を試みたい。

第5章 考古学的・芸術的目録（CAA）の作成と歴史的環境保全への展開

表 5-6 ピトレスクの要因と性質

文献番号	号（年）	頁	要　　因	性　質
4	1916	189	2つの鐘楼のはっきりしたシルエット	多様性
9	1916	241	それらのそれらの斜線は、我々の一般的な構成を律するコーニスとくり形の平行性の中にいくらかの多様性を生み出す	
19	1917	32	異なった母屋による用途の多様性	
21	1917	43	うまくファサードと中庭の建造物の壁の単純さと対比した多様性	
23	1917	67	現在の河岸の壁よりも単調さを減らす眺めを与えることができる	
34	1917	246	角の切妻の古い家屋	
38	1917	286	身廊の屋根をとりまく手すりは多様にデザインされ、明かり取りのついた各飛び梁の右に設置された台座にはキメラがいる	
56	1920	87	要素が多様である	
58	1920	259	歴史の異なった場所に隣接している	
6	1916	223	中庭を、装飾的な象徴とともに通りと結びつけている	構　成
12	1916	280	天窓が構成し、屋根の上にシルエットを形作っている	
14	1917	2	古い住居の入り口のポーチの並びは固いくぼみを形作っており、そこに車を駐車できる。奥のくぼみが、滑らかで平らなファサードとの幸せなコントラストをつくっている	
15	1917	4	隣の教会と鐘楼がある	
16	1917	8	小さな広場が2つの通りから合流した建造物を絶縁しているオリジナルの構成	
39	1917	399	中央の管理人室と2段の階段	
43	1918	108	サン＝シュルピスの後陣がある	
52	1919	127	十分に検討された隣接した建造物の楽しい眺めを持つ	
13	1916	281	扉の枠はロカイユ様式のピトレスクさを有している	懐古性
20	1917	33	そこに生きていたということ	
28	1917	116	中世の曲がりくねった道を想起させ、そこには張り出しと木の面がある	
35	1917	266	懐古主義	
37	1917	282	店舗が中世の柱と縁石を残している	
50	1919	126	昔の用途	
57	1920	127	狭小な袋小路に認められているように、光と空気を奪われている	
17	1917	19	グルメな鳥たちの大変現実的な動き	自　然
46	1919	52	美しい木々	
31	1917	167	地方のようである	地方性
54	1920	7	地区改造のまっただ中で地方の様である	
11	1916	267	大変論理的に一つの塔により際立っている	特異性
53	1919	150	パリの活動のまっただ中の不意の光景の基盤である	

5-4　ウジェーヌ・アジェの写真によるピトレスクの概念

(1) ウジェーヌ・アジェの経歴

　写真家ウジェーヌ・アジェは、1897年から「ピトレスクなパリ[55]」及び「古きパリ[56]」というシリーズでパリのピトレスクな景観の撮影を開始した。1906年から撮影した「古きパリの地誌[57]」では体系的に地区ごとに主に古きパリの街路の写真撮影をし、古きパリ委観（CVP）も写真を目録用に購入していた[58]。アジェの「古きパリ」の地誌シリーズの写真を分析する事で、19世紀末から20世紀初頭におけるパリのピトレスクの概念について明らかにできるのではないだろうか[59]。

　そこで、本書ではアジェにより古きパリとして撮影された「古きパリ」の地誌シリーズのうち、フランス国立図書館デジタルアーカイヴ所蔵の写真を対象に、19世紀末から20世紀初頭のフランスにおけるピトレスクの概念に関する景観特性の考察を目的とする。

　アジェについては、日本では今橋（2000）らによる研究が存在する[60]。フランスでは、数多くの写真集が出版され、人物像や目録等については、ボルコマン（1984）[61]、ビュイジヌ（1994）[62]、フランス博物館局（1978）[63]、バジェ（2001）[64]らにより説明されているが、撮影した風景自体に関する研究は見受けられない。また、2007年には国立図書館でアジェの展覧会 « Eugène Atget » が開催された[65]。以上より、本研究は日仏の景観概念研究において、新たな視点を提供することが期待される。

　研究方法は、まず、上記の資料等を用いて、ウジェーヌ・アジェの経歴について概観した後、撮影を行った写真コレクションの整理を行う。次に、フランス国立図書館のデジタル写真コレクション・古きパリの地誌シリーズ中のソルボンヌ地区を用いて、アジェが撮影したピトレスクなパリの概念を分析する。対象地区はピトレスクな古きパリの代表的な景観である「古い建造物に囲まれたサント＝ジュヌヴィエーヴ山の急斜面[66]の素晴らしい歴史的景観」[67]を有した。しかし、後述する大通り沿いのオスマニズムに付随した急進的近代化の波にさらされたため、アジェが1906年から「古きパリの地誌シリーズ」を撮影した際、真っ先に撮影を開始した地区であり、彼がピトレスクな古きパリの景観を扱うシリーズの中でも、対象地区を最も代表的な景観として捉えていたことが分かる。そこで、対象地区は概念の特徴把握と普遍化の対象として最適な地区であると言える。具体的には、1906年から1915年に撮影された古きパリの地誌シリーズを対象として、写真と地図を用

第5章　考古学的・芸術的目録（CAA）の作成と歴史的環境保全への展開

いて主要視対象の景観特性の分析を行い、19世紀末から20世紀初頭におけるパリのピトレスクな概念を考察する。

　ウジェーヌ・アジェは1888年から写真の撮影を始めた[68]。CVP設立時期にアジェは上述の消え行く古きパリを体系的に撮影し始めるが、これはサルドゥが消え行く家屋等を対象とすることを示唆したためである。これにより、アジェはオスマニズムの進展により消え行く古きパリの記録を意識するようになった。1906年から1915年まで、アジェは本節で扱う3つ目の大シリーズ「古きパリの地誌」を撮影した。これには600点以上が収蔵されている。撮影開始から最初の5年間では扱えなかった、現代で言えば「都市組織」を形成し、開発モデルとなる不規則な古い街路について、街路・地区ごとに体系的に撮影した。1906年から1908年にかけて1区のパレ・ロワイヤル周辺のパリ右岸から撮影した。1909年には、5区ムフタール通り周辺の左岸地区を撮影し、1910年から1912年にかけて、6区のサン＝ジェルマン＝デ＝プレ周辺及び、右岸のル・マレ地区周辺を撮影した。1912年からは4区のサン＝ルイ島等その他撮影が不足していた地域について活動した。彼はこれらの写真をカルナヴァレ美術館や、パリ市歴史図書館、CVP等に販売した。

　1920年には、美術学校校長であったポール・レオン[69]にアーカイヴの設立をもちかけた際に、アジェは「私は、全ての古きパリを所有していると言える」と述べている。そして、歴史的建造物委員会に2,621点の写真ネガを10,000フランで売却した。晩年には、公園やウィンドウも撮影した。

　1910年から、アジェは撮影したシリーズの写真を、小シリーズとアルバムに分類した。最終的に分類されたシリーズには、以下のものがあった。①風景と文書、②古いフランス、③宗教的衣装と芸術、④ピトレスクなパリ、⑤古きパリの芸術、⑥古きパリの周辺、⑦古きパリの地誌、⑧パリの内装、⑨主に公園と庭園を扱ったもの。特筆すべき点として、④「ピトレスクなパリ」シリーズはパリの街路における人々の生活を扱っていた[70]。⑦古きパリの地誌は、体系的にパリの街路の様相と構造について撮影したものである。⑦古きパリの地誌について、国立図書館に現在区及び地区ごとに分類された約3,200点が収蔵されている。これは、単純に1906年以降に⑦古きパリの地誌シリーズとして撮影された写真だけではなく、郊外も含む他のシリーズの写真も再編されている。

（2）ソルボンヌ地区におけるピトレスクの概念

　古きパリの地誌シリーズとして、国立図書館デジタルアーカイヴ[71]に分類・収蔵されている写真の中から、ソルボンヌ地区に分類されているものを対象とする。ソルボンヌ地区は、シリーズ初年度の1906年から撮影され、113点の写真が収蔵されている。アーカイヴには26地区が掲載されている（表5-7）。

パリ5区のソルボンヌ地区は、ソルボンヌ大学を中心としてリュクサンブール公園の東側に学生街カルチェ・ラタンを形成している。クリュニー中世博物館のローマ時代の遺跡をはじめ、パンテオン等、多くの遺産が存在するパリ20番目の行政区でもある。一方、オスマンの街路事業であるパリ市への十字形幹線道路の開設に付随して、サン＝ミシェル大通りがこの地区を貫通し、大通り側の景観が大きく様変わりした地区でもあった（図5-53）。

　現代の意味での景観について、分析手法は飯田（2008）他を参考とした[72]。まず、視対象の特性を明らかにする。主要視対象の要素の手がかりを、写真の構図、写真余白のアジェによるメモ及びカメラのピントの合わせ方から抽出し[73]、大カテゴリー（1街路、2建造物、3その他）に分類した[74]（図5-54）。まずはタイトルから街路を判断し、判断がつかない場合は、画面の中央または中央付近に大きくまたは目をひくよう撮影された対象を主要視対象とし[75]、残りをその他とした。その結果、113点中、街路を主要視対象としているものは27点、建造物を対象としているものは53点、その他は33点見られ、建造物が最も多いことが判明した[76]（図5-55）。このことから、パリ市内の写真であるため、街路形状のみに留まらず、建造物そのものがアジェの興味の中心にあったことが読み取れた。

　次に主要視対象について、大カテゴリー（1街路、2建造物、3その他）を細分化したサブカテゴリーに分類した[77]（図5-56、図5-57）。建造物はサブ大カテゴリーとして集合と単体に分類した。その結果、最も多かったものは扉で14件あった。これは、ピトレスクなパリとして建造物の細部を撮影していたものが、古きパリの地誌シリーズに組み込まれたケースが多かったためと考えられる。また、建造物を撮影した後、近づいて扉のみ撮影したものも多く見受けられた。続いて、多いものが住商混合の集合建造物で10件である。これは、特に目立ったランドマークや特異な建造物がない、パリの一般的市街地である住商混合地区をアジェが好んで撮影していたためと考えられる。次に多いものは、角地建築で9件である。これには、石造りの建造物の角に建設された、木造の家屋が多く見受けられた。次に多いものは、8件の幅員変化街路と工事であった。双方は、オスマニズムの進展による街路の拡幅が進展していたことに由来する。

　次に、副次的な視対象についても全てサブカテゴリーごとに列挙した（図5-58）。その結果、集合建造物の住商混合が51件と最も多いことが明らかになった。これは、上記の主要視対象としても出現しており、アジェの一般的な町並みに対する興味の表れであると考えられる。続いて多かったものは、39件の街灯であった。

　これは、主要視対象としては2件しか確認されていないが、アジェが街灯について、町並みを際立たせる魅力的な景観要素として捉えていたことが伺える。さらに、樹が21件確認されたが、これは街路を撮影した際に写り込んだものが多かった。これについても、町並みを際立たせる魅力的な景観要素として捉えていたことが伺える。

第5章 考古学的・芸術的目録（CAA）の作成と歴史的環境保全への展開

表5-7 デジタル・アーカイヴに所蔵の地区一覧

番号	地 区 名
1	ソルボンヌ
2	アンヴァリッド
3	オデオン
4	モネ
5	アルスナル
6	レ・アル
7	アルシヴ
8	ヴィヴィエンヌ
9	ゲヨン
10	メル
11	サン＝タヴォワ
12	ヴァル＝ド＝グラス
13	サン＝メリ
14	アール・ゼ・メティエ
15	サン＝ジェルマン＝ローセロワ
16	サン＝ジェルマン＝デ＝プレ
17	ノートル＝ダム・デ・シャン
18	ジャルダン・デ・プラント
19	アンファン・ルージュ
20	ボンヌ・ヌーヴェル
21	サン＝トマ・ダキン
22	パレ・ロワイヤル
23	ノートル＝ダム
24	サン＝ジェルヴェ
25	グロ・ケヨー
26	ヴァンドーム広場

図5-54 大カテゴリーの分類例
（写真番号・撮影場所）

図5-53 ソルボンヌ地区概要（出典：, Paris en 1871, Bibliothèque historique de la ville de Paris, 1871に筆者加筆）

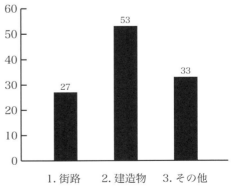

図5-55 大カテゴリーの視対象の属性

169

次に、写真が撮影された視点場について、オスマニズム及び大街路・広場との結節の分類ごとで考察する[78]（表5-8、口絵3）。アジェはオスマニズム以前の古きパリの景観を撮影し、この地区の景観は裏の細街路と表の大街路や広場とのモザイク状の構成に大きく影響されているからである。最も多い属性は21の非オスマニズム街路で82枚であり、その内、大街路結節が8街路で40枚と最も多かった。

　続いて、その他結節が8街路で23枚であった。その他結節は街路の起点から終点まで細街路にのみ面している。上記は地区の北側に集中している。さらに広場結節も2街路で10箇所撮影された。また、非オスマニズム広場の大街路結節もほぼ同じ枚数を記録しており、2広場で11枚となっている。このことから、視点場は非オスマニズム細街路から大胆に見通しが開ける、もしくは細街路により周囲から視線が囲い込まれた場所、または広場と大街路で見通しが開ける場所に多く存在することが分かった。

　図5-60では、街路・広場ごとの視点場から、主要視対象を集計し、2回以上の頻度で表れるものに関して抽出し、主要な景観11の特性について考察した[79]（図5-61）。まず、街路に関して、景観AからCは、非オスマニズム細街路の近景から中景にサン＝ジャック通りの幅員変化やモンターニュ・サント＝ジュヌヴィエーヴ通りの不規則叉路があり、遠景にガランド通りの曲線や教会が垣間見える景観となっている。また、建造物について景観Dではガランド通り、サン＝ジュリアン＝ル＝ポーヴル通りの住商混合の町並みが撮影されている。これらは非オスマン様式の当時の住民が生活した一般的な建造物であるが、古きパリの保全に先進的だったCVPもまだこのような界隈の歴史的価値を殆ど評価していなかった。従って、アジェは住民の当時の生活感を重視して撮影したと考えられる。景観EからFは近景から中景にガランド通りの角地建築など、町並みにおける特異な建造物があり、背後に不規則な街路や遠景の教会が見られる。街灯はEのように近景に写し込まれ、建造物とともに町並みの特異点となる。GからIでは中景から遠景にオスマニズム以前の建造物が望む。Hではオスマニズムにはない形で樹がのぞいている。これらは、いずれもオスマニズムによる都市の整序化と正反対の傾向が見られる。その他に関しては、Jではサン＝ジャック通りにおける工事が注目されており、これには都市更新の記録を残す意図があったと考えられる。Kは細部まで個性的な装飾に着目したものである。

　結論として、アジェの写真から想定されるピトレスクの概念は、オスマンの都市改造に真っ向から対抗するものであったとみることができる。1990年代以降の日本の概念に照らしあわせれば、オスマンのパースペクティブと対称性を重視した都市計画に対抗して、曲線や不規則な街路、オスマン以前の建造物から構成される近景・中景・遠景で変化に富む景観を好んだことが明らかになった。街灯や樹は町並みの特異点としてこれを助けた。さらに単純な中世的景観ではなく、界隈の生活感を重視し、扉等に代表される細部まで生き生きとした個性的な建造物が存在するパリを求めていたことが明らかになった。

第5章 考古学的・芸術的目録（CAA）の作成と歴史的環境保全への展開

図5-56 サブカテゴリーの分類例と判定根拠

		街路						
		1 直線街路	2 幅員変化街路	3 曲線街路	4 不規則叉路	5 広場※	6 階段※	7 規則的叉路
根拠		主要視対象の街路が直線である。	主要視対象の街路の幅員が途中で変化している。	主要視対象の街路が曲がっている。	主要視対象が叉路であり不規則な交わり方をしている。	主要視対象が広場である。	主要視対象が階段状の街路である。	主要視対象が叉路であり直交している。
写真番号・撮影場所		 100 サン＝ジュリアン＝ル＝ポーヴル通り	 32 グラン・デグレ通り	 56 ガランド通り	 31 ブドブリー通り	 20 サン＝テティエンヌ＝デュ＝モン通り	 27 アングレ通り	 63 ラノー通り

		建造物（集合）		建造物（単体）				
		1 住宅	2 住商混合	1 空中通路	2 沿道型建造物	3 ドーム屋根	4 角地建築	5 住商連合
根拠		主要視対象が住宅で構成された町並みである。	主要視対象が住宅と店舗で構成された町並みである。	主要視対象がある建造物の一部の空中の通路である。	主要視対象が広場に面した単一の建造物である。	主要視対象がドーム屋根のある単一の建造物である。	主要視対象が角地に立地する建造物である。	主要視対象が単一建造物で住宅と店舗がある。
写真番号・撮影場所		 103 サン＝ジュリアン＝ル＝ポーヴル通り	 87 プティ・ポン通り	 1 ビュシュリー通り	 75 パンテオン通り	 2 ビュシュリー通り	 4 ガランド通り	 6 ガランド通り

		建造物（単体）						
		6 中庭型	7 教会	8 公共建造物	9 塔	10 マンサール屋根※	11 小屋	12 住宅
根拠		主要視対象が単一建物の中庭である。	主要視対象が教会である。	主要視対象が学校等の公共建造物である。	主要視対象が塔状の建造物である。	主要視対象がある建造物のマンサール屋根である。	主要視対象が木造の小屋である。	主要視対象が住宅機能のみを持つ単一の建造物である。
写真番号・撮影場所		 10 プティ・ポン通り	 20 サン＝テティエンヌ＝デュ＝モン通り	 21 クローヴィス通り	 111 ヴァレット通り	 36 ラグランジュ通り	 23 モンターニュ・サント＝ジュヌヴィエーヴ通り	 45 クローヴィス通り

※主要視対象としては写真がないか、副次的な視対象として登場しているので例示した。

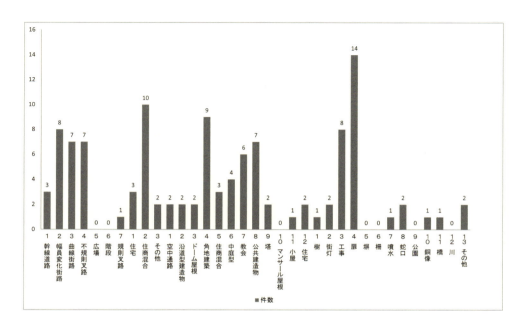

図5-57　主要視対象の分類

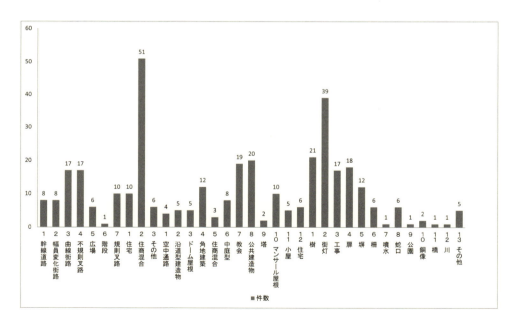

図5-58　全ての視対象による分類

172

第5章 考古学的・芸術的目録（CAA）の作成と歴史的環境保全への展開

表 5-8　オスマニズムと結節による視点場の分類（口絵3参照）

属性	結節	視点場名称	合計	線色
I　非オスマニズム街路	a 大街路（幅員 15m 以上）	1 ビュシュリー通り（12）、2 ガランド通り（9）、3 パルシュミヌリー通り（6）、4 アングレ通り（3）、5 ブトブリー通り（1）、6 ダント通り（2）、7 ジャン・ド・ボーヴェ通り（1）、8 サン＝ジャック通り（6）	40	赤
	b 広場	1 クローヴィス通り（6）、2 ヴァレット通り（4）	10	橙
	c 大街路・広場	1 カルム通り（2）、2 クジャス通り（1）、3 モンターニュ・サント＝ジュヌヴィエーヴ通り（6）	9	黄
	d その他	1 プティ・ポン通り（7）、2 サン＝ジュリアン＝ル＝ポーヴル通り（6）、3 サン＝テティエンヌ＝デュ＝モン通り（2）、4 グラン・デグレ通り（1）、5 ドマ通り（2）、6 ラノー通り（3）、7 ラプラス通り（1）、8 ザシャリ通り（1）	23	桃
II　オスマニズム街路	c 大街路・広場	1 ラグランジュ通り（3）	3	黒
III　非オスマニズム小路	d その他	1 ブフ小路（1）、2 シャルティエール小路（1）、3 サランブリエール小路（2）	4	青
IV　非オスマニズム広場	a 大街路	1 パンテオン広場（9）、2 マルスラン＝ベルトロ広場（2）	11	黄緑
	c 大街路・広場	1 サント＝ジュヌヴィエーヴ広場（1）	1	緑
V　オスマニズム広場	a 大街路	1 モベール広場（3）	3	灰
VI　非オスマニズム岸	a 大街路	1 サン＝ミシェル河岸（1）	1	水色

173

図5-60　視点場と主要視対象の関係（□は2枚以上の写真が存在するもの）

属性※表5—8参照	結節※	視点場	主要視対象 街路 1直線街路	2幅員変化街路	3曲線街路	4不規則叉路	5広場	6階段	7規則的叉路	集合建造物 1住宅	2住商混合	3その他	単体建造物 1空中通路	2沿道型建造物	3ドーム屋根	4角地建築
I	a	1ビュシュリー通り											1		2	1
		2ガランド通り			2	景観A					2					3
		3バルシュミヌリー通り			2						1					
		4アングレ通り		1									景観D			
		5ブトブリー通り				1										
		6ダント通り														
		7ジャン・ド・ボーヴェ通り														1
		8サン＝ジャック通り	1	2	景観B						1			景観E		2
	b	1クローヴィス通り														
		2ヴァレット通り	1							1	1					
	c	1プティ・ポン通り														1
		2クジャス通り														
		3モンターニュ・サント＝ジュヌヴィエーヴ通り			1	2	景観C									
	d	1プティ・ポン通り		1							1					
		2サン＝ジュリアン＝ル＝ポーヴル通り	1	1		1				2	2					
		3サン＝テティエンヌ＝デュ＝モン通り			1											
		4グラン・デグレ通り		1												
		5ドマ通り														
		6ラノー通り			1				1		1					
		7ラプラス通り														
		8ザシャリ通り		1												
II	c	ラグランジュ通り											1			
III	d	1ブフ小路									1					
		2シャルティエール小路														
		3サランブリエール小路		1		1										
IV	a	1パンテオン広場												景観I	2	
		2マルスラン＝ベルトロ広場														
	c	1サント＝ジュヌヴィエーヴ広場														
V	a	1モベール広場				1										1
VI	a	1サン＝ミシェル河岸														
		合計写真枚数	3	8	7	6	0	0	1	3	10	0	2	2	2	9

第5章　考古学的・芸術的目録（CAA）の作成と歴史的環境保全への展開

	主要視対象																					合計写真枚数
	単体建造物								その他													
	5住商混合	6中庭型	7教会	8公共建造物	9塔	10マンサール屋根	11小屋	12住宅	1樹	2街灯	3工事	4扉	5塀	6柵	7噴水	8蛇口	9公園	10銅像	11橋	12河	13その他	
		1	2	3								1									1	12
	1	1	景観F																			9
												3										6
→	2																					3
																						1
			景観G								2											2
				景観J																		1
											2											7
			1	2	1			2			景観H											6
					1																	4
			1																			2
										1												1
						1					1			1								6
		1								1	1	1								1		7
																						6
			1																			2
											1											1
		1									1											2
												景観K										3
													1									1
																						1
			1					1														3
																						1
													1									1
																						2
			1									6										9
																2						2
										1												1
																		1				3
																			1			1
	3	4	6	6	2	0	1	2	1	2	8	13	0	0	1	2	0	1	1	0	3	106

図5-61 11種の景観の類型例事例と分析（※色付き字は同色線で写真・地図上（地図は建物のみ）に示した）

大分類	街路			建造物		
景観	A 非オスマニズムの曲線	B 非オスマニズムの幅員変化	C 非オスマニズムの不規則叉路	D 住商混合の町並み	E 特異な建造物	F 遠景の遺産
写真例						
地図例				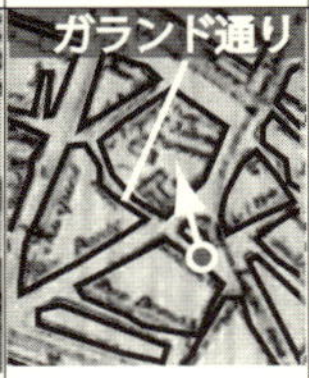	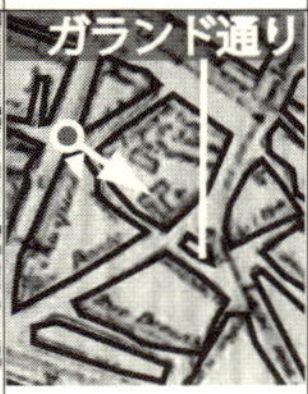	
分析※	ガランド通りは細街路であり、近景には幅員変化、中景は曲線街路となっており、パースペクティブのない景観である。	サン・ジャック通りには遠景にパースペクティブがあるが、あえて近景に幅員変化がある景観である。	中景にはオスマニズムには存在しない不規則な叉路があり、遠景にはアイストップではない**モニュメント**がある景観である。	近景から中景に続く町並みが、オスマン様式ではない住商混合の集合建造物で構成されている景観である。	近景から遠景に不規則な街路が走り、近景から中景に**街灯・角地建築**やドーム屋根等特異な建造物がある景観である。	細街路の近景に庶民の生活を表現する**小屋**があり、町並みの抜けから遠景に**歴史的遺産**を望む景観である。
大分類	建造物			その他		
景観	G 中景の公共建造物	H 角地の住宅	I 広場の沿道型建造物	J 工事	K 細部	
写真例						
地図例						
分析※	非オスマニズム街路上から、中景に公共建造物である**アンリ4世高校**を望む景観である。遠景に**塔**が見える。	非オスマニズム街路上から、中景に角地の**庭園付き住宅**を望む景観である。庭園から**樹木**が覗いている。背後に**教会**も見える。	18世紀に建設された**パンテオン広場を構成する建造物**の全貌を望む景観である。	サン・ジャック通り沿いで行われた工事を中景に望む景観である。**サン・セヴラン教会**が見える。	マルスラン＝ベルトロ広場の蛇口やパンテオン広場の建造物の扉等、細部を写した写真である。	

5–5　古きパリ委員会（CVP）による広場の面的な保全と都市的視点（一体的計画性）

（1）17世紀のヴォージュ広場の成り立ち

　ここまで、古きパリ委員会（CVP）が考古学的・芸術的目録（CAA）の作成に際し、市民の立場からピトレスクな眺めを評価する都市的視点を社会に示してきたことについて述べてきた。

　ここからは、CVPが一体的な計画性の価値を発見し、保全を実現したヴォージュ広場保全の経緯について明らかにしたい。この件は緊急性があったためCAAの検討より先に議論が行われ、一体的に歴史的建造物に指定された。その際、一体的に計画された空間のあり方に価値が見出された。

図5-62　ヴォージュ広場（1912）
図版出典：CAAに筆者加筆

　ヴォージュ広場（旧ロワイヤル広場が1800年に改称）は、パリ3及び4区にまたがる歴史的地区であるル・マレ地区に位置する。これはアンリ4世の1605年7月の開封勅書により建設された歴史的広場[80]であった（図5-62、図5-63、図5-64、図5-65、図5-66）。

　開封勅書では、広場の一体的な設計が以下のように規定され、それらを遵守することが地役権として住民に課された。まず、72トワズ[81]四方のロワイヤル広場を建造物が囲む。広場のデザインに従って、各敷地の所有者が建造物を建設する。商業の利便性のため、下部にアーケードとギャラリーが開かれた、タイルとブロックの石の壁を持つパヴィヨンを、各人が上記の広場の側面に建てる。それは、添付されたプランと立面に従う。サン＝タントワーヌ通りから通り（ビラーグ通り）が開設される。この通りを中心に広場の周縁を構成する3面は全て左右対称に建設される。

　ヴォージュ広場を研究していたCVP事務局長で歴史家のルシアン・ランボー[82]によれば、この開封勅書は1791年及び1888年に確認され1848年に改訂されており、地役権として常に有効なため建造物のファサードを改変することを禁じていた[83]。

　1791年法は、パリに適用された勅令または街路のオルドナンスによって課せられたすべての規則の有効性を確認しており、「第1タイトル第29条——街路に関連するもの、現

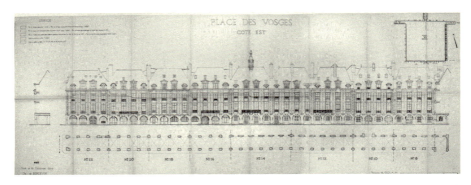
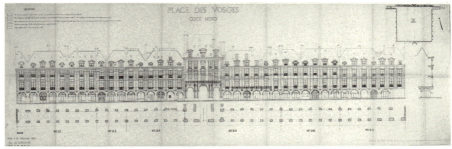

上：図5-63　ヴォージュ広場東側立面（1956）図版出典：CAA
下：図5-64　ヴォージュ広場北側立面（1956）図版出典：CAA

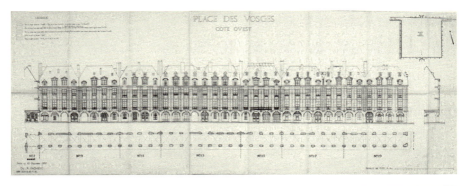
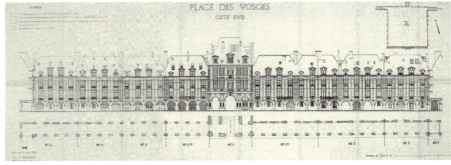

上：図5-65　ヴォージュ広場西側立面（1956）図版出典：CAA
下：図5-66　ヴォージュ広場南側立面（1956）図版出典：CAA

在の建造物の不変性及び保証について存続している規則は、一時的に存続が確認される。ただし、現在の規則に対し、個別の裁判の結果がある場合は、この限りではない」と述べられている。

さらに、1848年3月26日の実行権のアレテは、1605年の開封勅書の規則と目的を以下のように公式な方法で示していた。「1605年7月の開封勅書により沿道の所有者に課せられたロワイヤル広場沿いの建造物の対照的な装飾に関する条件は、確認されたため存続する」。

1888年12月8日の破棄院のアレテは、以下の宣言によって上記の規則を認めている。「街路に関する古い勅令及び規則が1791年7月19日法（第1タイトル第29条）により維持され、刑法第484条の規則が現在も有効であるため前述の勅令及びオルドナンスによって、パリ市道路警察[84]は、彼らの職権範囲内の特別な要素に関して行われた違反を確認する権利を有し、反対の証拠が出てくるまで、判例として信頼性を保つため、議事録に記録する権利を有する」。

（2）古きパリ委員会（CVP）のヴォージュ広場に対する都市的視点

19世紀末から、ヴォージュ広場の外観は損なわれていた。1849年のラザール兄弟の『パリの街路及びモニュメントに関する行政歴史事典』には、「土地がつくりあげた偉大さ、気高さを無視し浪費する国の冷酷な幼稚さが、ロワイヤル広場において最も反映されている」[85]と述べられている。

また1905年にヴォージュ広場でアンリ4世400年記念祭が行われた際には、オリジナルの装飾は古くなり、大小の代替品によってファサードの統一が失われていた[86]（図5-67）。

このようなヴォージュ広場の状態を受けて、1899年1月から1931年1月にかけて、CVPの総会において22回の議論がなされている（表5-9）[87]。なお古きパリ委員会（CVP）では、20世紀初頭にヴォージュ広場の研究を行った歴史家ランボーが事務局長を務めていた。

これらのCVPの議論から、ヴォージュ広場に対する評価について整理してみたい。

1902年10月23日のCVPの会議では、ヴォージュ広場に関してアレーは異なった所有者が工夫を凝らして各自の建物に異なった色を塗っていることに言及している。そして、それが「広場の左右対称性と調和を完全に破壊している」と述べている。

1905年12月9日の会議においてランボーは、次のように指摘した。すなわち、ヴォージュ広場の建設者は、建造物が「すべて同じ対称性で建設される」ことを望み、その対称性は3世紀もの間クロード、シャティヨンといった芸術家を魅了してきたというのである。そこで、当初の地役権による建設意図を尊重し、対称性を復元し広場を一体的に保全する

図5-67　ロワイヤル広場のフラン・ブルジョワ通り沿いの改変された建造物（大統領の馬車と騎兵隊）（1913）
図版出典：Agence Rol. *"19-10-13, Reims, voyage présidentiel"*, 1913

必要性が唱えられるようになった。

　1906年1月10日の会議において、ランボーは「ロワイヤル広場の全ての図版は、17世紀から現在まで建物の左右対称性の絶対的な公式性を示している」と述べている。

　さらに、1912年6月22日の会議において、ランボーは、ヴォージュ広場が一体的に景勝地として保全されるに値するものであるとして、以下のように発言している。

> なぜなら、実際、ロワイヤル広場は左右対称な家屋の絶え間のない連続であるだけでない。それは、等質なモニュメントであり、統一された考えに基づいて一時に建設された。それは、創造者であるアンリ4世の考えに基づいており、厳格な建築的地役権が課されている。
> もし広場が侵してはならないモニュメントで、一つまたは他の部分への損傷が統一性を損なわせるとすれば、緑地・騎馬像・古い家屋の尖った屋根に構成されたこの広場は、パリに残った最も歴史的・芸術的景勝地である。

　一方、1917年1月13日のCVP会議においては、ボニエはヴォージュ広場の当時の状態は度重なる改変によってもはや規律ある地区ではなく、ファサードの類似はもはや芸術的でなく、絶対的なアイデンティティを示していないことを指摘している。

> 屋根窓、窓下の壁、建て増し、アーケードの枠と同様にバルコニーは相違し、おか

第5章　考古学的・芸術的目録（CAA）の作成と歴史的環境保全への展開

表5-9　ヴォージュ広場の空間的な価値の発見と保全に関する議論一覧

会議年月日	議題番号/議題
1902年10月23日	35　サン＝タントワーヌ通りのシュリー館とヴォージュ広場に関するルシアン・ランボーの発表
1905年12月9日	24　ヴォージュ広場の建築のオルドナンスに関する規則への違反
1906年1月13日	3　ヴォージュ広場の建物の左右対称性
1906年11月10日	10　ヴォージュ広場に関する発表
1910年3月9日	19　通りの家屋に対して、建築の地役権を脅かしたヴォージュ広場の所有者に対するパリ市により意図された活動に関する弁論の、ランボーによる議事録
1910年5月25日	40　通りの家屋に対して、建築の地役権を脅かしたヴォージュ広場の所有者に対するパリ市により意図された活動に関する判決の印刷
1911年1月4日	33　ヴォージュ広場で行われたいわゆる違反に関するルシアン・ランボーのレポート
1912年6月22日	25　ヴォージュ広場の3つの建物の歴史的建造物指定
1912年6月22日	26　1906年4月21日法によるパリの景勝地としてのヴォージュ広場指定の提案
1912年10月26日	34　オルレアン法務省、レーヌ噴水、ヴォージュ広場19番地の家の歴史的建造物指定計画に関して
1912年12月7日	21　社会福祉病院所有のロワイヤル広場の家の歴史的建造物指定
1913年6月14日	4　ヴォージュ広場の2つの家屋のファサードの歴史的建造物指定
1914年2月7日	22　ロワイヤル広場の2つの家屋の歴史的建造物指定
1914年4月4日	19　ヴォージュ広場の王と王妃のパヴィヨンと広場全体の歴史的建造物指定──アーケード下の通行の自由
1916年10月14日	26　ヴォージュ広場のいくらかの建物のファサードの歴史的建造物指定
1917年1月13日	20　考古学・芸術的目録作成のための検討──ヴォージュ広場
1917年7月28日	9　諸事の報告──ヴォージュ広場の多様な建物の歴史的建造物指定
1918年1月12日	6　ヴォージュ広場の建物の歴史的建造物指定
1921年5月28日	11　ヴォージュ広場に設置された必要な簡素な別荘の除去に関する第一小委員会名義のルシアン・ランボーのレポート
1923年4月28日	18　ヴォージュ広場のある家屋（6と8番地、私立学校）のファサードの回復に関する、第一小委員会名でのルシアン・ランボーのレポート
1925年6月27日	3　ヴォージュ広場ファサードの回復に関して発表された監視
1931年1月31日	12　ヴォージュ広場の外観の保護に関する第一小委員会名義のポール・ジャリーによるレポート

しな多様性が各ファサードに個人的相貌を与えている、例えば、いかなる気まぐれも黙認しない管理の下にあるリヴォリ通りにこうしたものは見られない。

またアレーは、1925年6月27日の会議において「ヴォージュ広場の美は、画一性にある」と述べている。

(3) ヴォージュ広場の歴史的建造物制度による面的な保全

　1905年12月9日、CVPの会議において、パ・ド・ラ・ミュール通りの角のヴォージュ広場22番地の所有者ヴィラン[88]が、マンサールの窓をより低くするために屋根のコーニスを切断し、家屋の調和を破壊的に改変したことが報告された。そのため、広場を取り巻いていたエンタブレチュアの対照的なラインは損なわれた。さらに、模倣者が出ることも懸念された。

　そこで、「行政は、「最短期間で」、この建造物の所有者にこの改変のすべての痕跡を消去し、最初の状態に屋根のエンタブレチュアを戻すことを課す。そして行政は、ヴォージュ広場、そして一般的に地役権を課されたすべての家屋建造物にいかなる改変も行われないよう、細心の注意を払って監視する」という勧告が12月21日に市会に発信された。

　この勧告を受けて、行政建築課課長は所有者ヴィランに直ちに原状回復するよう要請した。また、この地役権を無視した工事についても訴訟課に通知した。

　この案件は、所有者への工事に対する罰金の宣告後、セーヌ県議会によってセーヌ民事裁判所に通知された。1910年2月8日から22日にかけて公判が行われ、パリ市弁護士、弁護士会会長デュ・ビュイ[89]が以下のように、ヴォージュ広場の一体的な対称性の価値を訴えた。「もしファサードに課されている地役権が最後のエネルギーを保護しないなら、美しい建築的調和はたちまちなくなる」。それに対して、所有者側は地役権の無効を訴えた。

　その結果、ヴォージュ広場の対称性の持つ価値が認められ、3月1日の審問による判決により、ヴィランは彼が不法に工事を行った建物のファサードの原状回復、契約不履行科量20フランを支払うことを命じられた。

　判決において、検事代理シェルドランは、以下のような結論で締めくくっている。

　　美しいものを好み歴史を尊重する全ての人々は、フランスの芸術的遺産の一体的保全に不安を持っており、パリ市に参加して最終的にヴォージュ広場の外観が保護されるように裁判所に訴えた。裁判所はこの期待を放置したくない。

　上記の勝訴は、他の建造物への地役権の遵守に対する判例となった。

　しかし、これですべてが終わったわけではなかった。1911年1月には、ヴォージュ広場1番地の王のパヴィヨンの屋根に、芸術家のアトリエに採光する大ガラス窓設置の改変が指摘された。1912年4月時点で、歴史的建造物に指定されていた建造物は、パリ市所有の14番地の旧ヴィルドゥイユ館及び旧8区役所のみであった。そのため、残りの広場に面した建造物は絶えず改変の危険にさらされていた。

182

当時の面的保全制度は、1906年法による景勝地制度であったがこれは自然景勝地を対象としていたため、都市への適用は困難であった。そこで、CVPは、歴史的建造物指定制度によって広場を取り巻く全建造物の指定を目指すこととした。

1912年6月12日のCVPの会議では、パリ市または社会福祉病院所有の3つの家屋、6番地の旧ギュメネー館、現ヴィクトル・ユゴーの家、12番地の旧ダンジョー館、現公立小学校、19番地の旧フェイドー・ド・マルヴィル館、現社会福祉病院所有（図5-68、図5-69）が、歴史的建造物指定されている14番地の家屋と殆ど類似しているにもかかわらず指定されていないことが報告されている。なお、当時、19番地のアーケードの下には、パリ市の建築課課長によりパッサージュの設置が計画されていたが、指定には影響がないことが明らかにされていた。

そこでCVPによって、「市と社会福祉病院所有の家屋、特に6、12、19番地について、歴史的建造物指定が与えられる」という勧告が出された。

1913年6月14日のCVPの会議において、6と12番地の建造物には学術的な利用が予定されていることが報告された。また、セーヌ県小学校教育課長は、ファサードの保全には賛成であるが、内部改変の余地は残してほしい旨を要望していた。

以上の意見から、セルメルシェイムは先の勧告を修正し、ファサードのみの指定を要請するよう提案した。そこでランボーの提案により、「1887年法によってヴォージュ広場の全ての各ファサードを指定する」という勧告が出された。これは、生活のための合理性に合わせてファサード保全のみを行うという方向性に転換されたことを示している。

こうして1913年12月4日の市会において、セーヌ県知事はファサード指定の決定を求めた。12日の市会において、市会がパリ市所有のヴォージュ広場6と12番地の建物のファサードの歴史的建造物指定についての肯定的意見を発表することが決定された。

1914年4月4日のCVPの会議においては、ヴォージュ広場の対称性のアクセントである1番地及び28番地の王と王妃のパヴィヨンの指定が求められた。1番地は広場の南側のビラーグ通りの軸に位置し、28番地は北側のベアルヌ通りの軸に位置しており、他の建築とは少し異なって少し階高上昇され3つのアーケードの入り口を提供している。パ・ド・ラ・ミュール通りとフラン・ブルジョワ通りを結ぶアーケードは、19世紀から取り壊されていた。

これらのアーケードは、1階が3つのアーケードのついた縦溝つきの6つのピラスターに装飾されており、さらに2軒のパヴィヨンは、隣の建造物に比べて2階分階高が大きくすらりと美しくてより優雅であると評価された。

そこで、「一つは、1番地、2つ目は28番地に位置するいわゆる王のパヴィヨンと王妃のパヴィヨンという2つのヴォージュ広場のパヴィヨンが歴史的建造物に指定される」という勧告が出された。

183

さらに、ボニエは法の条件が改定されたため、ヴォージュ広場の歴史的建造物としての全体指定は可能であることを踏まえ、「広場全体の歴史的建造物としての指定」に関する勧告を提案し、実行された。

　ヴォージュ広場の各建造物の歴史的建造物指定を求めたCVPの活動によって、実際に指定が推進された。1916年9月22日の大臣のアレテによって、2番地、2番地の2、5番地、6番地（ヴィクトル・ユゴーの家）、9番地、11番地、12番地（公立小学校）、15番地、19番地、20番地、25番地の建造物のファサードが歴史的建造物に指定された。

　さらに、1917年5月29日の公共教育芸術大臣のアレテにより、ヴォージュ広場1番地、4番地、8番地、15番地、16番地、26番地の建造物のファサードも指定された。

　以上、CVPが地役権の法的な有効性を主張しながら、広場の調和のとれた対称性・一体性に価値を見いだし、勧告を通じて、建造物の唯一の保全手法であった歴史的建造物指定を促し、一体的な保全を実現させていった経緯が明らかになった。具体的には、1906年から1910年にかけては、22番地の許可なしの改変が問題となり、CVPは積極的に勧告を通じて行政に働きかけた結果、行政は、所有者に対してセーヌ県民事裁判所での裁判を起こした。結果は、所有者への原状回復の命令と罰金であった。その後、1912年から広場の全体性が問題となっていった。まず、社会福祉病院所有の19番地における指定による改変の制限が問題となった。CVPは、広場全体の指定勧告を行政及び国に発する一方、現実的な条件も考慮してファサードのみの指定を訴えていた。また、広場の一体性の持つ価値も訴えられた。

　その後、1954年10月に中央の公共空間が広場として歴史的建造物指定され、1984年11月には広場のすべての建造物の歴史的建造物指定が完了した（表5-10、表5-11）。

5-6　ル・タン紙にみられる古きパリ委員会（CVP）への社会の関心

　ここでは、新聞ル・タン紙から、CVPの活動が一般にどのように報道されていたかを明らかにしたい。具体的にCVPが記事にとりあげられたのは、1925年12月1日から1931年9月26日の間で、21件の記事が確認できた[90]（表5-12）。会議の紹介が多くされ、モンパルナス、モンマルトルといった、市内の主要な施設や場所に関する記事が見られる。

　以下、代表的な記事について見ていきたい。

　1928年1月10日には、建築的地役権についての記事が掲載された。これは、フランスの小説家でフランス舞踊の批評家であるレアンドル・ヴァイヤ[91]により執筆された。

　エトワール広場の放射路として配置された道路のある交差点において、広場の調和を消

第5章 考古学的・芸術的目録（CAA）の作成と歴史的環境保全への展開

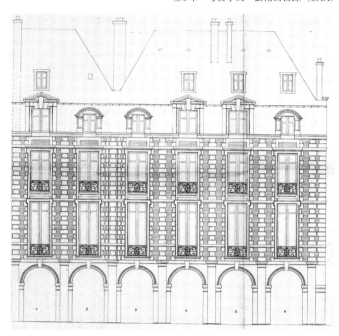

図5-68 社会福祉病院所有のヴォージュ広場19番地（1921）
図版出典：CAA

図5-69 ヴォージュ広場19番地（1921）
図版出典：CAA N4566

表5-10
ヴォージュ広場の各建造物の
歴史的建造物指定

番地	歴史的建造物指定年月 （部分の場合最初の指定）
1	1956年11月
1bis	1920年7月
2	1955年8月
2bis	1956年11月
3	1957年3月
4	1955年8月
5	1955年8月
6	1954年10月
7, 7bis	1953年7月
8	1954年10月
9	1954年10月
10	1920年7月
11	1954年10月
12	1954年10月
13	1920年7月
14	1954年10月
15	1955年9月
16	1955年8月
17	1920年7月
18	1954年10月
19	1954年12月
20	1955年8月
21	1920年7月
22	1920年7月
23	1920年7月
24	1920年7月
25	1956年11月
26	1956年11月
28	1984年11月

表5-11　ヴォージュ広場に関するCVPからの勧告等及びそれらに関する行政及び国の反応（灰色：国、白：行政）

年月日	CVPの勧告等内容	CVP勧告の対象
1905年12月9日	行政は、ヴォージュ広場、そして、一般的には地役権を課されたすべての家屋建造物に、いかなる改変も行われないように、細心の注意を払って監視する。	行政
1905年11月21日		
1906年11月20日	道路網の規則に反して、張出し看板が24番地の家屋に設置されていることの指摘	行政
1906年12月14日		
1906年12月15日		
1910年2月8日		
1910年2月15日		
1910年2月22日		
1910年3月1日		
1912年6月22日	市と社会福祉病院所有の家屋、特に6、12、19番地について、歴史的建造物指定が与えられる。	歴史局検査官
1912年6月22日	ヴォージュ広場の景勝地としての指定	県長官 (Directeur des Affaires départementales)、セーヌ県景勝地保護委員会
1912年10月26日		
1912年12月7日	前回の勧告の維持	行政
1913年2月14日		
1913年4月11日		
1913年12月4日	セーヌ県知事ドラネーによって、市会において6及び12番地のファサードのみの指定が要請された。	市会
1913年12月12日		
1914年4月14日	「一つは、1番地、2つ目は28番地に位置するいわゆる王のパヴィヨンと王妃のパヴィヨンという2つのヴォージュ広場のパヴィヨンの歴史的建造物の指定」「ロワイヤル広場全体指定」の勧告	公共教育芸術大臣
1916年9月22日		
1917年7月28日		
1921年5月28日	広場に設置され、この素晴らしい広場の調和と当時の外観を破壊している簡易な必要な別荘の除去	行政
1923年3月27日		
1923年4月28日	1605年の開封勅書により広場の建物に課された伝統的な外観に従って、ヴォージュ広場6と8番地の男子学校の外部のファサードは、洗浄され、改修される。	市会
1925年6月27日	ヴィクトル・ユゴーの家屋のファサードの回復」、「広場のファサードの回復が、命令及び画一的なモデルに義務づけられる	行政
1931年1月31日	「同じ地役権の実行に関する細心の注意を払う」という勧告	CMH

第5章　考古学的・芸術的目録（CAA）の作成と歴史的環境保全への展開

反応内容	反応した主体
建築課ディレクターによる勧告の伝達と、22番地の許可無し工事の報告	市会
ヴォージュ広場22番地に関する案件が、セーヌ民事裁判所に通知された	県議会
3区の建築許可主事のレポートの結論によって、知事のサインに従って、ヴォージュ広場24番地に設置された絵看板を所有するロンドレに、発表により指摘された対象を直ちに撤去する様命ずるアレテを課した	建築・プロムナード・植樹課長
アンセル(Ancelle)に代表され、パリ市弁護士、弁護士会会長デュ・ビュイに発言権が与えられて、22番地に関する公判が行われ、ロワイヤル広場の美に関して発言	セーヌ民事裁判所
所有者の弁護士のシャルル・ロベール(Charles Robert)は、「広場の家屋に課された地役権は、行政の脆弱さまたは便宜に因って黙認された先の違反により、もはや存在しない」と主張した。	セーヌ民事裁判所
検事代理が、公判で、ロワイヤル広場の改変に対する醜い影響についての結論	セーヌ民事裁判所
「結果として、裁判所は判決の発表の月に、ヴィラン氏は彼により不法に行われた、建物のファサードの工事を取り壊し、原状回復し、契約不履行科量20フラン支払う。ヴィラン氏は、さらに出資を命じられる。」との判決	セーヌ民事裁判所
19番地に関して、「パリにおけるこの希少な広場の調和を破壊するつもりは全くなく、反対のフラン・ブルジョワ通りに広場の規律を延長し、広場の窓と不調和になっている窓のある通りにより、視界が遮られないようにする。」という社会福祉病院による返答	歴史局局長アンドレ・ムジュルール (André Musereur)
行政課による通知を受けた、「もし既出の建物のファサードの保全に関するものだけであれば、提案された方法にいかなる反対もない。」という回答	セーヌ県小学校教育課長・アカデミー検査官局長エテヴェノン(Etévenon)
「指定がファサードのみでなければ、肯定的な意見が出せない」という見解	行政課課長・メナン
ピュイメグル(Puymaigre)の報告により、市会によって、該当する建造物のファサードを歴史的建造物に指定する事への肯定的な意見が議決された。	市会
2、2番地の2、5、9、11、15、19、20、25番地の建造物のファサードが1916年9月22日のアレテにより歴史的建造物に指定された。	公共教育芸術大臣
1、4、8、15、16、26番地の建造物のファサードが、歴史的建造物に指定された。	公共教育芸術大臣
フロラン・マテルによるヴォージュ広場6番地のファサードの洗浄の要請	市会

表5-12 CVPが取り上げられたル・タン紙の記事

日　付	記事題名
1925年12月1日	会議の紹介
1926年5月31日	会議の紹介
1926年7月3日	会議の紹介
1926年10月24日	ジャンティーの ヴィクトル・ユゴーの家
1927年7月3日	会議の紹介
1927年8月1日	黄金の羅針盤宿
1928年1月10日	建築的地役権
1928年1月30日	会議の紹介
1928年2月27日	会議の紹介
1928年4月23日	記念碑的眺望委員会の設立
1928年6月6日	会議の紹介
1928年11月27日	会議の紹介
1929年6月5日	会議の紹介
1929年12月2日	モンパルナスの風車
1929年12月3日	会議の紹介
1930年6月24日	会議の紹介
1930年10月20日	モンマルトルの丘の保護
1931年7月1日	会議の紹介
1931年7月5日	脅威にさらされたパリの風景
1931年7月11日	景勝地委員会
1931年9月26日	パリ市役所にて （歴史的建造物に関する議論）

減させたアストリア館の階高の上昇によって引き起こされた反感を読者に想起させた後、アストリア館の件は幸運なことに結果的に満足で終わったが、こういった建造物を消滅させる危険は、明日にも現れるかも知れないと述べている。

また、1927年11月23日のパリ市報において、1926年2月27日のCVPの会議の議事録が補助的に掲載されていたことに触れ、古きパリを対象としている委員会はあまり急いで掲載する必要がないのかとして、掲載の遅さを批判している。

この記事には、パリ拡大計画課課長ドゥメール[92]の主張が紹介されている。彼は、都市美的視点、特に民間の建造物に制限を課す宣言から始めた。そして、ごく最近の17、18、19世紀において、多くの美的地役権が課された道路によりそれらが決定されたことに触れている。

その後1908年のアストリア館の事件は、世論を効力のある規則により建設者の自由を制限することで、記念碑的眺望と景勝地を保護する方法を検討するよう導いたことに触れ、パリの建築の将来にとって重要な1911年法第118条は、記念碑的眺望と景勝地について知事の権力を民間の建造物の要素にまで広げることを確認している。

ドゥメールは、異なる要素により構成された美しい記念碑的眺望を、以下のタイプに分類している：アイストップモニュメント[93]（シャン・ゼリゼ、オペラ通り）、モニュメント群（コンコルド）、広場の中心のモニュメント（マドレーヌ）、建築的地役権に囲まれた中心のモニュメント（ヴァンドーム広場、エトワール広場）、庭園を囲む建築的調和（ヴォージュ広場、パレ・ロワイヤル）、調和に従った街路（リヴォリ通り）、建築群（パレ・ブルボン広場）等。

ドゥメールは世論に従い、CVPによる建築的地役権のプログラムの設立のための決定について、すべて同意したことを、紙上で明らかにしている[94]。

上記の記事においては、パリの地役権と景観について新聞読者に考慮を促している。

第5章のまとめ

　考古学的・芸術的目録（CAA）は、古きパリ委員会（CVP）設立当初からの目録作成の経緯を踏まえ、パリ市の新たな道路拡幅計画に対して、市の建築課に送付するための保護すべき建造物に関する目録制度であり、パリ市から派遣されたボニエの指揮のもと、1916年4月から作成作業が開始された。ボニエは1909年にパリの様相と道路拡張による改変について、後にCAA設立のきっかけとなるレポートをセーヌ県知事に提出していた。考古学的・芸術的価値とは、明白に完璧な調和を形成している価値とされた。また、セーヌ県知事は、CAAによって都市景観の点的及び面的な要素の記録・保全を目指す考えを示していた。

　その作業の中で、景勝地保護に関する1906年4月21日法により、マドレーヌ広場、コンコルド広場等の地区の景勝地指定をめざす活動する目的が提案されたが、実現しなかった。

　ボニエは、1916年、CAAをCVPにおいて誕生させたあと各区及び各地区の視察によって、現状及び予定プラン、写真、指摘等を準備した。そして、1922年までに2,000件の資料を用意した。

　1区のCAAについて周辺環境との調和または街路と一体になった景観に関連する記述から見てみると、19件の建造物及び地区にそうした価値が見出されていることが明らかになった。その内容としては、ピトレスクな角地、様々な視点場からのピトレスクな眺め、建造物の街路との調和、広場との関係性、隣接する建造物との調和、大建造物の都市の中における様々な見え方があった。これは、市民の視点からの評価であった。

　そこでCVPが、パリ・モニュメント愛好協会（SAMP）から継承した市民の視点によりピトレスクな眺めを評価する都市的視点をCAAで確立したことが明らかになった。

　また、ボニエによるピトレスクの概念は、対象が自然ではなく都市に向き、そのスケールは、建造物の一部分から街路までと幅広かった。そして、概念の性質は「多様性・構成・懐古性・自然・地方性・特異性」であり、「特異性・多様性」や「多様性」にも通じる「構成」がパリの都市景観で新たに加えられた概念であったことが分かった。

　さらに、アジェの写真におけるピトレスクの概念は、オスマンのパースペクティブと対称性を重視した都市計画に対抗して、前近代の曲線や不規則な街路、オスマン以前の建造物から構成される、今日の日本で言われる近景・中景・遠景で変化に富む景観を好んだことが明らかになった。

CVPは一体的な計画性からの評価を行うようになり、計画意図による対称性・調和の復元・保全も行われるようになった。こうした視点によるパリにおける歴史的建造物指定の実現経緯について見ると、パリ3及び4区のル・マレ地区に位置する、ヴォージュ広場（旧ロワイヤル広場）の事例があった。

　ヴォージュ広場について、CVPは計画史の調査をもとに、建造物に課された地役権による左右対称性と建造物の調和を評価していたが、活動初期には個々の建造物改変による対称性の破壊という問題があった。そこで広場を一体的に保全することを目指した。はじめに問題となったのは、1902年の22番地の許可無しのファサード改変であったが、所有者に対して行政は1605年の開封勅書による地役権の正当性を裁判で認めさせ、勝訴した。ボニエは法の条件が改定されたためヴォージュ広場の歴史的建造物としての全体指定は可能であることを踏まえ、「広場全体の歴史的建造物としての指定」に関する勧告を発信した。その後、指定が進み、今日では広場全体が保全されている。

　このように、CVPは一体的計画性を考慮する視点も活動の中途で提示した。なお、それは一定の基準に基づいた凍結的保全ではなく現実の利害に応え、開発者と協議を重ねながら保全を行っていく姿勢であった。このことは、生活の要請に応じてファサードの歴史的建造物指定のみに留めたことから読み取れる。

　また、以上のようなCVPの活動は世間の関心を集め、たびたび新聞でも報道されていた。1928年の記事では地役権が焦点となっている。

　以上のCVPの活動から本章までに指摘された都市的視点は、国の制度に反映されることとなる。そのことについては次章で述べたい。

注

1　Marcel Delanney
2　Guilmeau, Stéphanie. *La commission du Vieux Paris et Le Casier archéologique et artistique*, Mémoire de l'Université Paris IV Sorbonne, 2007, pp.51-52.
3　Commission du Vieux Paris, *Procès-Verbaux*, Paris: Imprimerie Municipale, 1912, pp.63-64.
4　Inspecteur général des services techniques d'Architecture et d'Esthétique
5　田中暁子・江口久美・楊惠亘（2009）「古きパリ委員会による歴史的住環境保全手法に関する研究」『住宅総合研究財団研究論文集No.36』住宅総合研究財団 pp.107-118によれば、当初1）この価値を有する建物、2）1と3の中間。建物の一部分、3）建物の建築的要素の3カテゴリーへの分類が計画されたが、3の取り壊し助長の恐れから結局実行されなかった。
6　d'Andigné
7　Commission du Vieux Paris, *op.cit.*, 1917, pp.3-7.
8　Guilmeau, Stéphanie. *op.cit.*, pp.52-65.

9　Fonds Louis Bonnier, E14, Centre d'archive, pp.1-18.
10　ロシュギュド（Rochegude）伯爵のガイドは、資料に挿入された歴史的情報の主要な情報源となった。
11　Pierre Petit
12　田中暁子・江口久美・楊惠亘, 前掲注5
13　Debidour, Elie. *La conservation du vieux Paris et l'urbanisme*, Paris: Musée social, 1945, pp.8-11.
14　タンプルーヴ出身である。この村は、ドゥール川支流のマルク川右岸の、リール南東16キロの、22の小集落に広がっている。19世紀中頃までは、大変豊かな土地をもった農村だった。小教区の登録をみると、1610年から、ボニエ家は、全て農夫だった。
15　Abel de Pujol: 1785-1861. 新古典主義の画家。
16　Alphonse Colas: 1818-1887. リール出身の画家。
17　1871年7月、代父ジャンが、三等車でパリにボニエを初めて連れて行った。夜に着いたパリで、星まで続くかと思われるモンマルトルの灯に、ボニエは衝撃を受けている。当時、1871年はパリ・コミューンの年であり、7月にもまだその痕跡が残っていた。自身による手記に、サン＝フロランタン通りのバリケード、後に砲弾が炸裂する市庁舎、地面倒れたヴァンドームの柱等が生々しく記述されている。
18　Jules-Louis Batigny: 1838-1901. シュヴァリエ賞とオフィシエ賞を受賞した政府の建築家であった。
19　Constant Moyaux: 1835-1911. 1861年にローマ賞を受賞した文筆家。
20　Louis-Jules André: 1819-1890. 1847年にローマ賞を受賞した建築家。
21　Architecte voyer adjoint auxiliaire stagiaire
22　Service d'architecture
23　Ferdinand Dutert :1845-1906
24　Service des bâtiments civils
25　1899年に8区担当となった。
26　Bouvard
27　Service technique de l'hygiène et de l'habitation
28　Service d'architecture et des plantations et promenades
29　Bonnier, Louis. *"Louis Bonnier Souvenirs"*, Fonds Louis Bonnier, 035 Ifa 301-4.
30　Commission supérieure des plans de ville
31　Inspecteur Général des services techniques d'architecture et d'esthétique et de l'extension de Paris
32　Commission du Vieux Paris, *op.cit.*, 1911, pp.38-39.
33　École supérieure d'art public
34　École des hautes études urbaines. 1924年にソルボンヌ大学に統合され、パリ都市研究所（L'institut d'urbanisme）となった。
35　Institut français d'architecture
36　Fleury, Michel. *Cent ans d'histoire de Paris*, Commission du Vieux Paris, 1999, pp.177-179.
37　Fonds Louis Bonnier, 9337, *L'amour de l'art*, Centre d'archive
38　Fonds Louis Bonnier, 9339, *L'amour de l'art*, Centre d'archive, p.86.
39　Paul Sédille
40　Alexandre Lahovary

41 Commission du Vieux Paris, *op.cit.*, 1917, *Ibid.,* 1918, *Ibid.,* 1919, *Ibid.,* 1920, *Ibid.,* 1921, Commission du Vieux Paris, *op.cit.*, 1922.
42 1区の近隣には1898年からファサードコンクールが行われたレオミュール通りがあり、1区の一部は1925年のル・コルビュジェによるヴォワザン計画の敷地となった。
43 巻頭に掲げた基本的用語原語対応表を参照のこと。
44 Casier archéologique, artistique et pittoresque
45 Commission du Vieux Paris, *op.cit.*, 1917, pp.38-42.
46 Guilmeau, Stéphanie. *op.cit.*, pp.52-53.
47 表5-3のように町に住む市民が持つ細やかなまなざしを指す。
48 江口久美（2013）「ルイ・ボニエによる用語「ピトレスク」の使用についての文献研究」『都市計画論文集』48-3 日本都市計画学会 pp.231-236.
49 渡辺俊一ほか（1997）「用語「まちづくり」に関する文献研究（1945~1959）」『都市計画論文集』No.32 日本都市計画学会 pp.43-48。
50 Commission du Vieux Paris, *op.cit.*, 1917-1921.
51 Commission du Vieux Paris, *op.cit.*, 1916, p.281には、"avec tont le pittoresque de la rocaille"とあるが、tontは存在しない単語であるため、誤字と考え、それは省いて解釈した。
52 オスマン以前の悪臭に満ちた街路などが想定される
53 要素の構成により特異性や多様性が生まれていると考えられるとの理由による。
54 Eugène Atget :1857-1927
55 Paris pittoresque
56 Vieux Paris
57 Topographie du vieux Paris
58 Orlan, Pierre Mac. « Son œuvre et loyale avant tout », *Atget Paris*, Paris: HAZAN, 2000, pp.9-19.
59 江口久美（2013）「ウジェーヌ・アジェの写真による19世紀末から20世紀初頭のパリにおけるピトレスクの概念に関する研究」『都市計画論文集』48-1 日本都市計画学会 pp.88-93.
60 今橋映子（2000）『20世紀〈パリ写真〉と文学：都市表象をめぐる言葉とイメージの相関研究』今橋映子 pp.53-100では、アジェ研究の推移、作品の変移と構成、仕事人としてのアジェ、シュルレアリストとしての分析が明らかにされている。笠原美智子（2002）『写真、時代に抗するもの』青弓社 pp.203-211では、アジェの写真は衝動に突き動かされて記録して、目的を超越した無自覚なものであったことが言及されている。
61 Borcoman, James. *Eugène Atget*, Ottawa, Galerie nationale du Canada, 1984, pp.16-31.
62 Busine, Alain. *Eugène Atget ou La mélancolie en photographie*, Nîmes, J. Chambon, 1994, pp.13-24, pp.35-46.
63 Direction des musées de France. *Eugène Atget*, Paris: Inspection générale des musées classés et contrôlés, 1978.
64 Badger, Gerry. *Eugène Atget*, Paris: Phaidon, 2001.
65 Bibliothèque nationale de la France, *Eugène Atget*, フランス語、入手先（http://expositions.bnf.fr/atget/index.htm）,（参照 2014-08-27）.
66 パンテオンの丘を中心としたソルボンヌ地区である。
67 Debidour, Elie. *La conservation du vieux Paris et l'urbanisme Paris*, Musée social, 1945, pp.4-11.
68 Bibliothèque nationale de la France, J BALDER, Jean-Marie, *Qui est Eugène Atget（1857-1927）?*, フ

第5章　考古学的・芸術的目録（CAA）の作成と歴史的環境保全への展開

ランス語，入手先（http://expositions.bnf.fr/atget/arret/01.htm），（参照 2014-08-27）参照。アジェは1857年2月12日にアキテーヌ地方のリブルヌに生まれた。1879年に国立音楽・演劇学校に入学しその後、喜劇役者となったが、大きく成功しなかった。アジェははじめ風景や植物の撮影をしていたが、次第に首都の遺産に興味を持つようになった。そして、ピトレスクなパリ：市場・街路景観・古きパリの風俗、及び古きパリ（都市生活）：地形を感じる眺め・建築の細部の大きく2つのシリーズの撮影をした。ピトレスクなパリは、1898年から開始され、1910年に再開された。1892年には彼は自らの作品について「風景、動物、花、モニュメント、文書、アーティストへの最初のプラン、絵画の複製、移動である。コレクションは商用ではない。」と述べている。1897年にCVPが設立されたが、設立時のメンバーである画家エドゥアール・ドテイユ（Edouard DETAILLE）と劇作家ヴィクトリアン・サルドゥ（Victorien SARDOU）は、アジェの古くからの知人であった。1901年からは、ファサードの鋳鉄のなど装飾についての撮影を開始した。その他、公園、モニュメントなども撮影した。郊外についても、古きパリの芸術小シリーズの周辺という新しいシリーズとして撮影を開始し、ヴェルサイユ等から撮影を始めた。

69　Paul Léon：1874-1962
70　Bibliothèque nationale de la France, LE GALL, Guillaume, *Le travail de la collection : l'ordre et le classement, les séries*，フランス語，入手先（http://expositions.bnf.fr/atget/arret/01.htm），（参照 2014-08-27）参照。①風景と文書は風景や自然を扱い、⑤古きパリの芸術は装飾や細部を扱っているが作品のモティーフのために撮影された。⑥古きパリの周辺は、⑤古きパリの芸術の郊外版である。なお、1910年以降に開始された④ピトレスクなパリシリーズ360点は、販売のため、以下に分類された：看板と古い店舗、パリの車、20世紀初頭の芸術的・ピトレスク・ブルジョワ的なパリの内装、古きパリの芸術。各シリーズは約60点ずつある。歴史的建造物委員会には、④ピトレスクなパリ、⑤古きパリの芸術の一部が収蔵された。
71　Bibliothèque nationale de la France, Bibliothèque nationale de la France, "*[Le quartier de la Sorbonne] / Eugène Atget, photogr. Atget, Eugène ...*"，フランス語，入手先（http://gallica.bnf.fr/ark:/12148/btv1b31000432/），（参照 2014-08-27）．
72　飯田晶子ほか（2008）「幕末・明治期の横浜旧居留地・外国人遊歩道における文化的景観に関する研究」『都市計画論文集』No.43-3 日本都市計画学会 pp.541-546参照。ソルボンヌ地区は劇的な地形変化が写真に影響を与えている事例が見受けられなかったので、地形に関する分析は行わなかった。
73　写真の構図の読み取り方及びピントの合わせ方からの写真家の表現意図の汲取りについては、写真家・脊山麻理子氏に助言を仰いだ。
74　街路の大カテゴリーについては、建造物が写ってはいるが、街路形状そのものを表現する意図が存在する写真とした。
75　神谷文子ほか（2000）「主題要素の映され方からみた都市景観写真の構図に関する研究」『日本建築学会計画系論文集』第528号 日本建築学会 pp.179-186.
76　写真番号はコレクションの並び順にふった番号である。
77　図5-56では集合建造物のその他の例示は省略した。
78　図面上には、位置が確認できなかったものに関してはプロットしていない。非オスマニズム街路とはオスマン化の影響以前から存在していた街路を示す。結節とは街路等がある対象に接続していることを示す。

79 写真例は、順にA：3ガランド通り、B：89サン＝ジャック通り、C：74モンターニュ・サント＝ジュヌヴィエーヴ通り、D：5ガランド通り、E：4ガランド通り、F：33ビュシュリー通り、G：41クローヴィス通り、H：45クローヴィス通り、I：75パンテオン広場、J：91サン＝ジャック通り、K：マルスラン＝ベルトロ広場である。

80 三宅理一（2010）『パリのグランド・デザイン』中公新書 pp.178-188によれば、ヴォージュ広場はルイ14世の功績を視覚的にパリ市内に現すための記念碑的広場として整備された。

81 現在の140.4メートル

82 Gady, Alexandre. "De la Place Royale à la Place des Vosges", Paris: Action artistique de la Ville, 1996, pp.24-26によれば、ランボーは1876年に学位無しでセーヌ県の職員となり、1895年に市会のアーカイヴ局主任となった。1898年には、CVPの事務局長に抜擢されると、月例会議での歴史的建造物に関する発表に尽力した。ヴォージュ広場については、歴史的な史料を用いた調査を精力的に行い、月例会議では1902年10月から発表した。1906年には研究の集大成として『ロワイヤル広場』を出版した。彼の行った研究は、現在でもCAA及びヴォージュ広場に関する研究の基礎となっている。また、当時学位の無かった職員であった彼を登用し、能力に応じて研究の場を与えたCVPは、大変革新的な体制をとっていたと言える。

83 Commission du Vieux Paris, *op.cit.*, 1906, pp.233-235.

84 Commissaire voyer

85 Lazare, Félix, Lazare, Louis, *Dictionnaire administratif et historique des rues de Paris et de ses monuments,* Paris: F. Lazare, 1844-1849, pp. 600-604.

86 Gady, Alexandre. *op.cit.*, pp.148-150.

87 Commission du Vieux Paris, *op.cit.*, 1903, pp.189-217, *Ibid.*, 1906, pp.233-235, *Ibid.*, 1907, pp.2-3, *Ibid.*, 1907, p.231, *Ibid.*, 1911, pp.24-27, *Ibid.*, 1911, pp.60-62, *Ibid.*, 1912, p.28, *Ibid.*, 1913, pp.127-128, *Ibid.*, 1913, p .129, *Ibid.*, 1913, pp.235-236, *Ibid.*, 1914, pp.115-116, *Ibid.*, 1915, pp.28-29, Commission du Vieux Paris, *op.cit.*, 1915, pp.50-52, Commission du Vieux Paris, *op. cit.*, 1917, pp.165-166, *Ibid.*, 1918, pp.10-16, *Ibid.*, 1918, p.290, *Ibid.*, 1922, p.116, *Ibid.*, 1924, pp.95-96, *Ibid.*, 1926, pp.66-67, *Ibid.*, 1932, pp.17-18.

88 Vilain

89 du Buit

90 , . «Information diverses», *Le temps*, 1925, 12月1日, . «Information diverses», *Le temps*, 1926, 5月31日, . «Information diverses», *Le temps*, 1926, 7月3日, . «Information diverses», *Le temps*, 1927, 7月3日, . «L'auberge du Compas d'Or», *Le temps*, 1927, 8月1日, . «Information diverses», *Le temps*, 1928, 1月30日, . «Information diverses», *Le temps*, 1928, 2月27日, . «Information diverses», *Le temps*, 1928, 4月23日, . «Information diverses», *Le temps*, 1928, 6月6日, . «Information diverses», *Le temps*, 1928, 7月4日, . «Information diverses», *Le temps*, 1928, 11月27日, . «Information diverses», *Le temps*, 1929, 6月5日, . «Au jour le jour», *Le temps*, 1929, 12月2日, . «Information diverses», *Le temps*, 1929, 12月3日, . «Information diverses», *Le temps*, 1930, 6月24日, . «Informations. Le sauvegarde de la Butte-Montmartre», *Le temps*, 1930, 10月20日, . «Information diverses», *Le temps*, 1931, 7月1日, . «A la Commission du Vieux Paris», *Le temps*, 1931, 7月5日, Montrgueil, Georges. «A l'Hôtel de Ville de Paris», *Le temps*, 1931, 9月26日.

91 Léandre Vaillat : 1878-1952

92 Doumere

93　monument de fond
94　Vaillat, Léandre. «Servitudes architecturales», *Le temps*, 1928, 1月10日.

第6章　1920年代以降の国の保全制度への反映と展開

6-1　1927年の国の歴史的建造物補助目録（ISMH）への影響

（1）1921年の歴史的建造物補助目録（ISMH）への
都市的視点（都市形成史）の反映

　1921年11月2日、パレ・ロワイヤルにおいて、公共教育芸術大臣からセーヌ県知事への以下の報告が行なわれた。歴史的建造物法[1]第2条第4項に関して、芸術局は「直ちに指定の要請を正当化することはないが、保護すべき十分な考古学的価値を示す全ての公共または民間の建造物、または建造物の部分の歴史的建造物補助目録（ISMH）[2]」を作成しなければならず、これは、我が国の出来る限り多くの芸術的豊かさを保護する法的手段であることが述べられた。大臣によれば、歴史的建造物審議会（CMH）は、県における未指定の建造物またはその部分に関する問題を懸念し、情報の提供を知識人協会に呼びかけており、パリに関してはCVPに協力を要請することが提案された。大臣は、「審議会がアーカイブに有する考古学的・芸術的目録（CAA）は、確かで豊かな情報源となっておりそこからISMHが入念かつ迅速に作成できるものと思われる。」と述べている。
　また、ISMHのための指導要領も作成された。「どの時代のものでも、宗教的、民間、軍事建造物または建造物の一部、とりわけ、フランスの多様な地域の建築と芸術の構成または装飾についての保護に値する全体、彫刻または装飾の細部」が含まれることが明示され、特に注意を喚起すべき公共及び民間の建造物の一覧を提示することであった。公共建築として以下のものが例示された。宗教建造物、墓地、墓地の教会、鐘楼、ポーチ、地下礼拝堂、道端の十字架、病院の建造物、病院、ホスピス、癩病院、コレージュと付属家屋、コミューンの建造物（庁舎）、塔、城館風の田舎家、柱廊、物置、市場。民間の建造物としては、修道院、小修道院及び付属建造物。都市の建造物、すなわち、木造、石造、練り土ブロック造の市内の家屋、地下室、貯蔵室、井戸；階段、ギャラリー、バルコニー、鉄

柵、ポーチ、窓、小塔、店、暖炉・煙突と煙突の笠、天井、骨組み、舗装、看板、館を含む地方の建造物。農家と付属建造物（納屋、鳩小屋、大桶及び圧搾機、貯蔵室、窯）、農耕者の家屋、山荘、羊小屋、整備された岩、風車、城館と付属建造物、塔等、噴水、水道、梁、市門、城壁、軍事施設等が挙げられた。

　特筆すべきは、調査の途中で特に突出した特徴の個別の建造物はなくとも、固有の特徴を保持している家屋群や村全体を発見した場合、全体が保護に値するものとして、特別な用紙に記載されるべきことが明示された点である。この用紙は、ISMHの建造物群用の特別書式である。通常の建造物単体用の書式には、表頁には通称、住所、必要があれば所有者の名前と住所、裏頁には建造物の主な特徴と歴史が記載され、写真等の図が添付された。

　この指示は、CAAでの実践を踏まえて、ISMHへの掲載に際しての歴史的建造物を点的な体系にとどまらず都市形成史的な価値で捉える視点を導入するためのものであった。公共教育芸術大臣は、CVPのこれまでの活動実績から補助目録への貢献を確信していると述べている[3]。

(2) 1926年の上院における古きパリ委員会（CVP）メンバーの演説

　1926年7月13日、上院議会において、歴史的建造物に関する1913年12月31日法の修正が発議された。その際、指定建造物保全への資金不足による民用建造物の取り壊しや改変により、都市と景観の両方から形成されたフランスの芸術的でピトレスクな遺産が損なわれ、国の観光的価値の大部分が失われることが訴えられた。そこで、建造物を解体から守るために、第2条に予定された「補助表」を利用し、法律に明文化されているものよりより重要なものをこの表に登録することが解決策となることが指摘された。この「補助表」はISMHの前身に相当するものであった。

　さらに、1927年2月10日及び15日、上院議会で議員唯一の古きパリ委員会（CVP）メンバーであるアンドレ・モリゼ[4]が、CVPで議論されたヴァンドーム広場の地区としての未指定状態等を報告し、特に民用建造物の補助表への登録による保全を訴えた。補助表によるピトレスクな面的景観保全を求める訴えに、上院は大きく理解を示した。

　　上院
　　1927年2月10日会議
　　（1927年2月11日官報）

　　諸君は、CVPにより行われた多数のパリの建造物保全をご存知だ。保全を検討した古い邸宅や歴史的な古い家屋の数と、パリで行われた発掘は相当の数にのぼる。こ

れらの議事録は、美術史にとって最も貴重な資料である。もしCVPに今以上の力があったならば、その仕事はより大きく、実りの多いものだっただろう。ああ、しかし、CVPは法の不備にぶつかってしまった。(後略)

上院
1927年2月15日の会議
(1927年2月16日の官報)

　諸君はパリの指定建造物の数をご存知だろうか？　全体または一部について、159件の指定建造物がある。96件は、所有者の性質と特徴により保護された公共の建造物である。所有者は、国、パリ市、社会福祉病院である。個人の建造物は61件のみである。さらに、この数字は偽りである。なぜなら、ヴォージュ広場やパレ・ロワイヤル、コンコルド広場の建造物など51件の建造物は、歴史的建造物指定による確認だけができる古い契約上の地役権を課されているだけだからである。
　よって、パリにおいて、歴史的建造物に関する法は、現実には（上記61件から広場に面する物件51件を除いた数の）10件の民間の建造物にしか効力を発揮していないのだ。そうでなければ、諸君、私はさらに12件あまりの個人所有の第一級の断片と、それらが保護されていない事実を知らせようとは思わない。
　同様に、民間の旧邸宅の数が多い4つの大地区に、ル・マレ、サン＝ルイ島、フォブール＝サン＝ジェルマン、フォブール＝サン＝トノレがある。ル・マレには4件の指定邸宅、サン＝ルイ島には2件、フォブール＝サン＝ジェルマンには1件、フォブール＝サン＝トノレには0件である。
　しかし、ほとんど信じがたい事実を引用しよう。パリには全世界に知られる歴史的な場所、ヴァンドーム広場があるが、これは未だ指定されていないのである。(中略)
　パリでは、全く危険性がない法務省と軍事政権の旧館しか指定されていない。私は、所有者にファサードの取り壊しを禁じる古い協定があることを知っている。しかし、それは明示されていない。そのことが限りなく表すように、ヴァンドーム広場は指定されていない。
　よって、我々に法律の武器を与え、建造物保全についての不十分な状態から脱出させてくれねばならない。(中略)
　諸君、どうか可決していただきたい。戦争による廃墟が、無知と金銭欲の危機に瀕している。今日、ここで法的に保全ができる方法を要請する。
　地方の上院議員の諸君は、故郷の美と、昔を思い起こさせる古いニレの贅沢な並木道がある故郷が次々と消失するのをご覧になり、我々と同じように苦しんでいるでこ

とであろう。(中略)

　我々も、あなた方と同様、石に過去が刻み込まれている歴史的な古きパリが少しずつ消滅することを目の当たりにして、苦しんでいる。かつては黒い集団とよばれた大衆の良き方向について、現在、新富裕層や悪徳商人と呼ばれるものたちが次々と古い建造物を破壊しているのを見て、もう十分だと思った。彼らの有害な活動に対して、我々は武器を要求する。我々は、あなた方がそれを提供してくれると確信する。[5]

こうした演説の結果、1927年に歴史的建造物補助目録（ISMH）制度が成立したのである。

(3) 1927年の歴史的建造物補助目録（ISMH）制度について

　歴史的建造物に関する1913年法は1927年7月23日に修正された。第2条において、直ちに指定の要請を正当化しないが、保護を希望するに十分な考古学的価値を示す全時代の公共ないし民間の、建造物または建造物の一部を、芸術担当大臣のアレテにより歴史的建造物補助目録（ISMH）に登録が可能となった。登録は、所有者に正式に通告され、所有者には2ヶ月前に承諾もしくは拒否の意図を芸術担当大臣に通知し、実行を提案する工事を示さない限りは、建造物または建造物の一部のいかなる改変も行えない義務を課した。さらに、その工事に関して売却のみを目的として目録に登録された建造物または建造物の一部の分割もしくは解体を行う場合、大臣は指定を進めるために5年の期間を得て、その間は関係する工事を延期できることも定められた。また、第5条の修正により、現行法に違反して分割または解体される時、違反売却者と購入者の連帯した負担によって大臣管理の指導と監視の下、原状の回復が命令できることも定められた。以上、1913年12月31日法へのISMHの追加により、指定よりも簡易な登録による建造物の取り壊し及び改変への制限が可能となった。

　反面、CVPの事務局長であったドビドゥールによれば、補助目録には問題点もあった。彼は、以下のように考えていた。パリでは、許可による指定が最も多く、国もパリ市も建造物を獲得するためだけではなく、単に取り壊しの蛮行を阻止するために、要請される巨額な補償金を支払うことはできない。そこで、しばしば、正当な指定の懇願を断念せざるを得ない。

　また、登録制度に関しても、目録への登録は所有者に有害な計画の通知のみを義務づけたため、周知されることもない。その一方、登録は所有者に重要な地役権を課す。所有者の権利の拡大を考慮に入れると、法的な上訴による所有者への補償金を支払う必要が出てくる。全くの田舎ならば破壊を避けるために適度の補償金を国が払うことができるが、1平方メートルあたりの地価が時折数千フランとなるパリでは、その額はしばしば数百万

フランとなり、それは芸術的価値とは釣り合わない。歴史的建造物の概念を下敷きにした補償金による解決はパリでは不可能であった。

　パリには、前2世紀の建造物が多くあり価値を示しているが、貴重な傑作ではない。それらは中流の価値であり、古い街路や気高い地区における装飾、伝統やパリの記憶としての価値であって、心地よい断片である。パリでは、実際には保全よりそれらに対する監視が機能していた[6]。

(4) 考古学的・芸術的目録 (CAA) から
歴史的建造物補助目録 (ISMH) への反映

　ドビドゥールの要請を受けて、古きパリ委員会 (CVP) 第一小委員会でCAAを基礎とした歴史的建造物補助目録 (ISMH) の提案の作業が始まり、1922年3月25日から1928年11月24日まで会議で議論された。提案されたISMHは、公共教育芸術大臣のアレテで承認された[7]。1区について、1925年4月4日及び6月27日の会議で、CVPの51件のISMHの事案を承認する大臣のアレテが発表された。CAAと2010年時点のISMHを比較すると、建造物の全体または一部について52件がISMHに登録され、内24件が1928年11月24日の第1回ISMHで登録された。また、12件はISMH登録後、歴史的建造物に指定された。一方、後に直接歴史的建造物に指定された建造物も3件あった。また、ドーフィヌ広場ほか地区として掲載されていたものは、一部が単体の建造物として登録されたが、地区として登録されたものについては筆者による確認はできなかった。

6-2　1929年のパリ記念碑的眺望委員会 (CPM)

(1) 1919年法の下での都市景勝地保全を目指した活動

　1909年7月8日、美術閣外相補佐官の発意により、「建造物を指定するように、街路や広場も指定できないか検討しつつ、首都の美の保存を保証するために各担当の行動を強調させる」ための委員会、パリ記念碑的眺望委員会 (CPM)[8]が設立された[9]が、第一次世界大戦により活動は中断された。

　1929年にCPMは戦争の中断から再設立され、都市整備に関する1919年3月14日―1924年7月19日法（以下、「1919-1924年法」）[10]による計画について、都市景勝地[11]の観点からの監視を行うことが決定された[12]。代表は古きパリ委員会 (CVP) 事務局長エリー・ド

ビドゥールが務めた。その後、1933年前後に保護すべき都市景勝地に関するレポートが発表され、ヌフ橋や、ドーフィヌ広場等単体もしくは地区として考古学的・芸術的目録（CAA）に掲載されていた項目が、景勝地として挙げられた[13]。

1909年7月8日のアレテを基礎とする1928年の公共教育芸術大臣のアレテによれば、「パリ市の記念碑的眺望を維持することに関して注意を払い、多様な省庁の取り組みを集中させる」ことが、CPMの活動の目的とされていた[14]。

CPMは、国の芸術局の副事務局に設立され、以下のメンバーで構成されていた（表6-1）。CPMは第一次大戦後1928年まで招集されなかった。また通称コルヌデ法と呼ばれる市の整備・美化・拡大計画に関する1919年3月14日法は、内務省の芸術局[15]には適用されず、国の機関が活動する余地がなかったためCPMは存在理由を失っていた。

また、パリ市の拡大計画に関してはそのための特別課がセーヌ県に設立されたが、拡大計画の調査の進捗状況に関する詳細な情報を提供することのみを目的としていた。そこで、芸術局[16]は、1919年3月14日法の適用を積極的に求めた。法の第5条によって、内務省に設立された高等委員会がCPMとなった。

高等委員会は、「内務省と地方により提出されたすべての問題及び計画について、あるときは義務的に、あるときは委員会自身の要請によって意見を与える」という、行政を優先する規則を制定した。高等委員会メンバーは、委員会に提出された拡大・美化計画を報告した。それは、過去の遺産と市の美を保護することにより、近代都市の必要性を充足することを目的としていた[17]。

1928年には、1919年法第5条により、芸術局局長と、歴史的建造物総監2人を含む芸術高等会議[18]のメンバー4人と、2人の総監と民用建造物及び国立宮殿議会[19]のメンバー4人を含む以下のメンバーによって構成されることとなった（表6-2）。全体で、45名が指名されており、そのうち国によるメンバーが23名、行政のメンバーが18名、その他が4名いる。国のメンバーは、上院議員、芸術予算報告人、代議士、CMHの関係者等で構成されている。行政のメンバーには、市会の代表関係者、建築課及び拡大計画の関係者がおり、特にCVP事務局長とCAAを成立させたボニエが参加している。その他メンバーは、プロスト、ジョスリーといった著名な都市計画家及び古文書学者で構成されている。このように、1909年のアレテによる決定と比べると人数の増加が見られる。

さて、1928年までパリ市の記念碑的眺望の保護に関する主要な活動は、CMHが引き継いでいた。1928年のCPM再開時には、以下の3つの主要な問題に取り組んでいた。

1）将来の拡幅のため、コンコルド橋の横に1925年の展覧会用に設置された歩道橋の一時的維持を求める大臣への要請。

CMHは1926年2月12日の会議でこの問題を検討し、ボニエのレポートによって、公共

第6章 1920年代以降の国の保全制度への反映と展開

表6-1 1909年に指名されたCPMメンバー

氏　名	役　職
	芸術局局長（委員長）
ビアンヴニュ・マルタン (BIENVENU-MARTIN)	上院議員
メシミー (MESSIMY)	上院議員
シャストネ (CHASTENET)	上院議員、芸術予算報告人
ブドゥース (BEDOUCE)	代議士、芸術予算報告人
イヴォン・デルボ (Yvon DELBOS)	代議士、旧大臣
ジョワン・ランベール (JOIN-LAMBERT)	代議士
	セーヌ県知事またはその代理人
	市会議長
	市会第三委員会委員長
	市会第四委員会委員長
トゥールネール (TOURNAIRE)	パリ市建築課総監※
ルイ・ボニエ	パリ市建築課名誉総監※
ルグロ (LEGROS)	パリ市名誉主任建築許可主事
ベリー (BERRY)	パリ市主任建築許可主事
ドゥメルク (DOUMERC)	パリ拡大局局長
マルツロフ (MARTSLOFF)	パリ市建築課課長
ド・モルレーヌ (de MORLAINE)	パリプロムナード主任資料保管人
ラビュシエール (LABUSSIÈRE)	内務省県・コミューン行政局局長または代理人
ボルデュージュ (BORDUGE)	直接貢献・登録・領域代表局局長または代理人
マランジェ (MARINGER)	国務院セクション委員長
キャルトー (CARTAULT)	国務院弁護士
ネノ (NÉNOT)	民用建造物・国立宮総監※
ポントルモリ (PONTREMOLI)	民用建造物・国立宮総監
ジュニュイ (GENUYS)	歴史的建造物総監
パケ (PAQUET)	歴史的建造物総監補佐
マルクー (MARCOU)	歴史的建造物総監
アンドレ・アレー	CMHメンバー
ペルドロー (PERDEREAU)	歴史的建造物総監
アンリ・プロスト (Henri PROST)	建築家、都市計画家
アンドレ・ベラール (André BÉRARD)	建築家、都市計画家
ジョスリー (JAUSSELY)	建築家、都市計画家
マルセル・ポエト	パリ市地理・都市経済史研究所所長
ドビドゥール	CVP事務局長
ヴェルディエール (VERDIER)	歴史的建造物局主任
フェロン (FÉRON)	民用建造物局主任
ジャン・ヴェリエール (Jean VERRIER)	歴史的建造物検査官
プランシュノー (PLANCHENAULT)	古文書学者・古文書保管人、事務局長

なお、※のつくメンバーは、1898年から1905年に8回開催された、パリ市主催のファサードコンクールの審査員であった。

工事大臣に、CMHがこの計画に肯定的な意見を与えない限りは、コンコルド橋のいかなる改変計画も承認しないことが要請された。この要請は、公共工事大臣により受け入れられた。

2) 国会の傍聴席から反発を引き起こすきっかけとなった、空き地となったルーヴル河岸へのサマリテヌの新店舗の建設。

　CMHの意見によって、公共教育芸術大臣は県知事に、「1911年7月13日法の第118条は、これらの指導に従わないすべての建設に反対できる権力を与える。」と発言した。そこで、セーヌ河岸の眺望の新しい建造物による阻害が回避された。

3) ヴァレット通りとモンターニュ＝サント＝ジュヌヴィエーヴ通りの間に位置するパンテオン広場に面した建造物の建設計画が、CMHによる検討、及びセーヌ県と所有者間の交渉を必要としていた。

　この交渉は、この建造物にパンテオン広場とそれを取り囲む建造物が一体として形成する都市の景勝地を阻害しない高さと建築を求めるためのものであった。

　1928年に7月12日にCPMが活動を再開した総会では、変質を阻止するための特別な規則が求められる都市景勝地の決定と建造物の規格の決定が議題として扱われた。そこで、2つの小委員会に分けて活動することが決定された。都市景勝地について検討する第一小委員会は、タルディを代表とし以下のメンバーから構成された。

タルディ（代表）	パケ	ベリー	ジャン・ヴェリエール
トゥールネール	プロスト	フランソワ	バソンピエール
ボニエ	ベラール	マルツロフ	サレ
ルグロ	ドビドゥール	ポントルモリ	

　建造物の規格について検討する第二小委員会は、ボニエを代表とし、以下のメンバーから構成された。

ボニエ（代表）	フランソワ	ベリー	ドフラス
トゥールネール	ベラール	ボスウィルワルド	ジャン・ヴェリエール[20]
ルグロ	キャルトー		

　第一小委員会は、夏期と冬期に1回ずつ、およそ年2回のペースで、小委員会のメンバー全員を徴収する会議を行うようになった（表6-3）。

　第一小委員会は、1928年から1933年にかけて11回の会議を行っている。

　1928年12月20日に、保護に値する景勝地の決定及び活用の方法を検討するという委員会の目的を定めた。その後、エナール氏により1911年に作成されたレポートにおいて、CPMの目的は「美的な特徴を保護するため、提案された方法において指定を実行する必

第6章　1920年代以降の国の保全制度への反映と展開

表6-2　1928年に指名されたCPMメンバー

(なお、※のつくメンバーは、1898年から1905年に8回開催された、パリ市主催のファサードコンクールの審査員であった。)

氏　名	役　職	氏　名	役　職
	芸術局局長（委員長）	ネノ (NÉNOT)	民用建造物・国立宮総監※
ビアンヴニュ・マルタン (BIENVENU-MARTIN)	上院議員	ポントルモリ (PONTREMOLI)	民用建造物・国立宮総監
メシミー (MESSIMY)	上院議員	ボスウィルワルド (BOESWILLWALD)	歴史的建造物総監
シャストネ (CHASTENET)	上院議員、芸術予算報告人	ジュニュイ (GENUYS)	歴史的建造物総監
ブドゥース (BEDOUCE)	代議士、芸術予算報告人	パケ (PAQUET)	歴史的建造物総監補佐
イヴォン・デルボ (Yvon DELBOS)	代議士、旧大臣	サレ (SALLEZ)	歴史的建造物総監補佐
ジョワン・ランベール (JOIN-LAMBERT)	代議士	マルクー (MARCOU)	歴史的建造物総監
	セーヌ県知事またはその代理人	ペルドロー (PERDEREAU)	歴史的建造物総監
	市会議長	アンドレ・アレー	CMHメンバー
	市会第三委員会委員長	アンリ・プロスト (Henri PROST)	建築家、都市計画家
	市会第四委員会委員長	アンドレ・ベラール (André BÉRARD)	建築家、都市計画家
トゥールネール (TOURNAIRE)	パリ市建築課総監※	ジョスリー (JAUSSELY)	建築家、都市計画家
ルイ・ボニエ	パリ市建築課名誉総監※	マルセル・ポエト	パリ市地理・都市経済史研究所長
ルグロ (LEGROS)	パリ市名誉主任建築許可主事	ジロー (GIRAUD)	パリ市工事局局長
ベリー (BERRY)	パリ市主任建築許可主事	ダラ (DARRAS)	パリ市芸術・美術館局局長
ドゥメルク (DOUMERC)	パリ拡大局局長	ブットヴィル (BOUTTEVILLE)	公道・拡幅課総監
マルツロフ (MARTSLOFF)	パリ市建築課長	バソンピエール (BASSOMPIERRE)	パリ市民用建造物主任建築家
ド・モルレーヌ (de MORLAINE)	パリプロムナード主任資料保管人	ドビドゥール	CVP事務局長
ラビュシエール (LABUSSIÈRE)	内務省県・コミューン行政局局長または代理人	ヴェルディエール (VERDIER)	歴史的建造物局主任
ボルデュージュ (BORDUGE)	直接貢献・登録・領域代表局局長または代理人	フェロン (FÉRON)	民用建造物局主任
マランジェ (MARINGER)	国務院セクション委員長	ジャン・ヴェリエール (Jean VERRIER)	歴史的建造物検査官
タルディ (TARDIT)	国務院セクション委員長	ブランシュノー (PLANCHENAULT)	古文書学者・古文書保管人、事務局長
キャルトー (CARTAULT)	国務院弁護士		

205

要のある街路、広場、または景勝地の緊急順による指定」であると述べられていることが確認されている[21]。

1929年5月16日からは、1区から16区を順に景勝地及び眺望について108件を検討している。これらはCVPのレポートをドビドゥールが発表し、それについてCPMメンバーが検討するという形式で行われた[22]。

（2）1933年の都市景勝地の決定に関するレポートへの影響

第一小委員会では、前述の一連の作業の後、年代は不明だがおそらく最後の会議が行われ、1933年5月以降に都市景勝地の決定について、パリ記念碑的眺望委員会（CPM）にレポートを発表している。冒頭で、第一小委員会の作業は古きパリ委員会（CVP）によってかつて行われたより広範囲の調査からの抜粋であったことが明らかにされた。また、以下の3つを目的としていたことが述べられている。

1. CVPによる過去の建造物の保全
2. 特に民間所有者及びその権力濫用に起因するリスクへの対処を目的とする監視
3. シテ[23]に拡散された芸術・歴史・記憶について価値があるもの全てに注意を払うこと

さらに、「1919-1924年法」の適用の理由が説明されている。すなわち、歴史的建造物指定には歴史的または芸術的特徴が必要とされる。1906年法による景勝地としての指定は、その意味を強調しない限りはしばしば石造建造物群には適用できない[24]。1911年法の第118条の適用は新しい建造物のみを対象としており、古建造物は保護されない。

そこで、「1919-1924年法」の適用が必要となってくるのだが、それは都市景観[25]、自然美または家屋の高さ、個別の魅力の保護のための新しい法的な手続き準備を必要とした。CVPにより各区ごとの詳細な調査が行われていたことで行政が法適用の準備を行うことが可能となった。

以上から、以下の3つの部会において保全対象が決定された。このレポートからは、1区に関する決定が明らかになっている。

1. 枠組みが保護されるか、管理されるべき独立した建造物
2. いわゆる記念碑的眺望と建造物群
3. 都市景観

第6章　1920年代以降の国の保全制度への反映と展開

表6-3　CPMによる議論

No.	年	月日	組織	議論内容
1	1928	7/12	総会	変質を阻止するために特別な規則が求められる都市景勝地の決定
2				建造物の規格の決定
3		12/20		保護に値する景勝地の決定
4				活用の方法
5				フォントノワ広場
6				マイヨ門とヴァンセンヌ
7				古きパリー1区
8		5/16		サン＝トゥースタシュ
9				リヴォリ通り
10				ヴァンドーム広場
11				ヴィクトワール広場
12				広告の規制
13		6/5		広告の規制
14				ノートル・ダム・ド・ボンヌ・ヌーヴェル
15				ノートル・ダム・デ・ヴィクトワール
16				コロンヌ通り
17				パノラマ通り
18		6/21		オペラ・コミック周辺
19				フランス銀行周辺
20				ゲヨン噴水
21	1929			証券取引所周辺
22				オペラ座周辺
23				オペラ通り
24				サン＝サクレマンとして知られるサン＝ドニ
25				サン＝ジャン、サン＝フランソワ
26				サント＝エリザベツ
27				サン＝マルタン＝デ＝シャン
28				サン＝ニコラ＝デ＝シャン
29			第一小委員会	カルナヴァレ館及びル＝ペルティエール＝ド＝サン＝ファルジョー
30		12/3		スービズ館及びロアン館
31				ブラン・マントー教会
32				サン＝ポール、サン＝ルイ
33				聖エリザベツ訪問教会
34				サン＝メリ
35				ヴォージュ広場
36				シテの景勝地
37				サン＝ジェルヴェ
38				サン＝ルイ島
39				アンヴァリッド駅の拡大計画
40		5/15		5区の景勝地と都市景観
41				5区の景勝地と眺望
42				キャルディナル・ルモワヌ通りのルブルン館
43				キャール通り15番地のイルランデ教会
44				ヴァル＝ド＝グラス
45				サン＝ジュリアン＝ル＝ポーヴル
46				サン＝メダール教会
47	1930	5/15		ソルボンヌ教会と広場
48				パンテオン広場
49				サン＝セヴラン教会
50				サント＝ジュヌヴィエーヴの丘
51				サン＝トノレ市場
52				エコール・ミリテール
53				フォントノワ広場
54				広告の規制
55		12/10		イルランデ教会
56				6区の景勝地と眺望
57				オデオン広場
58				サン＝シュルピス広場
59	1930			サン＝ミシェル広場
60		12/10		トゥールノン通り
61				グラン・オーギュスタン河岸
62				コンティ河岸及びマラケ河岸
63				フォントノワ広場
64				トゥール・モブール1番地及びオルセー河岸43番地の建造物
65				7区のその他景勝地
66		1/21		アンヴァリッド広場
67				オルセー河岸とサン＝ジェルマン大通りの角
68	1932			サン＝ドミニク通り及びエクスポジション通りの角
69				シャン・ド・マルス
70				コンコルド広場
71				ロワイヤル通り
72				マドレーヌ広場
73		6/16		マルシェルブ大通り
74				ボヴォー広場
75				ロン・ポワン・デ・シャン・ゼリゼ
76				エトワール広場
77				フォントノワ広場
78				9区の景勝地と眺望
79				サン＝トゥジェーヌ
80				ノートル・ダム・ド・ロレット
81				ラ・トリニテ
82		1/19		サン＝ルイ＝ダンタン
83			第一小委員会	グラン・ブールヴァール
84				オペラ座周辺
85				10区の景勝地と眺望
86				サン＝ヴァンサン・ド・ポール
87				サン＝ロラン
88				サン＝ドニ及びサン＝マルタン門広場
89		1/19		
90				ラ・ヴィレットの円屋根の建造物
91				11区
92				12区
93				ナシオン広場
94	1933			バスティーユ広場
95				ヴァンセンヌ広場
96				マザ広場
97				リヨン駅周辺
98				サン＝マンデ通り
99				13区
100				イタリー広場
101				ラ・サルペトリエール
102		5/18		ゴブラン庭園
103				14区
104				オブゼルヴァトワール
105				ダンフェール・ロシュロー広場
106				サン＝ピエール＝ド＝モンルージュ
107				15区
108				16区
109				サント＝ペリヌ及びシャルドン・ラギャルド・ホスピスの庭園
110				ペルシャン通りの入り口
111				ボワ通り
112				ウィルソン通り
113				トロカデロ庭園及びファールの敷地

207

以降、各部会の決定について見ていきたい。

1−枠組みが保護されるか、管理されるべき独立した建造物

このカテゴリーは、6つの教会と装飾的建造物を含む。

1. サン＝トゥースタシュ教会
2. サン＝ロッシュ教会
3. サン＝ジェルマン＝ローセロワ
4. サン＝ルー教会周辺
5. オラトリオ会教会
6. モーリス＝バーレ広場に立地している聖母被昇天教会
7. モリエール噴水

以上の事例は、建造物の保護の方法が困難であるという前提が既にある。そこで、すべての事例において、空間を減少させる集中的な占有と開発が行われている地区[26]に課すべき高さの地役権に法的効力をもたせて、以下のような2つの保全手法が示された。

1) 拡幅による街路改変の必要性が公示されている所で、再売却された敷地に必要不可欠な地役権をかけることをパリ市に要請し特別に収用する。それは、サン＝トゥースタシュ教会周辺へ適用されている方法である。
2) その他については、委員会が準備する予定の新しい法的手続きで援助を待つこと。

2−いわゆる記念碑的眺望と建造物群

この部会はさらに2つのグループに分けられた。また、この部会の問題は、明らかに最も単純だが、1区のいくつかのものについては、厳格に補完または監視するため多様かつ現実的な法的措置がとられていると考えられていた。

a) 最初のグループは、以下の建造物群を含んでいる。それらは現在までいかなる損傷もなく、完全に規制され、パリ市が問題なく監視できる。これらに関しては、記録と完全なリストの作成のみが問題となる。

1. ルーヴル広場
2. パレ・ロワイヤル広場
3. テアトル・フランセ広場

第6章　1920年代以降の国の保全制度への反映と展開

4. ヴァロワ通り、ボジョレー通り、モンパンシエール通りの、パレ・ロワイヤルの建造物[27]

b) 2つ目のグループは、主に詳細な規定によって制限されているものの、時の経過によりその不十分さが明らかになり、保全手法が大いに補完される必要性のある著名な一連の眺望と建造物群である。
このグループには、リヴォリ通り、ヴァンドーム広場、ヴィクトワール広場が含まれる。

1. リヴォリ通り
2. ヴァンドーム広場
3. ヴィクトワール広場

リヴォリ通り及びヴァンドーム広場には、当時全体的に規制がかけられていた。ヴァンドーム広場のように、所有者に課せられた契約的義務[28]に関するヴィクトワール広場の状況は、前者のものよりも妥協が見られる。

3−都市景観

1区は、パリの最も美しく繊細かつ控えめながらも豊かな歴史を有しており、最もピトレスクな都市景観の1つである[29]。すなわち、ヴェール・ギャランの庭園、ヌフ橋とその土塁、ドーフィヌ広場の端の2軒の家屋、広場、土手の美しいポプラ並木により縁取りされた古い家屋の美しい建築線により形成される、シテ島の西端部である。そこは、保全されるべき著名な地区である。

しかし、これらの要素のいくつかの保全は、行政の活動にとり最も困難さを示している。

きわめて特別な技術的問題を含むこうした困難のために、CVPは、シテ島の端部及びドーフィヌ広場に関して、いくつかの原則のみを提案した。

1) まず、他の建造物の規格よりもかなり小さくし、高さを控えめな状態に確保することである。なぜなら、少なくとも、多数のものによって景観を壊さずにすむからだ。そして、CVPは、既存の高さについて常に考慮し続け、平均の高さとして既存の高さを採用することを要請した。それはポン・ヌフと歴史的な2軒の家屋とが調和することに資する。

2) 続いてCVPは、次のオルフェーヴル河岸44番地について、県による条件付きの譲渡

に関する1927年7月22日の県議会の決議の条項に従った。

同決議（オルフェーヴル河岸44番地の県の建造物の割譲；第1条b）とは、以下のようなものであった。

> b）建造物の更新の際には、所有者はドーフィヌ広場の古建造物に従ったオルドナンスを厳格に遵守しなければならず、周辺環境と調和する静かで控えめな性質の建造物のみ建設できる。この場合、所有者は県の建築家の意見を踏まえた上で、セーヌ県知事の許可を得てはじめて着工が可能となる。

ドーフィヌ広場に面する建造物の改変についても、計画への自治体による（1911年法第118条の適用）規則について、一般化は可能であると考えられる。一方、もし今日存在する、高さの異なる様々な建造物の保護に注意を払うなら、現在のドーフィヌ広場の魅力の本質的な要素である多様性は、大変満足のいく方法で保護されるとCVPは考えた。なお、オペラ通りの指定は大部分が2区に広がっていたため、今回の決定には入らなかった。

（3）景勝地に関する1930年法への反映

1912年6月22日の古きパリ委員会（CVP）の会議において、ランボーはヴォージュ広場が一体的に景勝地[30]として保全されるに値するものであるとして、以下のように発言している。

> なぜなら、実際ロワイヤル広場は左右対称の家屋が絶え間なく連なるだけではない。それらは、独特な概念に基づき類似した建造物群によるモニュメントであり、創造者アンリ4世の考えを建築局の権利譲渡人に厳密に課し、一気に建設されたのだ。
> 広場は侵してはならないモニュメントなのであり、一部の損傷でさえ統一性を損なわせてしまう。緑地や騎馬像、古い家屋の尖った屋根といった諸要素とともに、広場はパリに残った最も歴史的かつ芸術的な景勝地なのである。[31]

1930年5月2日法により、歴史的建造物制度を自然景勝地にまで拡大した景勝地制度が施行された。同法の正式名称は、「天然記念物及び芸術的・歴史的・科学的・伝説的・ピトレスクな特徴を有する景勝地の保護に関する法律」[32]であった。この制度が対象としているのは、あくまでも自然景勝地であった。また、歴史的建造物制度を基礎としているため、指定と登録の2段階規制がそのまま導入された。これは、CVPの考古学的・芸術的目

第6章　1920年代以降の国の保全制度への反映と展開

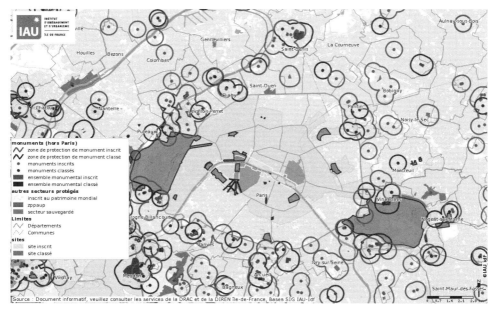

図6-1　パリの景勝地（濃い茶色：指定景勝地、黄土色：登録景勝地）
出典：Institut d'Aménagement et d'Urbanisme, Institut d'Aménagement et d'Urbanisme,"Sites et monuments",
フランス語、入手先（http://sigr.iau-idf.fr/webapps/visiau）、（参照 2014-10-31）

録（CAA）設置時（1916年）に、1906年法を適用するために構想された内容であった。

　戦後、景勝地の概念は、ピトレスクなイメージを持つ「景観地」と解釈されるようになった[33]。現在、遺産法典L.341-1条によれば、景勝地は、「芸術的・歴史的・科学的・伝説的またはピトレスクな視点から、保全または保護が公益性を有するもの」とされている[34]。そのため、現在パリは、パリの都市全体（約4,400ha）として、1区から11区までのほぼ全てと16、17区及び他の外部の区の一部が登録景勝地[35]（図6-1）となっている。また、パリ記念碑的眺望委員会（CPM）によりレポートが作成された1区では、都市景観セクションに記載されたシテ島の端部が景勝地に指定された[36]。

（4）ル・タン紙にみられるパリ記念碑的眺望委員会（CPM）への社会の関心

　1928年4月23日付の同紙に、パリ市の記念碑的眺望に取り組む芸術局の多様な活動を分散するため、同局内にパリ記念碑的眺望委員会（CPM）が設置されたことがアナウンスされ、委員会の構成が報じられた[37]。

　1931年7月5日付の同紙には、再びヴァイヤによる記事が掲載された。この記事では、サン＝ルイ島の対岸に広がる、破壊の脅威にさらされたパリの風景を例に挙げて、CVP及びセーヌ県景勝地・建造物委員会がその危機を理解し立ち上がる必要があると唱えられている。ヴァイヤは、「風景はここでは博物館の領域に属すのだ。すなわち、風景自体が

211

博物館なのだ。」と結んでいる。以下に記事全文を引用する。

　脅威にさらされたパリの風景
　シテの後ろに、橋に引かれ、サン＝ルイ島があり、その素晴らしい石の船が航跡を残している。この島も横たわる白金のガレー船の形状をしている。船首は波を割り、丸い船尾には緑の旗のように水面に傾く美しい木が生えている。パリで最も美しい、すなわち世界一美しいこの風景を目の前にして、パリ市は美の全き虐殺を放置しているのである。ブルボン河岸とサン＝ルイ島正面に右岸に広がる河岸上、サン＝ジェルヴェの足下に、市はゴミ捨て場とセメントのサイロ、倉庫用の土地を賃借し、これにより歴史的風景を少しずつ工業風景へと変えている。CVP及びセーヌ県景勝地・記念物委員会は、ごく近いうちに、パリ市による公的かつ段階的な蛮行に衝撃を受けることだろう。パリ市は、代々受け継がれた財産の受託者であり、手つかずの状態でそれらを保全しなければならない。
　風景はここでは博物館の領域に属すのだ。すなわち、風景自体が博物館なのだ。—L.V.[38]

6-3　1943年以降の面的保全制度の展開

以上、1890年代から1930年代まで古きパリ委員会（CVP）が如何に都市の歴史的景観について考え、評価基準や対象がどのようであったかを見てきた。そのような考え方は現在の面的保全制度の素地となったと考えられる。最後に、1943年以降の国の歴史的環境保全に関する法制度について概観してみたい。

（1）1943年の歴史的建造物周囲の500m規制

1943年の1913年法（前掲94頁）の改正によって、次のことが付け加えられた。指定または登録された歴史的建造物保存のため必要な場合は、その周囲の半径500mを設定し、その円内の歴史的建造物から望見できる建造物及び、歴史的建造物と同時に見える周囲の空間について、現状の変更が許可制となった。変更の審査は、全て行政の担当官であるフランス建造物監視官（ABF）[39]の裁量による[40]（図6-2）。

(2) 1962年法による保全地区（SS）

　1960年代、クリアランス型の都市再開発[41]が市内各所で行われ、歴史的住環境が危機に陥っていた。文化相アンドレ・マルローは、フランスの歴史的芸術的遺産の保全立法の補完ならびに不動産修復の促進に関する1962年8月4日法、通称「マルロー法」により保全地区（SS）を創設した。この制度は、歴史的環境の面的保全・再生を目指したものであった[42]（図6-3）。

　保存地区（SS）に指定されると、2年間現状変更が凍結され、保全整備計画である保全・活用プラン（PSMV）が、指名を受けた建築家らにより策定される。この計画書は、建築形態規制及び保存すべき建造物と保存・再生計画を明らかにした地区保全整備計画により構成される。全ての開発行為は、地区保全整備計画に従って遂行される。

　建造物所有者は、補助金と融資を受けて許可された開発行為を行う。行わない場合は、強制的に地帯収用が行われる。建造物の再生と活用は、不動産修復事業により実施される。この事業は、重要な歴史的建造物を有する地区を対象とした重度事業と、歴史的文化的な価値をあまり有していない地区を対象とした軽度事業に分類される。

(3) 1983年法による建築的・都市的・文化財保護区域（ZPPAU）

　1983年の地方分権法により、1943年の歴史的建造物周囲の500m規制に関して、柔軟な地区性の移行により、地区を限定して定めることを可能とした建築的・都市的文化財保護区域（ZPPAU）が設立された[43]（図6-4）。

　その後、1993年に景観保全再生に関する1993年1月8日法が施行され、広域にわたる風景の保護と再生について保全方法が定められた[44]。同法により、ZPPAUに「景観的[45]」という語が加わり、建築的・都市的・景観的文化財保護区域（ZPPAUP[46]）と改称された。このことから、現在は各基礎自治体の一般法定都市計画である地域都市計画（PLU）により、土地占用計画（POS）を広域で扱うことが可能となり、景観一般を対象とした広範な保護区域制度が成立した。

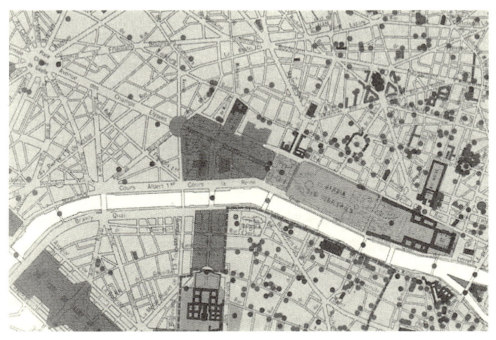

図6-2　シャン・ゼリゼの歴史的建造物周囲500m規制（中央部グレー部分）
出典：鳥海基樹（2004）『オーダー・メイドの街づくり』学芸出版社 p.23.

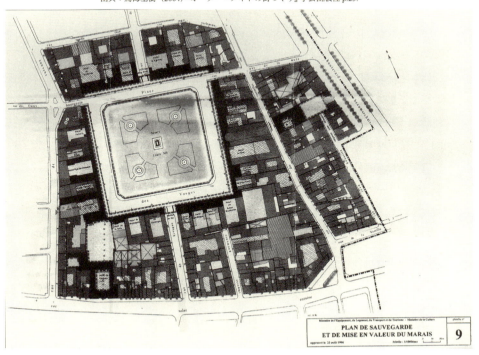

図6-3　ル・マレ地区のSS、ヴォージュ広場周辺
出典：東京文化財研究所（2005）『フランスに於ける歴史的環境保全：重層的制度と複層的組織、そして現在』
東京文化財研究所

第6章　1920年代以降の国の保全制度への反映と展開

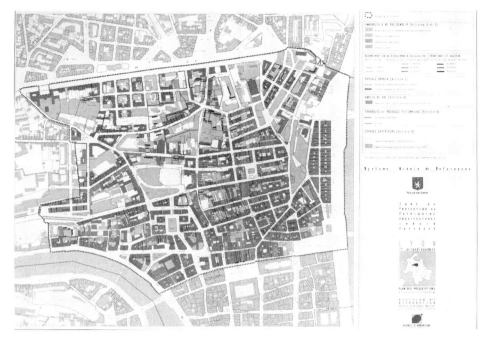

図6-4　リヨン市パント・ドゥ・ラ・クロワ・ルス ZPPAUP
出典：東京文化財研究所（2005）『フランスに於ける歴史的環境保全：重層的制度と複層的組織、そして現在』
東京文化財研究所

第6章のまとめ

　考古学的・芸術的目録（CAA）の経験を踏まえて、アンドレ・モリゼによる上院での演説の効果もあり、1913年法（本書94頁）は1927年7月23日に修正され、第2条において、直ちに指定の要請を正当化しないが、保護の上で十分な考古学的価値を有する全時代の公共または民間の建造物は、芸術担当大臣のアレテにより歴史的建造物補助目録（ISMH）に登録できるようになった。都市形成史的価値を評価する視点による、建造物の評価・保全のための特別な仕組み（本書192頁）も準備された。これは面的保全には十分に活用されなかったが、古きパリ委員会（CVP）は公共教育芸術大臣から、ISMH作成に全面的な協力を要請された。
　CVPは以上の活動により、歴史的建造物による歴史的環境保全の可能性を増大させる登録制度の創設と、広場や街路が一体的に形成された点を評価する、いわば計画史に着目する都市的視点の導入に大きな役割を果たした。
　1929年に、美術閣外相補佐官の発意により、1919年法による都市景勝地の監視のため、

パリ記念碑的眺望委員会（CPM）が設置された。CVP事務局長エリー・ドビドゥールが代表を務めた。1933年前後に、第一小委員会から、保護すべき都市景勝地がレポートとして発表され、CAAに記載されていた項目が、都市的視点を備えた景観として挙げられた。その目的は、①CVPによる過去の建造物の保全、②とりわけ、民間所有者、及びその権力濫用に起因するリスクへの対処を目的とする監視、③芸術・歴史・記憶の価値があるシテの都市域に拡散された断片全体に注意を払うこと、この3点であった。セクション2には記念碑的眺望と建造物群、セクション3には都市景観が記載された。

また、1943年には1913年法（本書94頁）が改訂され、歴史的建造物周辺の500m規制が成立した。1962年にはマルロー法によって、歴史的住環境に対する保存・再生を主眼とした保全地区（SS）制度が成立し、1983年には、建築的・都市的・景観的文化財保護区域（ZPPAUP）の前身となる建築的・都市的文化財保護区域（ZPPAU）制度が創設され、基礎自治体による一般的法定都市計画を基礎とした広域的な景観保護制度が成立した。

1943年法以降の国の制度の展開にはランドマーク性[47]、バッファゾーン、一体的な計画性もしくは都市形成に対する考え方[48]が内包されており、ヴォージュ広場周辺のSS地区等CVPにより保全が唱えられた対象が国の制度の対象となっている。これらの国の制度には、CVPが提示してきた、特定の建造物を周辺環境との関係のもとに評価する視点が素地になっていると考えられる。

注

1　Loi relative aux monuments historiques. 1913年12月31日公布。
2　Inventaire supplémentaire des monuments historiques
3　Commission du Vieux Paris,"Procès-Verbaux", Paris: Imprimerie Municipale, 1922, pp.170-173.
4　André Morizet
5　Ibid., 1928, pp.41-47.
6　Debidour, Elie."La conservation du vieux Paris et l'urbanisme", Paris: Musée social, 1945, pp.8-11.
7　Commission du Vieux Paris, op.cit., 1923, Ibid., 1924, Ibid., 1925, Ibid., 1926, Ibid., 1927, Ibid., 1928, Ibid.,1929.
8　Commission des perspectives monumentales
9　鳥海基樹（2005）「第3章　フランスの都市美保全政策」『都市美：都市景観政策の源流とその展開』学芸出版社 pp.51-62.
10　人口1万人以上の基礎自治体に、整備・美化・拡大計画の策定を義務づけた。通称1919－1924年法。
11　Site urbain. 前述の景勝地に都市という単語が付されたものである。
12　Commission des perspectives monumentales de la Ville de Paris,"Procès-Verbaux du 12 juillet",

Médiathèque de l'Architecture Fonds 80/40/41, 1928, 頁番号無し。これらのCPMに関する資料は建築・遺産シテ・アーカイヴセンターのボニエ文庫内に所蔵されている。

13 Id.,"Rapport présenté à la Commission des Perspectives monumentales de la Ville de Paris", Médiathèque de l'Architecture Fonds 80/40/41, 年代不明, pp.1-14.

14 Id.,"Arrêté", Médiathèque de l'Architecture Fonds 80/40/41, 1928, 頁番号無し

15 県及びコミューン行政課第4オフィス(Direction de l'Administration départementale et communale 4e bureau)

16 Direction des Beaux-Arts. こちらは前注15のオフィス所属ではない。

17 Id.,"Protection des perspectives monumentales de la ville de Paris", Médiathèque de l'Architecture Fonds 80/40/41, 1928, pp.1-3.

18 Conseil supérieur des Beaux-Arts

19 Conseil général des Bâtiments Civils et Palais Nationaux

20 Commission des perspectives monumentales de la Ville de Paris,"Séance du 12 Juillet 1928", Médiathèque de l'Architecture Fonds 80/40/41, 1928, 頁番号無し

21 Id.,"1ère Sous-Commission Séance du 20 Décembre 1928", Médiathèque de l'Architecture Fonds 80/40/41, 1928, 頁番号無し

22 Id.,"1ère Sous-Commission Séance du 16 Mai 1929", Médiathèque de l'Architecture Fonds 80/40/41, 1929, pp.1-4, Id.,"1ère Sous-Commission Séance du 21 Juin 1929", Médiathèque de l'Architecture Fonds 80/40/41, 1929, pp.1-5, Id.,"1ère Sous-Commission Séance du 3 Décembre 1929", Médiathèque de l'Architecture Fonds 80/40/41, 1929, pp.1-4, Id.,"1ère Sous-Commission Séance du 15 Mai 1930", Médiathèque de l'Architecture Fonds 80/40/41, 1930, pp.1-5, Id.,"1ère Sous-Commission Séance du 10 Décembre 1930", Médiathèque de l'Architecture Fonds 80/40/41, 1930, pp.1-4, Id.,"1ère Sous-Commission Séance du 21 Janvier 1932", Médiathèque de l'Architecture Fonds 80/40/41, 1932, 頁番号無し, Id.,"1ère Sous-Commission Séance du 16 Juin 1932", Médiathèque de l'Architecture Fonds 80/40/41, 1932, 頁番号無し, Id.,"1ère Sous-Commission Séance du 19 Janvier 1933", Médiathèque de l'Architecture Fonds 80/40/41, 1933, 頁番号無し, Id.,"1ère Sous-Commission Séance du 18 Mai 1933", Médiathèque de l'Architecture Fonds 80/40/41, 1933, 頁番号無し

23 パリの都市域を指す。

24 緑地を主として対象にしているためである。

25 Paysages urbains

26 空地が減少する集中的開発の行われる地域という意味である。

27 オルレアン公の邸宅の売却契約についての詳細な規約に裏付けられた、1784年の開封勅書の規定に従って建設された。

28 地役権のことである。

29 "Le Ier arrondissement possède un des plus beaux paysages urbains de Paris, un des plus délicats et des plus sobres en même temps, à la fois plein d'histoires et de pittoresque."

30 Siteの訳語は、鳥海基樹(2004)『オーダー・メイドの街づくり』学芸出版社 pp. 22-23からの引用である。

31 Commission du Vieux Paris, *op. cit.*, 1913, pp.127-128.

32 Loi relative à la protection des monuments naturels et des sites de caractère artistique, historique, légendaire ou pittoresque

33　景勝地の概念の広がりは、1906年法の時代から片鱗が見えていた。1910年11月19日にアンヴァリッドは景勝地に指定された。
34　1994年1月8日の93－24番法第70条による。
35　DRIEE Île-de-France, DRIEE Île-de-France, "Paysages", フランス語, 入手先 (http://www.driee.ile-de-france.developpement-durable.gouv.fr/),（参照 2014-8-28）
36　セーヌ河岸は世界遺産にも登録されている。
37　, . «Informations diverses», "Le temps", 1928, 4月23日
38　Vaillat, Léandre. «Un paysage parisien menacé», "Le temps", 1931, 7月5日
39　Architecte des bâtiments de France
40　西村幸夫（2004）『都市保全計画：歴史・文化・自然を活かしたまちづくり』東京大学出版会 pp. 490-492. 1993年2月25日に公布された。
41　ラ・デファンスやグルネル河岸である。
42　西村幸夫 前掲注41 pp. 492-499. 1962年8月4日に公布された。
43　西村幸夫 前掲注41 pp. 499-504. 1983年1月7日に公布された。
44　江口久美（2011）「フランスにおけるグルネル2法下のZPPAUPからAVAPへの展開に関する研究」『日本都市計画学会』46-3 都市計画学会 pp.211-216によれば、2010年に施行されたグルネル2法によって地方分権を推進する建築・景観活用区域（Aire de mise en valeur de l'architecture et du patrimoine : 通称AVAP）へのZPPAUPからの置換が進められている。
45　paysager
46　Zone de protection du patrimoine architectural, urbain et paysager
47　1943年法による500メートル規制
48　マルロー法及びZPPAUP

結　論

1　各章で得られた知見の要点

第2章　19世紀の歴史的建造物の出現と都市景観へのまなざし

　第2章においては、必要に応じて、ユゴーやオスマンの著作、歴史的建造物審議会（CMH）に関する既往研究を参照しながら、運動論として18世紀末の革命後のナショナル・アイデンティティ形成と歴史的建造物保全運動の出現、19世紀半ばのオスマニズムの出現による保全意識の高まりの経緯を明らかにした。

　1789年7月14日のフランス革命は、古い政治体制の解体とともにフランスの都市に新たな局面をもたらした。18世紀の革命時から19世紀のオスマニズムまで続く古モニュメント破壊の風潮があった。こうした風潮をユゴーは厳しく非難した。世論による批判を受けて、七月王政の期間中に、未だ理論化されてはいなかったものの、歴史的建造物の定義と保全の実践が行われるようになった。1837年にCMHが創設され、建造物のリスト化が開始された。CMHの果たす役割の基礎は、オルドナンスにより、提案及び指定された建造物から、特別な価値を示しながら緊急の作業を必要としている建造物のリスト（指定歴史的建造物）を作成することであった。しかし、1840年の最初のリストの1,034件の建造物の中に、パリの建造物は含まれなかった。なぜなら、リストは予算配分されたモニュメントの一覧であり、予算はまずは地方都市を対象としていたためである。

　1887年、現在の通称「歴史的建造物法」の前身となる、歴史的建造物保存法が施行され、CMHが所属する、公共教育芸術省建築局がリスト作成を行うようになり、リストに掲載された建造物及び建造物の一部は、指定歴史的建造物となった。

　1853年、オスマンがナポレオン3世によりセーヌ県知事に任命されると、彼はパリが①機能性・合理性を獲得すること、②道路の整序に美意識を取り入れること、③都市改造を1つのプロジェクト事業とする、「都市の構造化」を行うこと、この3点を目的としてパリ改造を進めていった。また、公園整備事業もパリのプロムナード計画として主軸に据えられ、アドルフ・アルファンよりイギリス風景式庭園の様式による近代公園整備が行われた。

オスマンは、古典主義期までの場当たり的な都市の美化から、体系化的に都市を「整序化」し、「パースペクティブ」な視点から、規則性、直線、幾何学性を重視した。しかし、厳格な構成に疲弊したため、カミロ・ジッテは、パースペクティブを重んじるオスマニズムに対する揺り戻しとして、ピトレスクな不規則で、非幾何学的な構成からなる都市を求めていた。それは、個々のモチーフからなる明快な調和で、多様性を有していた。また、都市改変の際には安易な模倣を行うのではなく、現代の必要性と合わせて優れた効果のあるモチーフを用いて、壮麗に改変することが求められた。ジッテの影響の下、欧州各国で中世的な不規則性を内包するピトレスクな都市景観が指向された。ベルギーにおいてはビュルスによって、ピトレスクな都市景観を目指して小さな改善の積み重ねによる都市保全が行われた。ビュルスは、ピトレスクについて、過去の痕跡が残され、形態と用途が調和した際に生まれると述べており、価値のない建造物も含めながら、歴史的記憶から着想を得て、全体として首都ブリュッセルのピトレスクな景観を実現していくことを求めていた。イギリスでは、フランス幾何学式庭園に対する風景式庭園において、ピクチャレスクの概念が生まれ、その後、工業化社会へのアンチテーゼとして、ピクチャレスクさが不規則性や過去への連想を促す田園美として田園都市において実現された。その体現者の代表はレイモンド・アンウィンであった。

第3章　19世紀のパリにおける歴史的建造物保全と風景観

　第3章においては、オスマン期にかけての歴史的建造物制度の課題とセーヌ県による都市史研究と、運動論としてモニュメント保全を巡る組織、1884年のパリ・モニュメント愛好協会（SAMP）が果たした役割を明らかにした。

　第2章で述べたように、1840年に歴史的建造物公式リストが刊行されたが、パリの建造物は1つも指定されていなかった。そこで、1849年にはラザール兄弟によりセーヌ県の都市史研究が行われた。第二帝政期にオスマンによっても都市史研究が行われたが、シテ島整備の事例から分かるように、研究は実際の都市計画にはほとんど反映されなかった。

　CMHの権限範囲の曖昧さ、歴史的建造物に関する歴史的建造物制度の欠陥によって、パリにおける歴史的建造物保全は不十分であったため、民間の組織が設立されていった。1865年には、パリ考古学歴史学会、1879年にはパリ碑文登録委員会（CIP）、1884年にはSAMPが民間から立ち上がったが、公的な後ろ盾がなかったため、十分な活動ができなかった。SAMPには、市会議員でパリ碑文登録委員会にも参加し、CVPの設立に大きな影響を与えたアルフレッド・ラムルー、ルシアン・オージュ・ドゥ・ラッシュ、愛好協会設立者であるシャルル・ノルマン氏といった人物が、CVPとSAMPを兼任していた。設立当時の目的は、芸術品とパリの記念碑的な外観を監視していくことであった。SAMPはCMHと、1898年以降はCVPと併行・協力して活動を続けた。ラムルーは生粋のパリジャ

結 論

ンで、パリの中心である1区に位置するレ・アル地区で生まれ、レ・アル地区の急激な改変を目の当たりにして、オスマンの歴史的建造物を無視した破壊政策の継続に疑問を覚えていた。シャルル・ノルマンは建築家であった。CIPは、パリ工事局芸術・歴史工事課に創設されたパリの歴史を調査・研究するための行政内の諮問機関であった。公的な後ろ盾を持っていたが、逆に行政から独立した活動を行うことができる機関ではなかった。SAMPに参加していた市会議員ラムルーは、公的な諮問機関でありながら、独立した活動を行うことができる制度を有する組織が必要とした。ラムルーとノルマンのこの2人は、地域における活動から、市民による「ピトレスク」な視点を発見していた。

第4章　古きパリ委員会（CVP）の設立と都市的視点の萌芽

　第4章においては、運動論から制度史への展開という視点から、1897年の古きパリ委員会（CVP）の成立と「ピトレスク」な視点、歴史的建造物の点的保全制度による「古きパリ」の保全とランドマーク性の評価によるCVPへの都市的視点の萌芽を明らかにした。

　SAMPを参考として、1898年、古きパリ委員会（CVP）が設立された。これは、文化的遺産の保存が行政組織による後援の必要を感じていた市会議員ラムルーにより、市会で提案、決議されたものである。CVPの目的は、「ピトレスクな特徴を示す市の一部（古きパリ・オーセンティックなパリ）」の記録・保全、歴史的建造物審議会（CMH）の活動補完のため、パリの遺産を調査・目録化し、できれば保全し、市民に存在を伝えることであった。こうした目的から、CVPは建造物単体に留まらず都市を一体的に捉え、評価する都市的視点を有していたことが読み取れる。「古きパリ」は、単なる中世地区でなく、教会、国立宮、素晴らしい敷地、権力によって建設された偉大な建築的構成、古い邸宅を有する官僚個人の敷地、とりわけ古い構造と親密で自然発生的な特徴を持つ形状によって価値のある古建造物群により構成された街区、絵画的（ピトレスク）な不規則な街路の歴史的景観により構成された17–18世紀のパリであった。

　CVPは国外・他都市における歴史的建造物の保全に関する調査を行った。ブリュッセルの国際パブリック・アート委員会では、保全に関する情報を共有した。

　1913年法により歴史的建造物として指定されるべき建物は、第1条により「歴史的または芸術的視点から、公共的価値をもつ建造物の全体または一部」として規定された。

　CVPは設立当初から、危機に瀕した歴史的建造物を歴史的建造物制度により保全することについて議論を行っていた。ル・マレ地区のロアン館は、CVPの勧告を通じて歴史的建造物として指定され保全された。また、市会への働きかけの様子から、CVPは市から独立した諮問機関であったことが分かった。

　CVPはパリ4区のサンス館に関して、20世紀初頭から市民の視点からランドマークとしての価値を評価し、国によりそれが認められた。また、バッファゾーンの観点から歴史的

221

建造物周辺への広告禁止区域を提案し、動向を監視していた。

　以上から、SAMPから継承されたピトレスクな都市景観を捉える視点によって、CVPは面的な視点から歴史的建造物を評価する都市的視点を獲得した。この視点はまず歴史的環境保全に向けて建造物のランドマーク及び歴史的建造物周辺のバッファゾーンとしての価値を評価する都市的視点として現れた。

第5章　考古学的・芸術的目録（CAA）の作成と歴史的環境保全への展開
　第5章においては、制度史として1916年のCVPへのCAAの成立と景勝地制度の関連性、CAAから読み取れる、市民としてCVPの周辺環境との調和または街路と一体になった景観を評価する視点、CVPの都市計画史的な評価を行う視点によるヴォージュ広場の面的な保全について明らかにした。

　パリ市建築家ルイ・ボニエによって1916年に作成されたCAAは、CVP設立当初からの目録作成の経緯を踏まえ、パリ市の新たな道路拡幅計画に対して、市の建築課に送付し参照されるための保護すべき要素の目録制度であった。作成当初は、1906年の自然景勝地法にかわって都市の面的な歴史的環境を保全することについても検討された。ボニエは、パリ市の建築家で建築・美観・拡張技術課総監であった。ボニエは、建造物の修復も行う傍らCMHにも参加していた。

　1区のCAAについて見てみると、19件の建造物及び地区に関して、周辺環境との調和または街路と一体になった景観に関連する記述があり、それらに価値が見出されていることが明らかになった。その内容としては、ピトレスクな角地、様々な眺望点からのピトレスクな眺め、建造物に面した街路との調和、広場との関係性、隣接する建造物との調和、都市における大建造物の様々な見え方があり、これは市民の視点からのピトレスクな眺めの評価であった。

　また、ピトレスクの概念については、ボニエは対象を都市とし、概念の性質は「多様性・構成・懐古性・自然・地方性・特異性」であり、「特異性・多様性」や「多様性」にも通じる「構成」がパリの都市景観で新たに加えられた概念であった。

　さらに、アジェの写真におけるピトレスクの概念は、前近代の曲線や不規則な街路、現代の用語で言えば、オスマン以前の建造物から構成される近景・中景・遠景で変化に富む景観を好んだことが明らかになった。

　また、ヴォージュ広場について、CVPが地役権に基づいて一体的計画性を評価する視点から、広場の調和のとれた対称性・一体性に価値を見いだし、勧告を通じて、復元・保全を成功させていった経緯が明らかになった。この際に、市民である開発者と協議を重ねながら時代の要請に応えていた。

　このようなCVPの活動は広く新聞で報道されていた。

結論

第6章　1920年代以降の国の保全制度への反映と展開

　第6章においては、制度史として1927年の国の歴史的建造物補助目録（ISMH）への影響、1929年の国のパリ記念碑的眺望委員会（CPM）への影響、1943年以降の面的保全制度の展開について明らかにした。

　CAAの経験を踏まえて、モリゼによる上院での演説の効果もあり、1913年法は1927年7月23日に修正され、第2条において直ちに指定の要請を正当化しないが、保護の希望に十分な考古学的価値を示す全時代の公共または民間の建築物または建築物の一部は芸術担当大臣のアレテによりISMHに登録できるようになった。都市的視点からの建物評価・保全のための特別な仕組みも準備された。これは面的保全には十分に活用されなかった。しかし、公共教育芸術大臣は、CVPにIMSH成立への全面的な協力を要請した。

　以上のCVPの活動は、歴史的建造物による歴史的環境保全の可能性を増大させる登録制度の設立、及び計画史から一体的に形成された点を評価する都市的視点の導入に大きな役割を果たした。

　1929年に、美術閣外相補佐官の発意による委員会であるパリ市記念碑的眺望委員会（CPM）が、1919年法により都市景勝地の監視のため設置された。CVP代表ドビドゥールが代表を務めた。1933年前後に①CVPによる過去の建造物の保全、②とりわけ、民間所有者及びその権力濫用に起因するリスクに対処することを目的とする監視、③芸術・歴史・記憶の価値があるシテに拡散された断片に注意を払うことを目的とした第一小委員会から保護すべき都市景勝地がレポートして発表され、CAAに掲載されていた項目が、都市的視点を持った景観として挙げられた。セクション2には、記念碑的眺望と建造物群、セクション3には、都市景観があげられ「シテ島の端部」が選定された。1930年法による改正景勝地制度において、景勝地は正式名称により「天然記念物及び芸術的・歴史的・科学的・伝説的・ピトレスクな特徴を有する景勝地」となり、これによりCVPの考えていた都市への適用が実現された。現在、「シテ島の端部」は指定景勝地となり、1区を含むパリの大部分が登録景勝地となっている。

　また、1943年には1913年法が改訂され、歴史的建造物周辺の500m規制が成立した。1930年法により景勝地制度、1962年には保全地区（SS）制度が成立し、1983年には建築的・都市的文化財保護区域（ZPPAU）制度が創設され、これらの制度にはCVPが提示したある建造物を周辺環境との関係において評価し、ランドマーク性、バッファゾーン、一体的な計画性もしくは都市形成を評価する視点が素地になっていると考えられる。

　以上、得られた知見の要点である。

223

2　総合的考察

パリにおける都市景観をピトレスクと捉える考え方の生成

　オスマン期のパリにおいてアドルフ・アルファンのパリのプロムナード整備事業の中でイギリス風景式庭園の様式により整備されたヴァンセンヌの森やブーローニュの森等には、ピクチャレスクな風景が存在していた。

　オスマニズム以降のパリでは、1884年にパリ・モニュメント愛好協会（SAMP）が設立され、フランス語・ドイツ語圏のヨーロッパの他都市と同様に、ピトレスクな都市景観に関心が向けられるようになった。SAMPでは市会議員アルフレッド・ラムルーや建築家シャルル・ノルマンが、市民が体感する生き生きとしたパリの界隈風景を保全するため、それらについてピトレスクであるという価値づけを行った。ピトレスクの概念の対象は、現代都市の冷たい様相と相反した人々の昔ながらの生活風景であった。

　古きパリ委員会（CVP）は、SAMPの活動を下地として、ラムルーの提案により1897年にパリ市に設立された。CVPはSAMPから都市景観に対する視点を継承した。その際に、古きパリは「ピトレスクな特徴を示す市の一部」であるオーセンティックなパリと表されていた。また、単体の建造物保全を目的とした歴史的建造物制度の補完という目的のため、CVPの活動初期におけるピトレスクの概念の対象となる建造物の建設年代はほとんど同じであった。

　その後、1916年の考古学的・芸術的目録（CAA）の作成過程では、ピトレスクであることがCAAへの採録の条件となった。1916年5月のルイ・ボニエの発言によれば、ピトレスクとは「都市空間の理解に必要な歴史的継続性」が現れていることであり、その対象は地区の断片である。

　1933年のパリ記念碑的眺望委員会（CPM）による都市景勝地に関するレポートにおいては、豊かな歴史性を有している都市景観がピトレスクであると評価されており、シテ島の端部がこれに値するものとされている。このような都市景観に対するピトレスクの概念の拡大は、1930年法による改正景勝地制度にも見られ、景勝地は「芸術的・歴史的・科学的・伝説的・ピトレスクな特徴を有する」ものとして表現されている。

　都市の界隈景観をピトレスクであるとして評価することは、為政者から市民への視点の変化であり、全体計画に部分を従わせる視点から、個々の場の発見を都市全体の価値につなげる視点への転換であった。（図終-1）。

　個性と厚みのある歴史まちづくりを行っていく上で、市民の視点から都市景観を価値付

結論

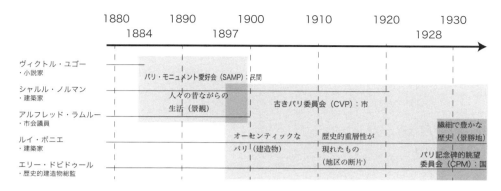

図終-1　主要組織のメンバー相関図及びピトレスクの概念の変遷（灰色の字）

け、単体建造物にとどまらない、面的保全を促していったCVPの取り組みに学ぶべき点は多い。

　ドイツ語圏におけるマーレリッシュ（malerisch）な景観を評価する視点の保全制度への反映や、イギリスにおけるピクチャレスクな景観を創出する都市計画手法の保全への反映、英仏のピトレスクな景観を指向する視点の相互の影響、オスマン期の公園におけるピトレスクな風景認識の都市への適用の影響に関しては明らかにされていない点も多く、今後の研究課題としたい。

古きパリ委員会（CVP）の視点から面的保全への展開

　1898年に設立された古きパリ委員会（CVP）は、オーセンティックなパリの目録化、可能であれば保全、及び歴史的建造物制度の補完を目的としていた。

　CVPはパリ・モニュメント愛好協会（SAMP）からパリの界隈景観を市民の立場から評価する視点を継承していた。CVPメンバーは1898年のシャルル・ビュルス主催のパブリック・アート国際会議に参加し、古モニュメントの保全及び街路の不規則性の尊重に関する歴史的環境保全の原則を参照した。その後、活動の過程で、単体の建造物を界隈における周辺環境との関連から評価する都市的視点を確立し、面的な保全を展開していった。

　1911年のサンス館の事例では、CVPは生活景観のランドマークとして建造物を評価した。その際、ランドマーク性を保全するため、サンス館と合わせて隣接する周辺環境も保全すべきであると主張された。また、同時期には歴史的建造物周辺のバッファゾーンの保全も重要とCVPは考えていた。そのため、主に1910年法による歴史的建造物周辺の広告排除に関連した活動を1900年からCVPは実践していた。

　1916年の考古学的・芸術的目録（CAA）作成の過程でも、サンス館の事例に見られたようなCVPによる評価の姿勢は継承された。CAAにおいては、歴史的重層性が立ち現れた

225

表終-1　CVPの視点・対象と古きパリの概念

年代	CVPの視点	対象	古きパリの概念	現在までに担保された保全手法
1900-	歴史的建造物周辺のバッファゾーンにおける広告排除	オペラ座他	歴史的景観	1910年法、歴史的建造物制度、1943年法、ZPPAUP
1902-	計画史的評価	ヴォージュ広場	一体的に建設された広場または大規模建造物	歴史的建造物制度、SS地区
1911	生活環境におけるランドマーク	サンス館	価値を持つ公共及び民間の建造物、歴史的景観	歴史的建造物制度、1943年法、ZPPAUP
1916-	ピトレスクな眺め	歴史的重層性が立ち現れた地区の断片	古い自然発生的な形状の建造物群による街区、歴史的景観	歴史的建造物制度、1930年法、1943年法、ZPPAUP

地区の断片がピトレスクな眺めとして評価対象となった。そのため、ランドマーク性の評価のみならず、ピトレスクな角地、様々な眺望点からのピトレスクな眺め、建造物が面する街路との調和、広場との関係性、隣接する建造物との調和、都市における大建造物の様々な見え方が評価された。その結果、街路改変に際し保全すべき建造物をリストアップしたCAAには、保全すべき地区・広場・街路が記載されており、歴史的景観や一体的に形成された地区の保全という歴史的環境保全における新たな概念が生まれている。また、このCAAは補助金を伴わない監視を実現する登録制度の可能性を示唆し、1927年の歴史的建造物補助目録（ISMH）設置のきっかけとなった。

　CVPの活動により、計画性を評価する視点も確立された。各々の建造物について周辺環境を含む計画史が調査されるようになり、ある時代に地役権を課され、調和を考慮しながら一体的に形成された広場や街路が評価されるようになった。この視点は、1902年からの活動を通して都市計画遺産として保全されたヴォージュ広場保全の事例に見られた。ここでは、現実の利害を考慮したファサード保全という新たな手法も生まれている。

　一体的または計画的に形成された建造物群の保全という考え方は国の制度に影響を与えた。1927年の歴史的建造物法の改正によるISMH制度の建造物群登録制度の保全対象は、「特に突出した特徴の建造物はないが固有の特徴を保全している家屋群や村全体」とされた。

　さらに、歴史的重層性が立ち現れた歴史的景観の評価は1930年法による景勝地制度の都市への適用に影響を与え、豊かな歴史性を包含する地区としてシテ島の端部が指定景勝地となり、歴史が積層したパリ市の大部分は登録景勝地とされた。

　これらの視点により評価された古きパリは、ドビドゥール（1945）の整理に見られたようにパリの重層的な歴史性を展開してきた多様な建設年代や性質にわたる建造物や地区であり、歴史的建造物制度、景勝地制度のみならず1943年法以降の面的保全制度により複合的に保全されていくのである（表終-1）。

資料編

1. La République française, Journal officiel de la République française, 1914
2. Commission du Vieux Paris, Procès-verbaux, fasc. 1, Paris: Imprimerie municipale, 1898, pp. 1-5.
3. Commission du Vieux Paris, Procès-verbaux, Paris: Imprimerie municipale, 1910, pp. 60-62.
4. 考古学的・芸術的目録(CAA)一式(アルブルセック通り52番地」)

1. **フランス共和国官報**（*Journal officiel de la République française*）
   1914年1月4日号 pp. 129-131.

歴史的建造物に関する法

第1章　建造物

第1条

　歴史的または芸術的視点から、保全が公共的価値を示している建造物は、以下の条項により規定される区別に従って、芸術担当大臣の管理により、全体または部分が歴史的建造物として指定される。

　下記の物は、この法の規定において、指定の必要がある建造物に含まれる。巨石モニュメント、先史時代の遺跡または地層を含む敷地、指定または指定が提案された建造物を隔離・解放または刷新するために指定が必要とされる建造物。

　芸術行政が所有者に指定の提案を通告した日から、指定の全ての効力は、対象の建造物に適用される。もし指定の決定がこの通告から6ヶ月内に行なわれないなら、その適用は中断される。

　この法の交付の後指定を宣言する全てのアレテまたはデクレは、指定建造物状況抵当局に、芸術行政の管理により登記される。この登記は、財務局へのいかなる徴税の余地も与えない。

第2条

　下記の物はこの法の発布前に、正式に指定されたと考えられる：1. 芸術局により1900年に公式に出版された指定建造物一般リストに掲載された建造物、2. 1887年3月30日法に従って指定のアレテまたはデクレの対象となった上記リストに掲載または非掲載の建造物。

　3ヶ月内に、この法の発布前に指定されたと考えられる建造物のリストは、官報に掲載される。上記の各建造物について、関係すること全てが掲載されたリストの抜粋が作成される。この抜粋は、建造物状況抵当局に、芸術行政の管理により登記される。この登記は、財務局へのいかなる徴税の義務も課さない。

　指定建造物のリストは少なくとも10年ごとに更新され、再編集される。

　さらに、3年内に、速やかな指定の要請の正当化がないが、保護が望まれる考古学的価値を示す全ての公的または私的建造物の全体または一部の、補助目録が作成される。この

リストへの掲載は所有者に通達され、県に15日前までに意図を通達しない限り、いかなる改変も許さない義務を所有者に課す。

第3条
国有の建造物は、前述の建造物が適切である規定において大臣と同意した場合、芸術担当大臣のアレテにより指定される。

反対の場合、指定は国務院のデクレにより宣言される。

第4条
県、コミューンまたは公的組織所有の建造物は、所有者の同意と建造物が存在している当局の同意があった場合、芸術担当大臣のアレテにより指定される。

意見不一致の場合、指定は国務院のデクレにより宣言される。

第5条
第3条または4条に列記されたもの以外の全ての個人所有の建造物は、所有者の同意がある場合、芸術担当大臣のアレテにより指定される。アレテは指定の条件を決定する。この条項の解釈または実行についての反対があった場合、訴訟係に裁定を下す国務院への告訴を除いて、芸術担当大臣により決定される。

所有者の同意がなければ、指定は国務院のデクレにより宣言される。指定により、損害の代表的賠償金の支払いを課すことができる。そしてそれは、同条項により所有者への義務的な指定の地役権を適用可能にする。要請は、指定のデクレ通告から6ヶ月内に作成されねばならない。この規定はある賠償金についての不確定な権利を所有者に知らせる。賠償金に関する反対は、小郡治安判事により一審で審理される。もし鑑定が必要ならば、専門家を一人のみ指名できる。もし要請額が300フランを超えるなら、民事裁判所に控訴することができる。

第6条
1841年5月3日法の指示に従って、芸術担当大臣は常に国の名義で、歴史または芸術の視点から価値が示される公共的価値の理由で、指定されたか指定を提案された建造物の収用を実行できる。県とコミューンは同じ機能を持つ。

指定されたか指定が提案された建造物を隔離・解放または刷新するために獲得が必要な建造物について、同じ機能が適用される。

この多様な場合において、公的有用性が国務院においてデクレにより宣言される。

第7条

指定されていない建造物の所有者に、芸術行政が収用を遂行する意図を通達した日から、指定の全ての効力は対象の建造物に全ての権限を適用する。この通達の6ヶ月内において公的有用性の宣言がされないなら、その適用は中断される。

公的有用性が宣言された時、他の手続き無しで、建造物は芸術担当大臣のアレテにより指定され得る。指定のアレテがない場合でも、指定の全ての効力は残るが、もし公的有用性宣言の3ヶ月内に行政が収用の判決の獲得を実行しないなら、この義務は全ての権利が中断される。

第8条

指定の効力は、いずれかにより指定建造物に適用される。

指定建造物を放棄する者は誰でも、獲得者に指定の存在を知らせる。

指定建造物の全ての放棄は、15日内に、同意を得た文書により、芸術担当大臣に通達する。

国、県、コミューン、公的組織所有の指定建造物は、芸術担当大臣から監視を求められた場合のみ放棄できる。通達から15日内にそれを示さねばならない。大臣は5年内に、この手続きの達成無しで、同意された放棄の無効を宣言させられる。

第9条

もし芸術担当大臣が同意を与えないなら、指定建造物は一部でも、破壊、移動できず、何らかの修復、改修、改変工事の対象とできない。

大臣により許可された工事は、その管理の監視下で実行される。

芸術担当大臣は、その管理下で、国家予算によって、当事者の必要に応じた協力により、国有ではない指定建造物の保全に必要不可欠と判断される修復または維持の工事を実行させることができる。

第10条

指定建造物において強化の緊急工事の実行を保障するために、芸術行政は、所有者との和解の同意がない場合、必要であれば、これらの建造物または隣の建造物の一時的な占有を許可できる。

この占有は、前もって所有者に通達される県のアレテにより命令され、6ヶ月を超えることはできない。

結果として損傷が発生した場合、1892年12月29日法の規定に従って、賠償金が支払われる余地がある。

第11条

指定されたか指定が提案されたいかなる建造物も、芸術担当大臣がその監視を要請しない限り、公的有用性の理由のために、収用の最後に調査を行うことはできない。

第12条

指定建造物について、芸術担当大臣の特別許可がない限り、いかなる新しい建設も行なうことはできない。

指定建造物についての指示により、何も権利を得ることは出来ない。

建造物を損傷する可能性のある法的地役権は、指定建造物には適用できない。

芸術担当大臣の同意がない限り、いかなる地役権も、指定建造物に関する協定によって設定することはできない。

第13条

指定建造物の全体または部分的な指定解除は、国務院のデクレ、または芸術担当大臣の提案、または所有者の要請により宣言される。指定解除は当事者に通達され、財産状況抵当局に登記される。

2. 古きパリ委員会議事録（*Procès-verbaux de la Commission du Vieux Paris*）
　1898年1月28日 pp.1-5.

古きパリ委員会（CVP）の設立に関する市会での議決

アレテ

セーヌ県知事、
1897年11月15日の市会の議決参照
1897年12月17日の議事録参照

アレテ：

第1条
「古きパリ委員会」という名称の行政委員会をセーヌ県に設置する。
　この委員会は、古きパリの遺産の調査、それらの現状の確認、保全のための可能な手法による監視、必要不可欠と判断される発掘と、変容の定期的な追跡、そしてオーセンティックな痕跡の保全を行う。
　委員会の作業報告は、年次に市会に提出される。

第2条
この委員会は以下のメンバーにより構成される：
セーヌ県知事、代表ラムルー（アルフレッド・）氏、市会議員、歴史委員会（Commission des travaux historiques）及びパリ碑文登録委員会（Comité des inscriptions parisinnenes）メンバー副代表クエンタン＝ボシャール氏、ジョン・ラビュスクエール氏、ピエール・ボーダン氏、ルイ・リュシピア氏、ソートン氏、アドリアン氏・ヴェベール氏、アルフレッド・ブルイエ氏、ブロンデル氏、シャセーニュ・ゴワイヨン氏、フロマン＝ムーリス氏、議会に選出された市会議員
セーヌ県事務局長
アレクサンドル（アルセーヌ）氏、美術批評家
オージェ・ド・ラッシュス（リュシアン）氏、ジャーナリスト
ビュネル氏、県主任建築許可主事
ジュール・クラルティー氏、フランス学士院

デリスル（レオポルド・ヴィクトル）氏、碑文文芸フランス学士院、歴史委員会及びパリ碑文登録委員会メンバー

デタイユ氏、フランス芸術家協会代表

フォルミジェ氏、市庁舎建築家、歴史的建造物審議会メンバー

ゴスラン＝ルノートル氏、「革命のパリ」及び革命に関する著作の著者

ギュイッフレイ（ジュール）氏、ゴブラン国営工場長、歴史委員会及びパリ碑文登録委員会メンバー

ロージエー（アンドレ）、モン＝ドラ＝ピエテ事務局長

ロニョン（オーギュスト）、碑文文芸フランス学士院、歴史委員会及びパリ碑文登録委員会メンバー

リュキャス（Ch）、第一審裁判所専門建築家

マルーズ（エドガー）、ジャーナリスト、パリ碑文登録委員会メンバー

モントルギュイユ（ジョルジュ）、ジャーナリスト

ノルマン（シャルル）、建築家、「モニュメントと芸術愛好会」代表、パリモニュメント愛好会事務局長

ペラン、控訴院弁護士、モンターニュ＝サント＝ジュヌヴィエーヴ協会代表

ヴィクトリアン・サルドゥ、フランス学士院メンバー

トゥールヌー、ジャーナリスト、パリ碑文登録委員会メンバー

ヴィオレ（ポール）、碑文文芸フランス学士院、歴史委員会及びパリ碑文登録委員会メンバー

続いて

ブヴァール、建築・プロムナード・植樹課課長

デフランス、公共道路網・上下水局代表

ル・ルー、県事業局代表

ブラウン、パリ市芸術課検査官

ル・ヴァイエール、歴史事業検査官、パリ市図書館司書

ケン（ジョルジュ）、画家、パリ市歴史コレクション管理者

セーヌ県事務所代表

第3条

ランボー、市会の古文書保管人、Ch.セリエ、カルナヴァレ図書館の古文書保管人、トゥッソン、15区区役所の会計係代表は、諮問の意見を持ちながら、委員会の書記官の機能を果たす。

第4条
このアレテは「市公式文集」及び「市広報」に掲載される。

                                1897年12月18日パリ
                                セーヌ県知事、J. ド＝セルヴ

代表は続いて、CVPの創立に至る経緯を説明した。
1897年11月15日、アルフレッド・ラムルー氏は、多くの同僚により署名された次の提案を市会事務所に提出した。

　　皆様、私は、私と多くの同僚の名義によって、古きパリの遺産を調査し、目録を作成し、現状を確認し、可能な限り保全に向けられた手法で監視し、保全することが不可能な残骸は収集し、衛生と交通循環と発展への視点から、必要不可欠と判断される発掘と、変容の定期的な追跡を的確に行い、一言でオーセンティックなイメージを固定し、議員の媒介により、パリの歴史とピトレスクな外観に関する全ての発見をパリ市民に伝える委員会を設立するというこの提案を、名誉あるものと考える。
　　この委員会の有用性は疑うべくもない。
　　実際CMHと言われる委員会があるが、これはフランス全土を対象としなければならず、パリの建造物について真剣に戦ったことはない。CMHが担ってきた彼らの取り壊しの歴史への役割は、私達に特異な使命を負わせる。
　　もしパリ市がCVPを所有していたら、状況は同じではなかった。
　　また、過去の遺産は少しずつその時々の状況により風化されるか、あるいは破壊者により野蛮にそして時折全く痕跡を残さずに破壊される。
　　さらに私たちは、情報を発信する時間も無い場合には、その消滅さえ知らない。資料ですらも歴史から消えてしまう！　素晴らしい芸術が分散され、脅威にさらされる！　栄光の記憶が永遠に忘れ去られる！
　　市会が事物の状態を気にかけるべき時期になったことを示すいくつかの例を提示させていただきたい。
　　ルイ＝フィリップ大臣に対して、ヴィクトル・ユゴーが1833年にはじめた忘れがたきキャンペーンを思い出して欲しい。大臣は忘れがたき悪党であり、「大きな大きな大きな通り」を通すために、サン＝ジェルマン＝ローセロワを破壊することを考えた、雑誌「二つの世界」において、正面から密告し、「所有者・市長・大臣または王」だろうが全てを破壊者という名前で呼んで慈悲なく罰すると脅している大詩人は何と言うだろうか。1875年にパリ市の行政は市会の決議なしで、ドーフィヌ広場か

ら、我々の大革命の最も純粋な栄光のひとつであり、大都市の太陽に満ちた広場にあるドゥゼ将軍の像を、市の倉庫に片付けるために撤去した時に。しかもその像には大規模な修復が必要とされている。したがって、これ以上黙認するわけにはいかない。

しかしながら、これが全てではない。昨年には、保護することなく、必要性もなく、フィリップ＝オーギュストの城壁の一部を破壊した。この城壁は、クローヴィス通りに面し、学者にとってのパリ天文台の照準と同じように、考古学者にとって貴重な基準であった。

これに関して私たちは、私たちがパリの計画を見たときに、この城壁のまだ残存する部分について全く言及がなかった事実に驚いたことを表明しなければならない。ヴェルニケは、全ての関係者にとっての貴重なガイドであるその著名な作品の中で、それを記すことを忘れなかった。そして私たちは、行政地図の次の改訂版においてそれが補われることで、その空白が指摘されれば十分であると考えている。

私たちはあなた方の注意をむやみに引いているわけではない。しかし、私たちは、公共建築の建設を担当する建築家が、工事の際に歴史的な発見を市の担当課に知らせる努力を怠る無遠慮な態度を警告しなければならないと考える。

しばしば発見したものを消失させてしまう、発掘への不十分な監視についても私たちは多く語った。

最後に、特定の領域における最後の対象についてお示ししたい。マンサールの弟子コットにより建設され、仮面飾りとコンソールにコアズボーの彫刻を施されたアルシヴ通り66番地の17世紀の邸宅・アングラッド館は、写真、鋳造物や何らかの記録が市によって保全されることのないまま、今年の7月に消失した。

そこには、ル・ブランの弟子のド・ラ・フォスの3つの天井画があった。

我々はこれらの天井画を25,000フラン、彫刻を1,500から2,000フランで売却した。また、ルイ14世下の徴税請負人であったジュジュのために建設された邸宅は、完全な状態であった。そして、この場所に何が建てられるかご存知ですか？　日用品を提供する大規模の商店なのです。

さて、皆さんがお望みなら、私たちが主張する委員会の構成について一言述べておきたい。私たちは、市会議員、同僚に選ばれた議員、行政当局と雇われた技術者の代表、そして可能な限り、会議では、博識な人物、研究者、全パリを網羅するまたはある地区を特に対象とした協会を創設するパリの熱心な歴史家を入れるべきである。

最後に、あなた方の善意に訴えたい。

我々は、カシオドールの手紙で述べられる意見から着想を得た。

「公共的有用性が全ての事物の保全に関心を持つように、それは調査と全ての辛苦の完成を目指す。何故なら、共通の理由と共同の効率において、全員が有すべき大き

な名誉があるからだ。」
　上記の理由によって、好ましい理由と共に、次の提案を行政に送るよう要請する。
　議員の皆様、市が義務的に監視する手法がないまま、毎日古きパリの歴史的遺産が消えて行くことを考えると、この空白を埋めるべきと考えられる。

議決
1. 行政は、市会議員と古きパリの遺産調査を担当する技術者及び局長から構成された委員会を創設する。その委員会は、古きパリの遺跡の探索、それらの目録を作成、現状の確認、保全されるよう出来る限りの留意、保全が不可能な場合は残骸を収集、工事が行われる可能性のある発掘現場をと衛生、交通、進化の観点から必要と判断されたパリの改造を見守り、オーセンティックなパリのイメージの記録を任務としている。
2. 委員会の作業報告は、年次ごとに市会に提出される。（中略）

1. 毎月1回の総会
2. 全ての情報を集中させる恒久的な委員会の設立。
3. 次の事項を担当する3つの小委員会の指名
　　第一小委員会：歴史家と調査から明らかにされた忘却の可能性のあるスゼての物件の目録。重要と指摘された全事物の目録と忘れ去られる可能性のあることの調査。委員会はまた、保護が可能であれば取り壊しが決定された事物の保全を提案できる。
　　第二小委員会：発掘と取り壊しの監視。パリの地形を変容させ、モニュメントを脅威にさらす可能性のある地ならしと建築線の調査。この委員会は決定された計画に関する調査を行う。
　　第三小委員会：強制的に消失を余儀なくされたかピトレスクな特徴を示す市の一部の記録を保証するため、写真と多様な芸術的手段によって外観を記録する。カルナヴァレ博物館に全ての資料のコピーは保管される。

代表はアルフレッド・ラムルーの提案を委員会に提出し、以下が決定された。
1. 総会は、第一木曜日の午後4時から、毎月1回開かれる。特別収集状がメンバーに通知される。
2. 代表、副代表、小委員会書記官からなる恒久的委員会が形成される。
3. アルフレッド・ラムルー氏により定義された通りの3つの小委員会が設立される。
　また、セーヌ県知事、代表、ラムルー氏、副代表が、当然ながら小委員会に参加することも決定された。（後略）

3. 古きパリ委員会議事録（*Procès-verbaux de la Commission du Vieux Paris*）
   1910年5月25日 pp. 60-62.

40 広場の家屋に適用された建築的地役権を脅かした
ヴォージュ広場の所有者に対する意図的な活動に関する判決

　ランボー氏は、CVPに、1910年3月9日の会議において、広場の建築的地役権を脅かしたヴォージュ広場の所有者に対する判決が、CVPの希望により議事録に挿入されることを希望すると述べた。この書類を希望していたセーヌ県訴訟課は、今回の議事録に挿入されるこの記録を発表した。

　セーヌ県第一審民事裁判所 1910年3月1日の判決

　裁判所は、パリ市の代表であり、セーヌ県の代訴士デュプラン（Duplan）を弁護する弁護士デュ・ビュイと、オーギュスト・ヴィラン氏の代訴士であり、デュブール（Dubourg）を弁護する弁護士シャルル・ロベールの口頭弁論を聞いた。公共省はそれを聞き、その後、一般的内容と初審を審理し、法に従って、判決を出した。
　ヴィラン氏は、パリ、ヴォージュ広場22番地、パ・ド・ラ・ミュール通りの角の15番地の家屋の所有者である。1905年12月20日付けの、パリ4区建築許可主事の記録により、ヴィラン氏は許可なく以下を行った。1. ヴォージュ広場に面した上述の家屋のファサードの屋根裏階の2つの小窓と2つの円形の小窓の下の壁を下降させた、2. 上述のファサードの上部の装飾のコーニスを切断し1階下の窓に上述の窓の下の壁を押し付けた。ヴォージュ広場は、1848年3月26日の行政権により確認された1605年7月のアンリ4世王の開封勅書に従い、ヴォージュ広場は建築の左右対称性に従わされており、ヴィラン氏による工事はこの地役権への違反であるという主張があった。パリ市は、改修箇所を取り壊し、建造物のファサードを当初の状態に開封勅書に従って回復することを求めた。この要請があったため、ヴィラン氏は段階的に検討する3つの方法を要請した。
　第一の理由。まず、市の要請は受け入れられないとヴィラン氏は考えた。市の要請はヴォージュ広場のファサードに、1605年の開封勅書の付属プランまたはデザインに表現されている義務的な建築のタイプを正当化していないためである。1906年に作成されて、オリジナルを補完するためには不十分と市が異議を申し立てたデザインは、主張された地役権の存在と拡大を詳細に述べられる唯一のものであった。しかし、地役権の存在は疑わしくない。ロワイヤル広場（現在のヴォージュ広場）の家屋を建設する義務を命令する1605

年の開封勅書の文書自体により証明されている。1848年の仮の政府のアレテにより決定されたプランも同様で、上述の広場に面する建物の左右対称な装飾に関して、上述の開封勅書により沿道の所有者に条件が課している。

　この地役権の存在は、どのようにこのパヴィヨンが建設されねばならないかを示すヴォージュ広場22番地に位置するパヴィヨンの場所における1605年6月4日付けのバルテルミー・ド・ラフェマ（Bartélemy de Laffemas）への王に同意された売却の公式文書と、ヴォージュ広場の左右対称な建築に関する多様な命令を含むアンリ4世王の勅令に、獲得者は従わねばならないことを規定する1905年2月20日にオヴェールでの、ドアール（Dehard）とヴィラン氏による売却の公式文書の税金表の付録により今でも示されている。

　地役権の拡大に関して、もし、パリ市が全てのアーカイヴの様に、1871年のパリ市庁舎の火災の際に燃えてしまったオリジナルのプランとデザインと同様に開封勅書それ自身とバルテルミー・ド・ラフェマの売却の公式文書を作成しないなら、民法典第1348条を規律に適用する可能性がある。もし文字の証拠となる項目が偶然予期せず主要な力により破壊されるなら、証明は証言か、推測によって行われるという項目によってである。これは、結果として、明らかに、まず、建築的に等質な左右対称性を全てが示しているヴォージュ広場の建物の一般的外観であり、全てはアーケード及び階高の石とレンガによる建設の視点からである。それは、上に屋根窓の側柱または円型の小窓の楕円が設置されたファサードの全ての屋根の長さについてである。

　次に、広場の14番地の建物の外観は最も純粋なモデルで、最も正確に建設されたパヴィヨンであり、明らかに全ての失われたプランとデザインを補完していると考えられ、歴史的建造物に指定されている。

　そして最後に、全期間に渡る状況があった。すなわち、市は許可を与えるか、ヴォージュ広場のファサードのいくつかの部分における改変に関する出資をするということである。前述したことに続いて、屋根窓を結びつける窓を横断する樋の下の建物のコーニスを損傷し、最も醜い方法をとってヴィラン氏は獲得の公式文書に課されていた地役権の維持の義務に違反した。

　第二の理由。ヴィラン氏は2番目に反対した。訴訟の工事はかなり前の時代に行われ、他の改変が建物のファサードに行われていたからだ。それは、特に円形の小窓についてであり、下側の楕円は側柱に改変され上部の飾りのコーニスまで下降させられた。市はこれを無視しなかったにもかかわらず。そこには、地役権の明らかな矛盾がある。市は居所指定日である1907年4月20日に地役権を所有していなかった。市は、消失を妨害するためにこの地役権を実行することを、上記の日付まで少なくとも30年間行っていなかった。

　しかし、30年以上前に課されているが現在の所有されていない地役権でも権利を有しているということは法的に明らかであるが、この地役権の非消失の証拠を出さなければな

らない。実際、市が居所指定の際に地役権を所有していなかったことを明らかにしなければならない。同様に、この場合明らかでないことは、地役権の不完全または制限された適用は、地役権が適用された範囲における地役権または所有の減少または消失という結果のみになり、地役権または所有の全体的な消失にはならない。

よって、もし市がヴォージュ広場22番地に関して存在している地役権の所有の一部をなくしていたら、市はそれをファサードの余剰分のために保全していたと考える余地はある。何故なら、2つの円形の小窓は居所指定の大分前に改変されていたからである。そこで、市が上記の円形の小窓を、改変の前の状態に再建することを要請していないにもかかわらず、窓の下の壁のコーニスに行った改変の除去のため、地役権に従ってレンガの覆いで再建することを要請することに何も反対しない。

第三の理由。補足的に、ヴィラン氏は問題の地役権は、30年余の不使用により、民法典第706条に従って消失したと主張した。何故なら、パリ市は、多くの建築的相違が、ヴィラン氏の建物やヴォージュ広場の他の建物のファサードにも構築されることを放置したため古い建築的左右対称の地役権は対象がなくなり、完全に消失したからだ。

しかし、上記に説明した通り、地役権の不完全な使用は消失ということにはならず、それが扱っていた制限の減少のみである。そして、ヴォージュ広場に存在する地役権全体は、円形の小窓の楕円の件のヴィラン氏や、パヴィヨンのバルコニー・樋・他の部分に関する広場の他の所有者が地役権の規定に反したとしても、存在は中断されない結果となる。

そして、ヴィラン氏が、関連の地役権に対して1906年1月24日の文書において規定しなかったことは不変である。彼は、それは1905年2月20日の取得より後の日付でしかないと説明した。すなわち、彼は少なくとも居所指定の3年前以内に古いレンガのパネルを表す木製のパネルを除去しており、それはファサードに行われた改変を背後に隠していた。しかしながら、この事実は、地役権が存在していたという明らかな矛盾のみを浮き彫りにしたため、市は改変に反対することができた。結果として、地役権は全体として存続しており、とりわけ、市が除去すべきと結論づけた改変に関して、裁判所が下記の様に把握した要請を支持する必要がある。

これらの理由により、1906年1月24日の文書に従って以下が命令された。現在の判決の通達の月において、ヴィラン氏は彼が所有するパリ・ヴォージュ広場22番地の建物のファサードに違法に行った改変を除去させられる。それは、1905年12月20日の調書で確認された。結果として、上記のファサードが原状回復され、期限の一月の間の遅延について、20フラン／日の契約不履行科料を課される。

ヴィラン氏に、権利の履行を求めた代議士デュプランへの手紙上のものも含む全ての出資を命じる。

署名：アンセル・ルセストル（Ancelle Lecestre）

4. 考古学的・芸術的目録（CAA）一式
CA1er3：アルブルセック通り52番地

― 表紙：1, 2
― 1：土地台帳　3, 4
― 2：所有物の起源　11-14
― 3：名称及び番号付
― 4：建築線
― 5：写　真　5-10
― 6：参考文献　15, 16
― 7：平面図、断面図、立面図　17
― 8：総監の注釈　18-23
― 9：CVP及びそのメンバーによる示唆　24, 25
―10：建造物への段階的な修正　26-32

※項目によりこの番地に対しては採録されなかったものも存在する。

COMMISSION DU VIEUX PARIS
CASIER ARCHÉOLOGIQUE
ARTISTIQUE ET PITTORESQUE

RÉPUBLIQUE FRANÇAISE
LIBERTÉ · ÉGALITÉ · FRATERNITÉ

PRÉFECTURE DU DÉPARTEMENT DE LA SEINE
VILLE DE PARIS

INVENTAIRE ARCHÉOLOGIQUE ET ARTISTIQUE

PREMIÈRE LECTURE : le 10 Juin 1916
DEUXIÈME LECTURE : le

1ère CATÉGORIE

1er ARRONDISSEMENT
2e QUARTIER des Halles
immeuble, rue de l'Arbre-Sec, 52

Rue de l'Arbre Sec n°52

NUMÉROS D'ORDRE	BORDEREAU DES PIÈCES	OBSERVATIONS
1	Plan	ISMH - façade
2	Origine de propriété	
3	Anciennes dénominations	
4	Alignements	
5	Photographies	
6	Références à des publications	
7	Plans, coupes, élévations, etc.	
8	Notes de l'Inspecteur général	
9	Indications fournies par la Commission du Vieux Paris et par ses membres	
10	Modifications successives apportées à la propriété	

表紙：1

RÉPUBLIQUE FRANÇAISE

PRÉFECTURE DU DÉPARTEMENT DE LA SEINE

VILLE DE PARIS
Inventaire Archéologique et Artistique

1ᵉʳ ARRONDISSEMENT

2ᵉ QUARTIER des Halles

Immeuble
Rue de l'Arbre Sec 52

PREMIÈRE LECTURE le 10 Juin 1916

1ʳᵉ CATÉGORIE

Nᵒ D'ORDRE	BORDEREAU DES PIÈCES	OBSERVATIONS
1	Plan	Inscription à l'Invᵗ Suppᵗˡ des M.H. façade
2	Origines de propriété	
3	Anciennes dénominations	
4	Alignements	
5	Photographies	
6	Références à des publications	
7	Plans, coupes, élévations, etc.	
8	Notes de l'Inspecteur général	
9	Indications fournies par la Commission du Vieux Paris et par ses membres	
10	Modifications successives apportées à la propriété	

1：土地台帳　3

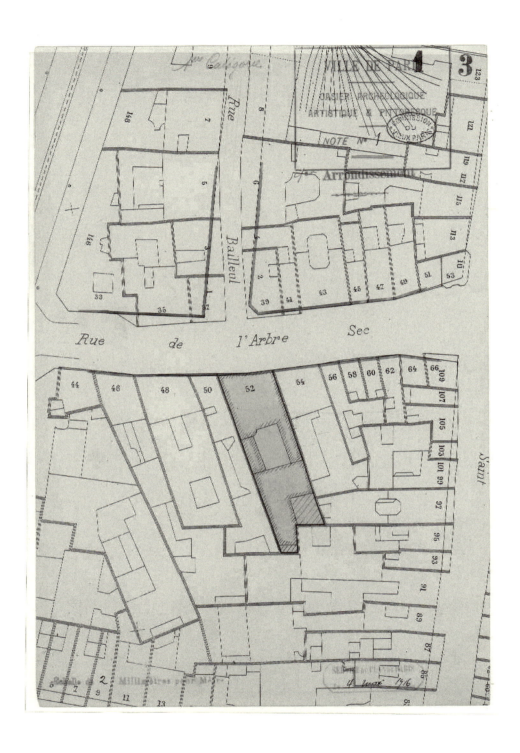

1：土地台帳　4

VILLE DE PARIS
CASIER ARCHÉOLOGIQUE
ARTISTIQUE & PITTORESQUE
NOTE N° 5

1er Arrondissement

Immeuble Rue de l'Arbre Sec 52

Photographies

P	N°				
44	1	Ensemble sur rue façade mur. & 6 Jui Sup. MF	266	Cliché Devimes	(Juin 1916)
43	2	— d° —	265	d°	
45	3	Balcon (Détails d.)	267	d°	
46	4	Cour (Intérieur)	268	d°	
	5	Ensemble		achetées le	
		} Cartes postales.		5 juin 1916	
	6	(Ensemble) façade Hôtel de Trudon			
	7	Façade rez de chaussée et 1er étage		Photo R. Liot	
	8	Façade S N. 714		Photo CVP	
	9	Façade rez de chaussée S N. 715		Photo CVP	
	10	Façade SN 716		Photo CVP	

5：写　真　6

1ᵉʳ Arrond.ᵗ dossier N° 3
Immeuble 52 Rue de l'Arbre s[...]

N° 1   Vue d'ensemble (Cliché Devi[...]
(Hôtel Trudon)

VILLE DE PARIS

CASIER ARCHÉOLOGIQUE
ARTISTIQUE & PITTORESQUE

NOTE N° 5

Juin 1916

5：写真 8

52 Arche sec
façade

5：写　真　9

5：写　真　10

VILLE DE PARIS

CASIER ARCHÉOLOGIQUE
ARTISTIQUE & PITTORESQUE

NOTE N° 2

1er Arrondissement

Immeuble Rue de l'Arbre Sec 52

Origines de propriété

52*** Superbe maison à porte cochère bâtie en 1717-1721 par l'architecte Godot pour André Eynaud et qui appartint sous Louis XVI à l'échevin Jacques-François Trudon, chandelier et cirier du Roi. Agrafes, cartouches et têtes de boucs, grand balcon du 1er au chiffre AE et appuis au 2e et 3e. Porte sculptée. Escalier à rampe de fer forgé. Cour intéressante. [Façade et détails dessinés dans LAPRADE, pl. 28]. Inscrite à l'Inventaire supplémentaire des monuments historiques.

Rue de l'Arbre Sec

2：所有物の起源　12

VILLE DE PARIS

CASIER ARCHÉOLOGIQUE
ARTISTIQUE & PITTORESQUE

NOTE N° 3

1° **Arrondissement**

Rue de l'Arbre Sec n° 52 (1916)

Ancienne dénomination — Vicus Arboris siccæ au XIIIe siècle. Ce nom lui venait de l'enseigne d'une maison située près de l'Église Ste Germain l'Auxerrois et qu'on voyait encore au XVIIe siècle. (Juillot)

Ancien numérotage — n° 52 — Vasserot — Jacoubet — Plan annexé à l'ord^{ce} Royale du 23 juillet 1828 et tous les plans postérieurs.

```
VILLE DE PARIS
―――――
CASIER ARCHEOLOGIQUE
ARTISTIQUE & PITTORESQUE
―――――
NOTE N° 4
```

1ᵉʳ **Arrondissement**

Rue de l'Arbre sec n° 52.

L'alignement approuvé par ordonnance Royale du 23 Juillet 1828 est exécutoire par mesure ordinaire de voirie.

Il maintient la façade du n° 52 dans sa position actuelle sur environ la moitié de sa longueur, dans la partie gauche, et soumet la partie droite à un avancement qui atteint environ 0ᵐ40 au droit de la jambe étrière 50-52.

Les façades des n° 50 et 48 sont soumises à un avancement identique.

Le Service du Plan propose de remplacer cet alignement de 1828 par un autre qui maintiendrait les façades des n° 52-50 et 48 sur leurs limites.

VILLE DE PARIS
CASIER ARCHEOLOGIQUE
ARTISTIQUE & PITTORESQUE
NOTE N° 6

COMMISSION DU VIEUX PARIS

4ᵉ Arrondissement

Immeuble Rue de l'arbre Sec 52

Références
à des publications

1° Germain Brice
    Description de Paris 1752.   Rien.

VILLE DE PARIS
CASIER ARCHÉOLOGIQUE
ARTISTIQUE ET PITTORESQUE

Rochegude

Rue de l'Arbre Sec 52

Hôtel de Trudon, sommelier de Louis XV, et de son fils, marchand de chandelles du Roi. (Beau balcon)

VILLE DE PARIS

CASIER ARCHEOLOGIQUE
ARTISTIQUE & PITTORESQUE

NOTE N° 7

1er Arrondissement

Immeuble Rue de l'Arbre Sec 52

Plans, Coupes, Élévations, etc.

VILLE DE PARIS
CASIER ARCHEOLOGIQUE
ARTISTIQUE & PITTORESQUE
NOTE N°

COMMISSION DU VIEUX PARIS

1ᵉʳ Arrondissement

Immeuble Rue de l'arbre Sec 52

Notes
de l'Inspecteur Général

DIRECTION ADMINISTRATIVE
DES
SERVICES D'ARCHITECTURE
ET DES
PROMENADES & PLANTATIONS

INSPECTION GÉNÉRALE
DES
SERVICES TECHNIQUES
D'ARCHITECTURE & D'ESTHÉTIQUE

[Commission du Vieux Paris stamp]

1er C??

République Française

LIBERTÉ · ÉGALITÉ · FRATERNITÉ

Préfecture du Département de la Seine

52, rue de l'Arbre-Sec
Hôtel de Trudon

Intéressant surtout par un complet et
intact, y compris la porte d'entrée. Arcades
des boutiques.

Architecture ancienne.
ferronnerie de balcons très bien
notamment au grand balcon du 1er

Cour intéressante mais très pauvre

1 photographie de la façade normale

2e catégorie

VILLE DE PARIS

CASIER ARCHÉOLOGIQUE
ARTISTIQUE & PITTORESQUE

NOTE N°

Maison du XVIIIᵉ Siècle
Rue de l'Arbre sec Nº 52

1ᵉʳ arrᵗ

CAHIER ARCHÉOLOGIQUE
ARTISTIQUE ET PITTORESQUE
1ᵉʳ issement
Rue _____ Nº ____
DOSSIER Nº 3

Cette maison fut celle de Trudon, sommelier de Louis XV et de son fils, marchand de chandelles du roi. Les façades, sauf quelques modifications légères, en sont intactes.

Celle sur la rue a conservé l'aspect ancien dans sa partie basse où les menuiseries des entresols, celles des boutiques, mis à part quelques détails qui débordent, forment remplissage des arcades et laissent la construction s'accuser.

La dite façade a gardé toutes ses ferronneries et surtout, développé sur presque toute la largeur, le grand balcon du premier étage porté par des cartels et des consoles à têtes de béliers et, aux extrémités, se raccordant aux nus en amortissements incurvés.

Toutes les parties ornementales de cette élévation sont encore en place et n'ont pas souffert.

Les garde-roues de l'Epoque s'aliquent toujours au passage de porte cochère.

La cour aussi est restée dans son état original, avec ses coups arrondis, qui en amortissent assez souplement les angles. La décoration très sobre, n'est obtenue que d'effets de moulurations

Département :	
Arrondissement :	1ᵉʳ Commune : Paris
Canton :	Propriétaire : Capoulade, 30 av. Charles Floquet, Paris
Monument :	Maison de rapport
Emplacement exact	52 rue de l'Arbre sec
Renseignements complémentaires sur le propriétaire	gérant. Gailleudaw arch. av. Emile Zola 16
Étendue de l'inscription proposée	Façade
Époque de la construction	XVIIIᵉ siècle
État de conservation	bon état
Documents graphiques et photographiques annexés	photographie de la façade détail du balcon du 1ᵉʳ étage
Renseignements bibliographiques	Rochegude & Champeaux

T. S. V. P.

DESCRIPTION SOMMAIRE DU MONUMENT

— Cette façade est restée intacte.
— L'installation des boutiques actuelles a respecté l'ordonnance à arcades du R. de chaussée qui surmonte un balcon, dont les supports en pierre et la ferronnerie constituent l'élément le plus marquant de cet ensemble. Les dessus de fenêtres et balcons des autres étages en complètent heureusement la décoration.

Dossier I
page 14

VILLE DE PARIS

CASIER ARCHÉOLOGIQUE
ARTISTIQUE ET PITTORESQUE

Séance du 10 Juin 1916

> 10. — Idem. — **Maison rue de l'Arbre-Sec, 52.**
>
> M. Louis Bonnier, inspecteur général des services techniques d'Architecture et d'Esthétique. — Le septième dossier se rapporte à l'immeuble n° 52 de la rue de l'Arbre-Sec, maison du XVIII° siècle entièrement intacte, ayant conservé et ses boutiques en arcades et ses garde-roues de l'époque.
>
> La rue de l'Arbre-Sec date du XIII° siècle, et la maison dont nous parlons porte déjà le n° 52 dans les plans de Vasserot-Jacoubet. Elle est alignée sur la moitié de la largeur de sa façade (1828) et sujette à avancement de 0 m. 40 environ au droit de la jambe étrière 50-52. Alignement à modifier évidemment.
>
> Nos photographies représentent la façade vue de la rue Bailleul, puis une vue d'ensemble prise de côté et un détail du balcon du premier étage, enfin, la cour intérieure.

VILLE DE PARIS

CASIER ARCHEOLOGIQUE
ARTISTIQUE & PITTORESQUE

NOTE N° 9

COMMISSION DU VIEUX PARIS

1er Arrondissement

Immeuble Rue de l'Arbre Sec 52

Indications
fournies par la Commission du
Vieux Paris et par ses membres

Promenade dans Paris
de Rochegude

Rue de l'Arbre-Sec n° 52.
Hôtel de Trudon, sommelier de Louis XV, et de son fils,
marchand de chandelles du Roi. (Beaubalcon).

Commission du Vieux Paris

Très bel hôtel

(notes manuscrites illisibles)

VILLE DE PARIS
―――――
CASIER ARCHEOLOGIQUE
ARTISTIQUE & PITTORESQUE
―――――
NOTE N°
―――――

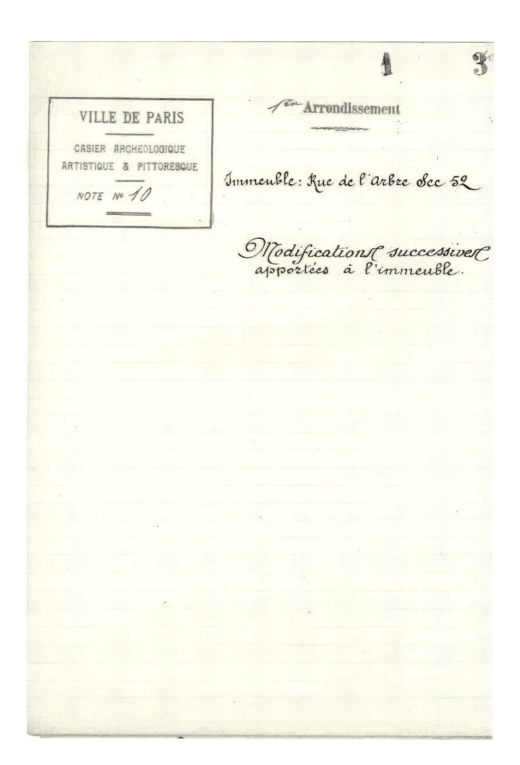

10：建造物への段階的な修正　26

Préfecture de la Seine

CABINET DU PREFET.

INSTRUCTION PUBLIQUE
N°. 57

République Française
· LIBERTÉ · ÉGALITÉ · FRATERNITÉ ·

Paris, le   192

LE MINISTRE DE L'INSTRUCTION PUBLIQUE ET DES BEAUX-ARTS

Vu la loi du 31 décembre 1913 sur les monuments historiques et notamment l'article 2 dernier paragraphe;
Vu le décret du 18 mars 1924 portant règlement d'administration publique pour l'exécution de ladite loi et spécialement les articles 12 et 31;
La Commission des Monuments Historiques entendue,

ARRETE:

ARTICLE 1er. La façade de la maison sise rue de l'Arbre-Sec N°.52 à Paris (1er) et appartenant à M.Capoulade,30,Avenue Charles Floquet à Paris, est inscrite sur l'inventaire supplémentaire des monuments historiques.

ARTICLE 2. Le présent arrêté sera notifié au Préfet du département pour les archives de la Préfecture et au propriétaire qui seront responsables,chacun en ce qui le concerne,de son exécution.

Fait à Paris,le 12 février 1924.
Signé: François ALBERT.

Pour ampliation,
Pour le Directeur des Beaux-Arts,
  Membre de l'Institut,
Le S/Chef du Bureau des Monuments Historiques,
  Signé: (illisible)

Pour copie conforme,
Pour le Secrétaire Général,
Le Conseiller de Préfecture délégué:

MINISTÈRE
DE L'INSTRUCTION
PUBLIQUE
ET
DES BEAUX-ARTS.

BEAUX-ARTS.
—
MONUMENTS HISTORIQUES.
—
INVENTAIRE SUPPLÉMENTAIRE.
—
PARIS
---
52 rue de l'Arbre-
Sec.-

RÉPUBLIQUE FRANÇAISE.

Palais-Royal, le 16 FEV 1925 19

Le Ministre de l'Instruction publique et des Beaux-Arts,
à Monsieur le Préfet de la Seine

J'ai l'honneur de vous faire connaître que, conformément aux dispositions de l'article 2 de la loi du 31 décembre 1913 sur les Monuments historiques, j'ai, par arrêté du 12 Février 1925, inscrit sur l'inventaire supplémentaire des Monuments historiques la façade de la maison sise rue de l'Arbre-sec n°52 à Paris (1°)

Je vous adresse ci-jointes 2 ampliations de l'arrêté, que je vous prie de notifier dans la forme administrative au propriétaire de l'immeuble ou à son représentant. Les autres ampliations sont destinées aux Archives départementales, au Maire de la commune.

Vous voudrez bien, conformément aux prescriptions de l'article 12 du décret du 18 mars 1924 portant règlement d'administration publique pour l'exécution de la loi du 31 décembre 1913, veiller à ce qu'il ne soit procédé à aucune modification de l'édifice précité sans que le propriétaire vous ait prévenu quinze jours à l'avance de son intention.

~~Je vous serais également obligé, en transmettant au Maire de la Commune l'ampliation qui lui est destinée, de l'inviter à vous accuser réception de cette notification et à faire assurer, le cas échéant, la stricte observation des dispositions légales.~~

Au cas, d'autre part, où le propriétaire vous ferait connaître son intention de procéder à une modification de l'édifice inscrit, vous voudrez bien me transmettre de toute urgence (sous le timbre de la Direction des Beaux-Arts, Monuments historiques, rue de Valois, n° 3) sa demande en l'accompagnant des plans, projets, photographies et de tous autres documents utiles ~~pour les travaux projetés et en y joignant, si possible, l'avis de l'Architecte ordinaire des Monuments historiques et de l'Architecte départemental~~. Si la demande du propriétaire n'était pas accompagnée des documents descriptifs, graphiques et photographiques exigés par le décret du 18 mars 1924, vous auriez à les lui réclamer directement en l'avisant que le délai de quinze jours fixé par la loi ne commencera à courir que le jour où il vous aura transmis ces documents par lettre recommandée.

Pour le Ministre et par autorisation :
Le Directeur des Beaux-Arts, Membre de l'Institut,

LE CHEF DU BUREAU
DES MONUMENTS HISTORIQUES

10：建造物への段階的な修正　28

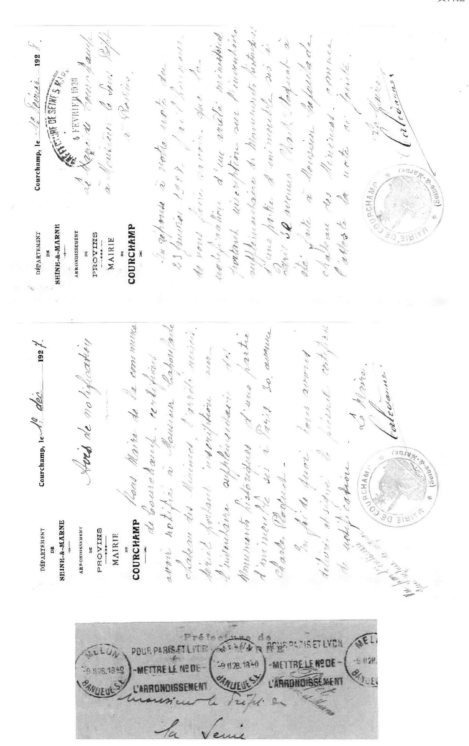

10：建造物への段階的な修正　29

PRÉFECTURE
DE
SEINE-ET-MARNE

2ᵉ DIVISION

2ᵉ BUREAU

Monuments historiques

RÉPUBLIQUE FRANÇAISE

Melun, le 9 Février 1928

Le Préfet de Seine-et-Marne
à Monsieur le Préfet de la Seine
(Monuments historiques et Sites)

  Comme suite à mon envoi du 20 Janvier 1928, j'ai l'honneur de vous adresser ci-joint le certificat de notification de l'arrêté ministériel inscrivant sur l'inventaire supplémentaire des Monuments Historiques l'immeuble appartenant à M. Capoulade (52 rue de l'arbre sec à Paris) et demeurant au Chateau des Minimes à Champcenest.

Le Préfet,
Pour le Préfet de Seine-et-Marne,
Le Secrétaire général, délégué

PRÉFECTURE
DE
SEINE-ET-MARNE

2ᵉ DIVISION

2ᵉ BUREAU

Monuments historiques

RÉPUBLIQUE FRANÇAISE
—*—

Melun, le 20 Janvier 1928

Le Préfet de Seine-et-Marne
à Monsieur le Préfet de la Seine
(Monuments historiques et sites)

En réponse à vos lettres des 5 Novembre 19[..] et 14 janvier courant, j'ai l'honneur de vous transmett[re] ci-joint les réponses qui me sont parvenues à la suite [de] la notification de divers arrêtés de M. le Ministre de [l'] Instruction Publique et des Beaux-Arts portant inscripti[on] sur l'inventaire supplémentaire des monuments historique[s] de divers immeubles parisiens dont les propriétaires so[nt] domiciliés dans mon département.

Je n'ai pas encore reçu le certificat de no[ti]fication en ce qui concerne l'immeuble appartenant à M. POULADE (52 rue de l'Arbre Sec à Paris) et demeurant au C[hâ]teau des Minimes à Champcenest

Par le courrier de ce jour je le lui réclame d'urgence.

Le Préfet,

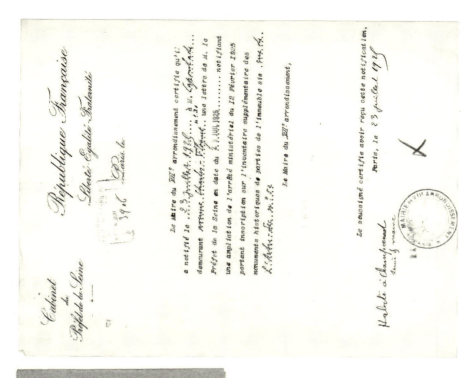

10：建造物への段階的な修正　32

謝　辞

　本稿は、江口久美、「1890年代から1930年代の古きパリ委員会による歴史的環境保全に関する研究——歴史的記念物をめぐる都市的視点の導入と展開——」、東京大学学位論文（博士）、2011年3月を、平成26年度日本学術振興会研究成果公開促進費・学術図書により出版したものです。この場を借りてお礼を申し上げます。

　私の研究生活を支えてくださった皆様方にお礼を述べたいと思います。

　修士から突然この研究室に飛び込み、右も左もわからない状態の私を時には厳しくご指導いただき、博士論文の完成にまで至らせていただいた、西村幸夫教授に心より感謝の意を表します。本論文の執筆中『都市保全計画』を手放すことはできませんでした。また、西村教授の"Think globally, act locally（実際にはgloballyだと思いますが）"という研究およびまちづくり活動を実践される姿勢からも大きく影響を受けました。

　留学中に惜しくも亡くなられてしまった故・北澤猛教授からは都市デザインに携わるための心構えを教えていただいたと思います。

　また、窪田亜矢准教授はいつもお忙しい中にも笑顔でそして適切にご指導いただき、自分の研究に新たな視点を提示して頂きました。窪田教授の女性研究者としてのご活躍は、自分が今後いかにあるべきかを考えるきっかけとなりました。

　副査を引き受けてくださった石川幹子教授は、慶應義塾大学環境情報学部の石川幹子研究会所属の学部生として、以前卒業論文もご指導いただきました。本研究についてはピクチャレスクの語の概念に関して、造園学の分野からの視座を提示して頂きました。建築学専攻（都市建築史）の伊藤毅教授からは、歴史家としての立場から立体的に歴史を描きだすという姿勢をご教示して頂きました。大方潤一郎教授は内容に興味を持っていただきながら、都市計画に関連する事項について丁寧にご意見を下さいました。

　阿部大輔助教は、ヨーロッパの都市保全に関するテーマという共通事項から、年度末でお忙しい中何度もお時間を割いてご指導くださいました。阿部助教もそうですが、永瀬節治助教も近年博士論文を執筆された先輩であり、博士論文の内容もさることながら論文を書くことの意義と責任を、身をもってご教示してくださいました。黒瀬武史助教からは、毎回見落としがちな重要な問題点をご指摘いただき、論文の隙を少なくすることができました。

　先だって研究室を後にされた中島直人准教授（慶應義塾大学）は、八尾・鞆プロジェクトと修士の時からお世話になり、高みを目指すとは何かを学びました。また、同じく野原

卓准教授（横浜国立大学）からは、フランス都市計画研究の先輩として鋭いご指摘をいただきました。お2人ともご多忙の中、お時間を割いてご指導いただき大変有用なアドバイスを頂くことができました。

西村研究室のフランス都市計画研究の大先輩である鳥海基樹准教授（首都大学東京）からは、住宅総合研究財団の研究助成による研究に際して、資料や貴重なご指導をいただきました。2008年にシャルル・ビュルスに関する博士論文を執筆された田中暁子さん（後藤・安田記念東京都市研究所）からは、この研究助成応募の折に本研究テーマをご提示いただき共同で研究し、結局このテーマで博士論文を執筆させていただくこととなりました。また、同期の楊惠亘さんとも住宅総合研究財団の研究を共同で行いました。
西村研究室の同期や先輩・後輩からは楽しみながらも大きな刺激を受け、時には支えていただきながらなんとか博士論文を完成することができました。大変感謝しております。

また、本研究は2009年から2年間の日本学術振興会による特別研究員DC2制度及び2009年12月より2010年7月までの優秀若手研究者海外派遣制度により助成を受けており、大変有意義な研究成果を得ることができました。この場に記して感謝を示します。

フランス側では、2008年から2年間の留学中の受け入れ先となってくださったオギュスタン・ベルク教授（フランス国立社会科学高等研究院：EHESS）は、フランス語もままならなかった私の研究生活を暖かく見守ってくださり、授業やご指導を通じて都市という文化と未来について深く考えるきっかけを与えてくださいました。本当にありがとうございました。

研究対象である古きパリ委員会（CVP）事務局長マリー・ジャンヌ・デュモン氏は研究テーマに深く理解を示して頂き、総会に出席させていただく等CVPでのできる限りの自由な研究活動を可能にしてくださいました。彼女の秘書のゴッス氏にも総会の招待状を毎月送っていただきました。CVPの図書館司書（ベアトリスさん）は小部屋を使わせていただいたり、夕方も少し延長させていただいたりと色々と研究に便宜を図ってくださいました。考古学的・芸術的目録（CAA）担当の局長（カトリーヌさん）はCAAで自由に研究させていただき、とりわけロズリン・スヴォーさんは毎回資料に関する無理難題を解決して頂き、日本に帰国してからも足りない資料を送っていただき本当にお世話になりました。大変感謝しております。

また、出版に際して、京都大学の伊從勉先生からフランス研究者の視点からの多くのご助言をいただきました。この場を借りてお礼を申し上げます。また、中央公論美術出版の小菅勉様、鈴木拓士様、柏智久様には慣れない出版について丁寧にご指導いただきました。また、松原康介准教授（筑波大学）からは、助成申請の際に色々と教えていただき、大変ありがとうございました。

謝　辞

　最後に、この論文を完成させ、出版にこぎ着けることができたのは、ほかならぬ家族のおかげです。長い学生生活の上、ポスドク時代も含めると3年半も留学させていただき本当に感謝しております。今後、ゆっくりと恩返ししていきたいと思っております。

　　　平成26年5月31日

　　　　　　　　　　　　　　　　　　　　　　　　　　　　　　　　江口　久美

索 引

政令・法（数字）

1789年11月2日の政令 29
1789年12月19及び21日のデクレ 29
1791年法 177
1792年3月30日のデクレ 29
1792年7月27日のデクレ 29
1852年3月25日のデクレ 35
1852年3月26日のデクレ＝ロワ 35
1881年7月29日法 119
1887年法 12, 35, 103, 183
1902年法 112, 118, 119
1902年1月27日法 119
1906年4月21日法 130, 189
1910年4月10日法 119, 121, 225
1913年法 12, 103, 124, 200, 212, 215, 216, 221, 223
1913年12月31日法 12, 198, 200
1919年3月14日—1924年7月19日法 201
1919年3月14日法 202
1930年5月2日法 210
1930年12月31日法 12, 15
1962年8月4日法 12, 213
1983年法 213
1983年1月7日法 12
1993年1月8日法 213

アルファベット

ABF（フランス建造物監視官）212
APUR（パリ市都市計画アトリエ）14
CAA（考古学的・芸術的目録）14, 15, 17-19, 95, 118, 129-134, 138, 140, 145, 155-157, 177, 189, 197, 198, 201, 202, 211, 215, 216, 222-226
CBM（民用建造物評議会）35, 71
CIP（パリ碑文登録委員会）18, 71-75, 84, 220, 221
CMH（歴史的建造物審議会）16, 17, 33-35, 58, 65, 67-69, 71, 76, 77, 83, 84, 89, 90, 92, 103, 108, 111, 112, 117, 123, 136, 197, 202, 204, 219-222
CPM（パリ記念碑的眺望委員会）19, 201, 202, 204, 206, 211, 216, 223, 224
CVP（古きパリ委員会）14-19, 43, 71, 73, 75-77, 81, 83, 84, 89-93, 95-97, 99, 102, 104, 106, 108, 111,112, 114-116, 119-123, 129-134, 138, 155, 156, 166, 167, 170, 177, 179, 180, 182-184, 186, 188-190, 197-202, 206, 209-212, 215, 216, 220-226
ISMH（歴史的建造物補助目録）19, 197, 198, 200, 201, 215, 223, 226
malerisch 47, 48, 225
PADD（空間整備・持続的開発プロジェクト）13
PLU（地域都市計画）12, 13, 213
POS（土地占用計画）12, 213

277

PSMV（保全・活用プラン）12, 213

PVP（パリ市保護遺産）13

SAMP（パリ・モニュメント愛好協会）14, 15, 18, 70, 71, 75-78, 80, 82-84, 91-93, 95, 110, 115, 123, 124, 155, 189, 220-222, 224, 225

site 12

Sittesque 49

SRU（都市連帯・再生法）13

SS（保全地区）12, 13, 15, 213, 216, 223

ZPPAU（建築的・都市的・文化財保護区域）15, 213, 223

ZPPAUP（建築的・都市的・景観的文化財保護区域）12, 13, 213, 216

かな

あ

アーケード 68, 69, 120, 145, 177, 180, 183

アーケード（サン＝ルイ島）106

アーケード（ビラグ通りとベアルヌ通り）106

アーツ・アンド・クラフツ運動 52, 135

アール・ヌーヴォー 13, 135, 136

アジェ、ウジェーヌ 164, 166, 167, 170, 189, 222, 233

アストリア館 188

アソシアシオン法 75

アマルフィ 48

アラゴ 33

アルシヴ通り 89

アルスナル図書館 106

アルファン、アドルフ 41, 58, 219, 224

アルブル・セック通り 140, 145

アルレー通り 145

アレー、アンドレ 110, 179, 181

アレテ 36, 71, 72, 75, 91, 96, 99, 103, 110, 111, 112, 119, 120, 121, 122, 179, 184, 200-202, 215, 223

アンウィン、レイモンド 49, 54, 55, 58, 220

アングラッド館 89

アンシャン・レジーム 29, 31

アンスパック 49

アンドレ 132

アントワープ 99, 111, 123

アンブルトゥーズ 135

アンリ4世 177, 179, 180, 210

い

イギリス風景式庭園 41, 58, 219, 224

遺産法典 211

1区区役所 140, 141, 145

イノサン噴水 140, 141, 145

う

ヴァイヤ、レアンドル 184, 211

ヴァトゥー、ジャン 34

ヴァル＝ド＝グラス 77

ヴァレット通り 204

ヴァレンシア 102, 123, 132

ヴァロワ通り 140, 145, 209

ヴァンセンヌの森 41, 224

ヴァンダリズム（蛮行）13

ヴァンドーム広場 94, 106, 188, 198, 199, 209

ヴィアルム通り 140, 141

ウィーン 47, 48, 137

ヴィエイユ＝デュ＝タンプル 112

ヴィエイユ＝デュ＝タンプル通りの小塔 93

ヴィオレ＝ル＝デュク、ウジェーヌ＝エマニュエル 16, 135

ヴィクトル・ユゴー通り 75

ヴィクトル・ユゴーの家 183, 184

ヴィクトワール広場 94, 209

ヴィテ、ルドヴィク 16, 33, 34, 35, 71

ヴェール・ギャランの庭園 209

278

索 引

ヴォージュ広場 19, 92, 94, 119, 120, 177, 179-184, 186,
　　　188, 190, 199, 210, 216, 222, 226
ウヨ、J.–N 68

え

エコール広場 145
エトワール広場 184, 188
エナール氏 204
エロルド 72

お

王のパヴィヨン 120, 182, 183
王妃のパヴィヨン 120, 183
王妃の噴水 80
オージュ・ド・ラシュス、ルシアン 75, 84
オートフイユ通りの塔 106
オーモン館 106
オスマニズム 15, 18, 36, 47, 57, 58, 130, 166-168, 170,
　　　219, 220, 224
オスマン、ジョルジュ＝ウジェーヌ 13, 16, 35, 38-41,
　　　49, 58, 66, 68, 69, 80, 84, 130, 168, 189, 219-222
オスマン化 14, 35, 43
オスマン期 65, 129, 224, 225
オペラ座 121
オペラ通り 188, 210
オラトリオ会教会 208
オランダ大使官邸 106
オルドナンス 35, 58, 66, 177, 179, 210, 219
オルフェーヴル通り 138, 140, 141
オルロージュ河岸 145

か

開封勅書 66, 177, 179, 190
ガランド通り 170
カルーゼル広場の凱旋門 104

カルナヴァレ館 70
カン、ジョルジュ 129

き

ギゾー、フランソワ・ピエール・ギヨーム 33, 71
記念碑的眺望 188, 202, 208
記念物 210, 212, 223, 227
キャトル・フィス通り 112
キャリスティー、オーギュスト 35, 69
ギュイッフレー 73
旧医学部（ビュシュリー通り）106
旧ヴィルドゥイユ館 182
旧王室建造物総監 35
旧ギュメネー館 183
旧コレージュ・ド・ボーヴェの教会 104
旧サンス大司教 115
旧サン＝テニャン教会 106
旧サン＝マルタン＝デ＝シャン小修道院 104
旧シャロン・リュクサンブール館 106
旧ソワソン館 104
旧8区役所 182
旧フェイドー・ド・マルヴィル館 183
旧ミニム修道院 106
旧ダンジョー館 183
強制収用 36
行政歴史委員会 66

く

空間整備・持続的開発プロジェクト（PADD）13
クーザン、ヴィクトル 71
グージョン、ジャン 68
クザン 73
グラスゴー 102, 123
グリモー、エメ 98
クリュッピ 111
クリュニー館 76, 93

グルネル通り 32, 80

グレアール 73

クローヴィス通り 89

クロワ・デ・プティ・シャン通り 140, 141

け

景観法 11

警視庁 68, 69

芸術委員会 65, 71

芸術局 35, 111, 122, 197, 202, 211

芸術高等会議 202

景勝地 12, 15, 19, 83, 129, 130, 180, 183, 188, 189, 201, 202, 204, 206, 210, 211, 215, 216, 222-224, 226

ケステル 77

ゲルリッツ 48

建造物 11-19, 25–27, 29–36, 40, 51, 52, 54 56–63, 65, 67, 68, 70-73, 76-79, 81–87, 89, 92, 94-96, 99, 100-108, 110-114, 116-127, 129-135, 138-142, 144, 145, 155, 156, 158, 160, 162, 164-168, 170, 171, 174, 176, 177, 179-186, 188-190, 193–195, 197-216, 219-226

建築線 35, 65, 96, 103, 112, 123, 131, 209

建築的・都市的・景観的文化財保護区域（ZPPAUP） 213, 216

建築的・都市的・文化財保護区域（ZPPAU） 15, 213

建築的・都市的・文化財保護区域制度 12

こ

公共教育芸術省建築局 34, 58, 219

考古学学会 33, 70, 100, 123

考古学建築家ポスト 66

考古学的・芸術的目録（CAA） 14, 15, 17, 19, 96, 118, 129, 130, 132, 134, 138, 140, 145, 156, 177, 189, 197, 201, 202, 210, 215, 222, 224, 225

考古学的・芸術的目録局 131

高等公共芸術学校 134

公立小学校 183, 184

国際パブリック・アート会議 102

国立印刷局 106, 108, 110-112, 124

古物学会 70, 77

コミューン 13, 32, 70, 101, 197

コラス 132

コルヌデ法 134, 202

ゴルベリー 35

コレット広場 140

コンコルド橋 202, 204

コンコルド広場 94, 104, 130, 189, 199

コント、ジュール 52, 77, 158

さ

裁判所 68, 69, 94, 121, 182, 184

サマリテヌ 204

サレ館 76, 106

サン＝ジェルヴェ遺体安置場 106

サン＝ジェルマン＝デ＝プレ 95, 167

サン＝ジェルマン＝デ＝プレ教会 104

サン＝ジェルマン＝ローセロワ 89, 208

サン＝ジェルマン＝ローセロワ教会 104, 140, 141, 145

サン＝ジャック通り 114

サン＝ジャン・ド・ジェルサレム門 68

サン＝ジュリアン＝ル＝ポーヴル通り 170

サンス館 73, 93, 106, 115, 118, 124, 221, 225

サン＝タンヌ通り 140, 141

サン＝トゥースタシュ教会 140, 141, 208

サント＝シャペル 69, 71

サント＝ジュヌヴィエーヴ山 94, 166

サン＝ドニ 71, 76, 80

サン＝ドニ通り 94, 138, 140, 141

サン＝ドニ門 76

サン＝トノレ通り 140, 141, 145

サント＝マルゲリト教会 104

サン＝ピエール教会 80
サン＝マルタン＝デ＝シャン小修道院の塔 106
サン＝ミシェル大通り 69, 168
サン＝メダール教会 106
サン＝ルイ島 95, 106, 167, 199, 211, 212
サン＝ルイ病院 94, 106
サン＝ルー教会周辺 208
サン＝ロッシュ教会 208

し

ジェノヴァ 100, 123
ジェルサレム通り 68
シェルドラン 182
市計画上位委員会 134
自然景勝地 12, 15, 183, 210, 222
七月王政 31, 33, 36, 58, 219
七月革命 31, 57
ジッテ、カミロ 18, 47-49, 54, 55, 58, 220
指定歴史的建造物 12, 36, 58, 106, 219
指定歴史的建造物リスト 104, 115
シテ島 68, 69, 81, 84, 209, 211, 220, 223, 224, 226
シピオン館 106
シャストネ 112
シャトレ座 140, 141, 145
シャトレ広場 138
シャブロル＝シャメアヌ 37
シャルル・マーニュ 96
ジャン＝サン＝プール塔 93
シャン・ゼリゼ 188
シャントロ 37
ジャン・ランティエール通り 141
ジュイネ館 106
ジュール通り 138, 141
ジュスタン＝ド＝セルヴ 91, 92
出産院の教会 106
シュテュッベン、ヨーゼフ 48

首都芸術委員会 77
ショヴィエール 111
市歴史局 66, 84

す

スービズ館 108, 112
スティーグ 112

せ

聖母被昇天教会 106, 208
セーヌ県 17, 18, 65, 67, 71, 83, 84, 111, 182-184, 202, 204, 220
セーヌ県景勝地・記念物委員会 211, 212
セーヌ県知事 13, 17, 38, 58, 65, 71, 72, 75, 91-93, 96, 119, 123, 129-131, 133, 136, 183, 189, 197, 210, 219
セクスティウス・ミシェル通り 135
セディーユ、ポール 136
セヌール、モーリス・デュ 75
セバストポル大通り 69
セリエ、シャルル 96
セルネッソン 75
セルメルシェイム、アントワーヌ＝ポール 108, 114, 183

そ

ソルボンヌ地区 166-168

た

第一共和政 31
第三共和政 13
対称性 39, 170, 179, 180, 182-184, 189, 190, 222
第二共和政 31, 38
第二帝政 13, 35, 38, 40, 66, 69, 220
タウン・プランニング会議 136

281

ダゴベール塔 106
ダンディーネ 130

　　　　　ち

地域都市計画（PLU）12, 213
地役権 66, 104, 177, 179, 180, 182, 184, 188, 190, 199, 200, 208, 222, 226
地帯収用 42, 213
中世的 43, 47, 49, 58, 95, 123, 170, 220

　　　　　て

テアトル・フランセ広場 208
ティヴォリ通り 69
ディジョン 16, 93
ディドロン 65
テイロー 35, 65
デクレ 29, 35, 66, 103, 112, 121, 133, 136
デクレ＝ロワ 35, 38
デタイユ、エドゥアール 129
デッサウ 49
テッソン、ルイ 96
テュイリュリー 76, 140, 141
デュク、ルイ 68, 135
デュテール、フェルディナンド 133
デュバン、フェリックス 35
デュ・ビュイ 182
デュピュイトラン博物館 106
デュモン 111
田園都市 52, 54, 55, 58, 220
天然記念物及び芸術的・歴史的・科学的・伝説的・ピトレスクな特徴を有する景勝地の保護に関する法律 210

　　　　　と

ドゥー＝ゼキュ広場 138
トゥシー 135

ドゥゼ将軍の像 89
ドゥメール 188
登録記念物 12
登録景勝地 211, 223, 226
ドーフィヌ通り 120
ドーフィヌ広場 89, 140, 141, 145, 155, 201, 202, 209, 210
都市景勝地 201, 202, 206, 215, 216, 223, 224
都市高等研究院 134
都市再生特別措置法 11
都市連帯・再生法（SRU）13
ド＝セルヴ 91-93, 96, 133
土地占有計画（POS）12, 13
ドニ 35
ドビドゥール、エリー 93, 98, 120, 121, 200, 201, 206, 216, 223, 226
ドメイ、エティエンヌ＝テオドール 68
ド・モンテグロン 75
ドラネー、マルセル 129, 130, 134
ドラメール、ピエール・アレクシス 108
ドリル 73
トロヌ広場 121

　　　　　な

内務省の公共建造物管理及び王室歴史局 34
内務省歴史的建造物局 34
ナザレス通り 68
ナザレスのアーケード 68, 69
ナポレオン3世、ルイ＝ナポレオン・ボナパルト 13, 38, 40, 41, 58, 67, 69, 219

　　　　　に

二月革命 31, 38, 40, 43, 65
ニコラ・フラメルの家 93
ニュールンベルク 48

索 引

ぬ
ヌフ橋 202

の
ノートル・ダム 69, 71, 104, 121
ノディエール 35
ノルマン、シャルル 70, 75, 76, 80, 82, 84, 94, 155, 220, 221, 224

は
パースペクティブ 13, 18, 36, 38, 39, 40, 42, 43, 58, 84, 170, 189, 220
バイヤン通りのアーケード 106
バイユール通り 145
ハイロブロン 48
バスティーユ 73, 94
パッサージュ・ヴェリテ 145
バッファゾーン 115, 118, 124, 216, 221-223, 225
バティニー 132
パ・ド・ラ・ミュール通り 182, 183
パブリック・アート委員会 102, 123, 221
パリ及びイル＝ド＝フランス歴史考古学学会 14
パリ記念碑的眺望委員会（CPM）19, 201, 206, 211, 216, 224
パリ・モニュメント愛好協会（SAMP）14, 15, 18, 70, 71, 75, 77, 82, 84, 91, 92, 110, 115, 123, 155, 189, 220, 224, 225
パリ建築・美観・拡張技術検視総監 134
パリ考古学歴史学会 14, 70, 71, 84, 220
パリ工事局芸術・歴史工事課 71, 84, 221
パリ市拡大委員会 129
パリ市都市計画アトリエ（APUR）14
パリ市保護遺産（PVP）13
パリ地方都市整備第1計画 134
パリ碑文登録委員会（CIP）18, 71, 75, 84, 96, 220
パレ・ブルボン広場 188
パレ・ロワイヤル 94, 106, 121, 141, 145, 167, 188, 197, 199, 209
パレ・ロワイヤル広場 140, 208
パンテオン 76, 121, 168, 204
パンテオン広場 204

ひ
比較彫刻美術館 77
ピクチャレスク 41, 46, 47, 52, 54, 55, 58, 220, 224, 225
ピクチャレスク美学 54, 159
美術館地区 94
ピトレスク 14, 18, 19, 35, 36, 43, 46-49, 52, 58, 81, 82-84, 89, 92, 95, 96, 115, 121-124, 130, 138, 141, 145, 155, 156, 158, 159, 164, 166-168, 170, 177, 189, 198, 209, 211, 220-226
ピュジョル 132
ビュット・オ・カイユ 135
ビュットシュテット 55
ビュット＝ショーモン公園 41
ビュルス 14, 18, 49, 52, 58, 102, 122, 123, 220, 225
病院中央薬局（旧ミラミオンヌ修道院）106
ビラーグ通り 177, 183

ふ
フィッシャー、テオドール 49
フィリップ＝オーギュスト 73, 89
フィリップ、ルイ 31
ブヴァール 133, 134
ブーローニュの森 41, 224
フォブール 37, 95, 122, 199
不規則性 46, 48, 54, 55, 58, 103, 123, 220, 225
ぶち壊し屋 66
プティ、ピエール 131
プティ・ミュスク兵舎 114

フランクラン 75
フランス革命 16, 18, 29, 57, 219
フランス幾何学式庭園 58, 220
フランス銀行 106
フランス建造物監視官（ABF）212
フランス考古学学会 70
フランス古物学会 73
フランス歴史学会 70, 110
フラン・ブルジョワ通り 183
ブリュッセル 14, 49, 100, 102, 122, 123, 136, 220, 221
古きナント委員会 122
古きパリ 18, 39, 82, 89, 90, 92-95, 99, 104, 115, 123, 166-168, 170, 188, 200, 221, 224-226
古きパリ委員会（CVP）14-19, 43, 71, 75, 81-84, 89, 92, 96, 99, 102, 106, 108, 115, 118, 122, 123, 129, 138, 155, 156, 166, 177, 179, 184, 189, 198, 201, 206, 210, 212, 215, 221, 224, 225
古きブリュッセル委員会 122
古きモンマルトル委員会 92
古きリヨン委員会 19, 43, 122
フルシー通り 118
ブルドネ通り 140, 141
ブルボン河岸 212
ブレスラウ 48
文化財 16, 216

へ

ベアルヌ通り 106, 120, 183
ベル・エポック 13
ヘンリッヒ、カール 49

ほ

ポエト、マルセル 96, 134
ボーズラン、グリーユ・ド 71
ボシャール、クエンタン 110, 111

ボジョレー通り 209
ボスウィルワルド 73
ポスト・オスマン期 14, 18, 42, 46
保全・活用プラン（PSMV）12
保全地区（SS）12, 15, 17, 213, 216, 223
ボニエ、ルイ 96, 129-132, 134-136, 145, 155, 156, 180, 184, 189, 190, 202, 204, 222, 224
ポワッソン、ジョルジュ 66
ボン・ザンファン通り 140

ま

マーニュ 96
マテル、フロラン 94, 120
マドレーヌ 121, 130, 188, 189
マルヴィル、シャルル 67, 183
マルーズ 73, 75, 129
マルタン 73
マルロー、アンドレ 213, 216

み

ミトアール、アドリアン 118
ミュンツ、ウジェーヌ 75, 76
ミュンヘン 49, 99
ミラノ 101, 123
ミロ、レオン 110
民用建造物及国立宮殿議会 202
民用建造物評議会（CBM）35, 71

む

ムフタール通り 167

め

メナディエ、イポリト 36
メナン 75
メリメ、プロスペル 16, 33-35, 65, 71

索 引

も

モーリス・ル・コルベレール 118
モニュメント 13-15, 18, 25–27, 30-35, 37, 39, 40, 43, 53, 57, 58, 60–63, 66, 67, 70-72, 75, 77-79, 82-84, 89-93, 96, 97, 99-103, 110, 111, 117, 119, 120, 123, 130, 144, 145, 155, 176, 179, 180, 188, 189, 193–195, 210, 219, 220, 224, 225
モニュメント委員会 30, 57
モリエール噴水 208
モリス、ウィリアム 52, 54
モリゼ、アンドレ 198, 215, 223
モワイヨー 132
モンソー公園 41
モンターニュ・サント＝ジュヌヴィエーヴ通り 170
モンタランベール 71
モンタリヴェ 34
モンテスキュー伯爵 35
モントルギュイユ、ジョルジュ 129, 140
モントルギュイユ通り 140
モンパンシエール通り 140, 145, 209
モンパルナス 184
モンマルトル 80, 95, 114, 184

ゆ

ユゴー、ヴィクトル 18, 30, 31, 32, 57, 71, 73, 75, 82, 84, 89, 184, 219

ら

ラヴァンシュタイン邸 103
ラオヴァリー、アレクサンドル 136
ラザール、フェリックス 65, 83, 179, 220
ラザール、ルイ 65
ラシヌの家屋 77
ラスキン、ジョン 52

ラムルー、アルフレッド 75, 77, 80, 81, 84, 89, 90, 92, 95, 110, 123, 155, 220, 221, 224
ラメール 77
ラモワニヨン館 106
ランジェール市場 145
ランティラック 112
ランドマーク性 18, 118, 216, 221, 223, 225, 226
ランビュトー 65, 138
ランボー、ルシアン 92, 96, 114, 120, 129, 177, 179, 180, 183, 210

り

リヴォリ通り 77, 140, 141, 145, 155, 181, 188, 209
リュキャス 102, 123
リュシピア、ルイ 99
リュテスの円形劇場 76
リヨン 43, 122, 123

る

ル・ヴァイエル、ポール 75
ルーアン 93
ルーアン・モニュメント愛好協会 77
ルーヴル河岸 204
ルーヴル広場 208
ルーヴル通り 138
ルージョン 111
ルゲ、ルイ 70
ル・コルベレール 118
ルジャンドル館 65, 67
ルテシアの円形闘技場 104
ルノー、アルマン 75
ルノルマン、シャルル 35
ルノワール 77
ルノワール、アルフレッド 75
ルノワール、アルベール 75, 76
ルプレヴォ 35

ル・マレ地区　17, 108, 115, 124, 156, 157, 167, 177, 190, 221
ル＝ロラン、ロベール　108, 110

れ

レ・アル地区　77, 80, 84, 138, 221
レイグ、ジョルジュ　111
レオポルド2世　49
レオン、ポール　16, 167
歴史的建造物　12-19, 29, 30, 33-35, 58, 65, 70, 71, 76, 77, 83, 89, 92, 95, 99, 100, 102-104, 106, 110, 114, 115, 118, 120-124, 138, 177, 182-184, 190, 198-201, 206, 210, 212, 213, 215, 219-226
歴史的建造物周囲半径500mの規制　12, 216, 223
歴史的建造物主任建築家　34
歴史的建造物審議会（CMH）　16, 17, 33-35, 58, 65, 68, 71, 83, 89, 103, 108, 112, 115, 123, 135, 197, 219, 221
歴史的建造物総監　12, 16, 33, 35, 58, 71, 73, 96, 108, 202
歴史的建造物法　16, 34, 58, 77, 104, 106, 197, 219, 226
歴史的建造物補助目録（ISMH）　12, 19, 197, 200, 201, 215, 223, 226
歴史的建造物保存法　34, 58, 219
歴史的建造物　14, 32, 34, 67, 81, 82, 114, 123, 124, 134, 201, 213, 221
歴史的風致維持向上計画　11
歴史的風致形成建造物　11
歴史的風致の維持及び向上に関する法律　11
歴史まちづくり法　11, 12, 16
レッチワース　54

ろ

ロアン館　106, 108, 110-112, 114, 116, 124, 221
ロアン枢機卿　106
ロージエール、アンドレ　129
ローズン館　106
ローネ、アルトゥール　76
ロマン主義　30, 33, 46, 49
ロラン、クロード　54, 108, 110
ロワイヤル広場　104, 177, 179, 180, 190, 210
ロンニョン　73

【著者略歴】

江口　久美（えぐち・くみ）

1983年生。博士（工学）。
東京大学大学院工学系研究科都市工学専攻博士課程修了。
京都大学大学院人間・環境学研究科日本学術振興会特別研究員。
東京大学先端科学技術研究センター客員研究員。都市工学専攻。
著書に、『アーバンデザインセンター』（共著）理工図書、2012年。
『震災とヒューマニズム』（共著）明石書店、2013年。
Vocabulaire de la spatialité japonaise（共著）CNRS Edition、2014年。

パリの歴史的建造物保全 ©

平成二十七年一月　十　日　印刷
平成二十七年一月二十三日　発行

著者　江口　久美
発行者　小菅　勉
印刷　図書印刷株式会社
製本　松岳舎
用紙　北越紀州製紙株式会社

中央公論美術出版
東京都中央区京橋二―八―七
電話〇三―三五六一―五九九三

製函　株式会社加藤製函所

ISBN 978-4-8055-0734-6